Hierdie boek is 'n geskenk aan

_____

Van

_____

Datum

_____

My boodskap net vir jou

_____

_____

JANNIE LE ROUX

3 minute stilte

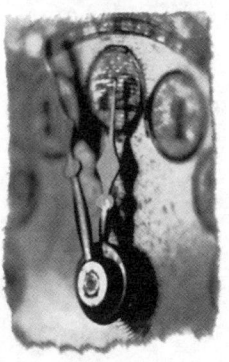

vir die laataand

Dagstukke vir nagmense

Lux Verbi.BM

Outeursreg ' 2002 Lux Verbi.BM
Posbus 5, Wellington 7654
Tel: 021 864 8200
www.christene.co.za

Alle regte voorbehou
Geen gedeelte van hierdie publikasie mag op enige manier sonder
die skriftelike verlof van die uitgewer gereproduseer word nie.

Tensy anders aangedui, is alle Bybeltekste wat in hierdie publikasie
aangehaal word, geneem uit die 1983-vertaling met herformulerings
van Die Bybel in Afrikaans.
Kopiereg ' 1983, 1990 Bybelgenootskap van Suid-Afrika.

Geset in 12 op 13 pt CgCartier
deur Lux Verbi.BM

Gedruk en gebind deur CTP Boekdrukkers,
Parow, Wes-Kaap

Eerste uitgawe, eerste druk 2002

ISBN 0 79630 095 X

Tyd is 'n kosbare geskenk

Maar ek vertrou op U, Here, ek sê: U is my God. My tye is in u hand ... (Ps 31:15-16).

Oor die feit dat tyd baie kosbaar is, kan niemand stry nie. Benjamin Franklin het jare gelede al gemaan: "As jy die lewe liefhet, moenie tyd mors nie. Die lewe is immers van tyd gemaak."

Tyd is God se gawe. Dit is sy geskenk aan jou. Is dit nie treffend dat die Engelse woord vir "hede" *present* is nie? Vandag is God se geskenk, spesiaal vir jou. En wat maak 'n mens met 'n geskenk? Jy kan byna nie wag om dit oop te maak nie. Jy geniet dit. Jy vertroetel dit. Jy waardeer dit. Jy benut dit. Jy sê dankie vir die Gewer van die geskenk.

Elke oomblik in jou dagboek is ingebed in God se lewensboek. Daarom kan jy jou tyd net sinvol benut wanneer jy dit sorgsaam koester en wanneer jy bid dat God oor al 86 400 sekondes van hierdie dag sal waak. Elke kosbare sekonde van jou lewe het God aan jou geskenk. Moenie een sekonde vermors nie.

Vra jou af:
Wat maak ek met die tyd wat ek
tot my beskikking het?

2

Beplan jou tyd

Maak die beste gebruik van elke geleentheid, want ons lewe in 'n goddelose tyd (Ef 5:16).

Presies hoeveel tyd jy nog tot jou beskikking het, weet jy nie. Sommige mense hoor by die dokter dat hulle net enkele weke oor het om te leef, en leef jare daarna steeds. Ander dink hulle het nog baie jare voor hulle, en sterf dan skielik. Al wat jy het, is hiérdie oomblik. Nou!

Hoe jy jou tyd benut, is direk verbind aan jou prioriteite. As jy nie weet wat jy wil bereik nie, gaan onbenullighede jou dag vul. As jou prioriteite reg is, sal jy nie jou tyd ver*kwis* nie, maar jouself ver*kwik*. Wissel *in*spanning en *ont*spanning af om die lewe voluit te geniet. Dit beteken dat jy jou tyd moet beplan. Evalueer elke geleentheid volgens jou prioriteite, anders word jy die prooi van jou stommiteite.

Ek vind dat God my help om my tyd beter te benut wanneer ek sy hulp uitdruklik inroep. Hy ken die toekoms. Daarom kan ek met Hom gesels en vra dat Hy my dag reg sal laat uitwerk.

Het jy al met God gesels oor jou beplanning vir vandag?

3

Tyd vir die basiese dinge

Dink daaraan hoe ver julle al agteruitgegaan het. Bekeer julle en doen weer wat julle in die begin gedoen het ... (Op 2:5).

Is jou lessenaar deurmekaar? Frustreer jou afsprake sonder 'n oomblik se ontspanning tussenin jou? Verrig jy klein en onbelangrike take net om te voel jy *doen* iets? Dan kan jy weet jy is ongeorganiseer. Dis tyd om terug te keer na die basiese dinge, soos om jou lessenaar reg te pak, dinge weg te pak of weg te gooi, of om te beplan volgens jou prioriteite.

Plaas belangrike sake en verhoudings heel boaan jou lys. Al is dit nie dringend nie, is tyd saam met jou gesin, oefening, Bybellees, bid, ontspanning en kuier by vriende en medegelowiges dié dinge wat balans in jou lewe bring.

Dikwels getuig 'n ongeorganiseerde werk- en verhoudingslewe ook van 'n ongeordende geloofslewe. Hoe kan jy regtig hulp van God verwag as jy nie met Hom wil gesels nie? As jy lanklaas met Hom gepraat en lanklaas sy Antwoord gelees het, doen dit dadelik.

Soms verg dit niks minder nie as 'n bekering om weer terug te keer na die basiese.

Ruim vandag tyd in vir die basiese dinge.

4

Wysheid en tyd

Wie wysheid het, weet wanneer en hoe hy moet handel. Elke ding het sy tyd en sy manier ... (Pred 8:5b-6).

Wysheid is om jou verstand te gebruik en die kennis wat jy versamel het, reg toe te pas in jou lewe. Die Bybel sê God is die sleutel tot alle wysheid. Daarom is dit noodsaaklik om sy Boek te lees en uit die ervaring van soveel ander gelowiges te put. Wysheid beteken om uit hulle ondervinding te leer hoe om in God se teenwoordigheid te leef.

Maar dit moenie net by kopkennis bly nie. Pas dit in jou eie lewe toe, omdat jy vertrou dat hierdie eeue oue beginsels steeds geld. Dan sal jy nie jou tyd mors op beuselagtighede nie. Inteendeel, jy sal 'n kwaliteitlewe kan lei waarin jy ervaar dat God elke oomblik van die dag by jou teenwoordig is.

En as jy wysheid kortkom? God is genadig genoeg om dit aan jou te skenk wanneer jy daarom vra. Jy sal bewus word daarvan dat sy Heilige Gees vir jou 'n indruk in jou gedagtes gee of jy iets moet doen of nie.

Vra wysheid by God.

5

Eindtyd?

Wees op julle hoede; wees waaksaam, omdat julle nie weet wanneer die tyd daar is nie (Mark 13:33).

Hoe naby is Jesus se wederkoms? Martin Luther het gesê dat, as hy geweet het dat Jesus môre kom, hy vandag nog 'n appelboom sou plant. Hy sou dus vandag nog die belangrike dinge doen en nie ophou om konstruktief besig te wees nie.

As jy leef met die besef dat Jesus enige oomblik kan kom, sal jy jou tyd op gehalte dinge bestee. Sou jy graag op 'n verkeerde plek wou wees as jy weet Jesus kom? Sou jy met verkeerde dinge besig wou wees wanneer Hy jou kom ontmoet? Natuurlik nie. 'n Kwaliteitlewe en kwaliteittydsbesteding vereis dat jy jou gereeld sal afvra: "Sal ek reg wees as Jesus nou sou kom? Sou Hy tevrede wees met waarmee ek nou besig is?"

Net soos die dood kan Jesus se wederkoms enige oomblik in jou lewe ingryp. As jy nou jou tyd reg deurbring, sal jy die ewigheid ook reg deurbring – en op die regte plek!

Gebruik jy jou tyd reg voor Jesus se koms?

6

TYD

Swaarkry het 'n tydsgrens

Ek is daarvan oortuig dat die lyding wat ons nou moet verduur, nie opweeg teen die heerlikheid wat God vir ons in die toekoms sal laat aanbreek nie (Rom 8:18).

"Ook dít gaan verby." So het iemand gesê toe hy na sy stuk swaarkry in die lewe gekyk het. Hoekom gaan dit verby? Omdat God in sy genade 'n einde aan swaarkry en lyding aankondig danksy die opstanding van Jesus Christus.

Om intussen te kan oorleef, moet jy onthou dat God vir jou 'n beter eindbestemming in gedagte het as die hede. Deur te onthou dat swaarkry ook verby sal gaan, sal jy kan uitstyg bo jou huidige ellende, want jy weet dit is net tydelik. Gesels ook met God in jou nood. Dan sal jy die Heilige Gees hoor fluister: *Ook dít gaan verby.*

Gebruik ook hierdie vier woorde wanneer jy van opgewondenheid uit jou vel wil spring. Dit sal jou help onthou dat God se eindbestemming vir jou selfs beter is as die beste posisie, die meeste geld en die grootste liefde op aarde. Al hierdie wonderlike dinge herinner jou dat daar nóg aangenamer dinge op jou wag in God se ewige teenwoordigheid.

Kyk watter effek dit vandag op jou het om gereeld te sê: "Ook dít gaan verby."

7

Die krag van geloof

**Vir die een wat glo,
kan alles
(Mark 9:23b).**

Geloof kan letterlik berge versit. Sonder geloof sou daar vandag geen tonnel deur 'n berg gewees het nie. Sonder geloof sou niemand op die maan geloop het nie. Toe Jesus belowe het: *Vir die een wat glo, kan alles*, het die pa van die seun vol bose geeste dadelik gesê: *Ek glo ... Help my in my ongeloof* (Mark 9:24). En Jesus het sy seun genees.

Jy hoef nie 'n volmaakte geloof te hê nie. Jy hoef net 'n greintjie vertroue in Jesus te hê. Hy sal jou kom ontmoet en alles verander. Hy het 'n wyer perspektief, waarmee Hy jou jou beperkings kan laat oorskry. Hy het alle mag in die hemel en op die aarde, waarmee Hy kan doen waaroor jy nog nie eens gedroom het nie.

Geloof is om Jesus op sy beloftes te glo en tot dade oor te gaan. Die vraag is of jy bereid is om Jesus te vertrou, ondanks die negatiewe wat jy sien. Geloof is immers juis om wanneer jy nié sien nie Jesus se hand vas te hou.

As jy glo, kán jy alles.

8

Twyfelgoggas

> **Hy het nie in ongeloof begin twyfel aan die belofte van God nie, maar hy is in sy geloof versterk en het aan God die eer gegee (Rom 4:20).**

Twyfel is soos goggas wat nesskop op dié plekke wat eintlik skoon moet bly. Twyfel is soos 'n grillerige spinnekop wat sy web span en jou geloof wil toespin. Twyfel is soos 'n skerpioen wat jou geloof wil verlam en doodmaak met sy giftige angel.

Toe daar menslik gesproke geen hoop meer was dat Abraham en Sara kinders sou hê nie, het God steeds sy belofte gehou. En Abraham het teen alle menslike verwagting in die hele tyd bly glo dat God sy belofte sou nakom. Hy het die twyfelgoggas beveg. En die wonder is dat God sy belofte nagekom het. Abraham het pa geword. So het God Abraham se geloof versterk, en hy het vir die nageslag van gelowiges 'n voorbeeld geword van iemand wat nie die slagoffer van twyfelgoggas geword het nie.

Daar is dalk heelwat sogenaamde realiteite wat jou laat twyfel. Sien hulle vir wat hulle is – twyfelgoggas! En vertrou op God. Hy sal jou geloof versterk.

Staan twyfel teen deur God op sy woord te glo.

9

Geloof vra alles

Nou weet Ek dat jy My dien: jy het nie geweier om jou seun, jou enigste seun, aan My te offer nie (Gen 22:12b).

Stel jou voor jy moet as 'n bewys van jou geloof die kosbaarste item wat jy besit of die persoon wat jy die heel liefste het, opoffer. Dis wat God van Abraham gevra het. Skaars het Hy sy belofte nagekom en aan Abraham 'n kind gegee, toe eis God dat Abraham sy kind offer.

God werk anders as wat ons verwag. Hy *vra* alles én Hy *gee* alles – ook dit wat Hy vra. In ons ekonomie kry jy net dieselfde waarde van dit wat jy ruil, soms selfs minder. In God se ekonomie kry jy meer as wat jy gee. Jy kry ook terug wat jy in die eerste plek gegee het.

As jy wil ervaar hoe dit werk, wy alles wat jy het aan die Here toe. Maak dit syne. Hy sal veel meer aan jou teruggee. Hy sal sien dat jy Hom werklik as jou Pa erken. Hy sal jou as sy kind versorg en aan jou al die gawes gee wat Koningskinders kry. Veral vrede.

Gee jouself en alles wat vir jou kosbaar is vir die Here.

10

Die geheim van oorwinning

Wie anders is dit wat die wêreld oorwin as hy wat glo dat Jesus die Seun van God is? (1 Joh 5:5.)

Die sleutel vir 'n geloof wat kan staande bly teen alle vrees en twyfel en sonde, is 'n lewende verhouding met Jesus Christus. Wanneer jy Jesus in jou lewe innooi en jouself aan Hom gee, skep dit 'n liefdesverhouding wat alles kan weerstaan. Dan wil jy die regte dinge doen, want jy wil dit vir Jesus doen – soos in enige goeie liefdesverhouding, waar jy net die beste vir jou liefdesmaat wil doen en gee.

Jesus is nie net maar 'n liefdesmaat nie. Hy is die Seun van die lewende God, die Skepper van die heelal. Wanneer jy Jesus aanvaar en in Hom glo, word jy deel van God se familie. Jy word hierdie grote God se kind, 'n hemelkind. En wanneer jy hierdie God aan jou kant het, staan jy aan die kant van oorwinning. Want vir hierdie God is niks onmoontlik nie. Hy luister na jou hartklop, Hy ken jou innerlike, Hy ken jou naam. Vra Hom vir oorwinning.

Waag dit nader aan Jesus en deel in 'n oorwinningslewe.

II

Geloof is 'n daad

Wat help dit, my broers, as iemand beweer dat hy glo, maar sy dade bevestig dit nie? Kan so 'n geloof 'n mens red? (Jak 2:14.)

Dit is maklik om langs die kantlyn te sit en te glo jy kan alles op die sportveld reg doen. Die geheim lê egter in die *doen* van dít wat jy glo, anders sal nie jy of enigiemand anders regtig weet of jy werklik glo nie. Klim dus uit jou gemakstoel en stap buite jou gemaksone tot in die arena van die geloof. Die wonder is dat jy sal ontdek hoe jou geloof groei sodra jy in geloof optree. Die Heilige Gees sal jou daadwerklik bystaan en jou versterk vir hierdie geloofsdade.

Geloof groei wanneer jy optree asof alles reeds is soos jy glo. Wanneer jy iets aanpak met hierdie "asof"-houding (vgl 1 Kor 7:29-30) sal jy slaag. Wanneer jy depressief voel, maar optree asof jy reeds opgewonde en vrolik is, sal dit jou help om later inderdaad opgewonde te voel. Wanneer jy leef asof die negatiewe, remmende faktore nie so erg is nie, sal jy later die hindernisse oorwin.

Moenie 'n kantlyn-gelowige wees nie.

Die Gees en geloof is 'n wenspan

> Daar staan in die Skrif: "Ek het geglo, daarom het ek gepraat." Ons het dieselfde Gees wat die geloof wek, en ons glo, daarom praat ons ook (2 Kor 4:13).

Dit is wonderlik wat jy alles kan doen en ervaar deur die werking van die Heilige Gees en die geloof wat Hy in jou wek. Met hierdie wenkombinasie het mense wat vroeër nie eens ordentlik kon praat nie, opgestaan en sonder vrees die evangelie aan alle mense begin verkondig. Hulle het die saak van God onverskrokke voor regters gaan verdedig. Hulle het selfs hulle lewens afgelê. Want hulle het geglo – en die Heilige Gees het hierdie geloof in hulle gewek.

Dis steeds die tyd van die Gees. En van geloof. Is jy bereid om 'n verskil te maak? Ledig jou innerlike van allerhande pessimistiese gedagtes. Vul dan daardie vakuum met die Gees se teenwoordigheid deur Hom te vra om in jou te leef en te werk. Herinner God aan sy belofte dat sy Heilige Gees jou sal vul, en glo dat Hy jou reeds gevul het omdat jy daarvoor gevra het. Nou is jy gereed vir die avontuur van die geloof wat voor jou uitstrek.

Die Gees wek geloof – nooi Hom in jou lewe in.

Mik vir die wenstreep

Ek span my in om by die wenstreep te kom, sodat ek die hemelse prys kan behaal waartoe God my geroep het in Christus Jesus (Fil 3:14).

Wanneer jy deelneem aan 'n wedloop, maar nie hardloop om by die wenstreep te kom nie, kon jy net sowel nie ingeskryf het nie. Hoe kan jy suksesvol wees as jy nie weet wat jy wil bereik nie? Hoe kan jy voel jy benut jou tyd produktief as jy nie weet in watter rigting jy wil beweeg nie?

Om te ervaar dat jou lewe suksesvol en sinvol is, moet jy realistiese en duidelike doelwitte formuleer vir die verskillende terreine van jou lewe. Sukses en die ervaring dat jou lewe sinvol is, kom selde deur nou hiér en dan dáár te vroetel. Jy het 'n beter kans om te slaag indien jy jou kreatiwiteit konstruktief inspan met die oog op 'n bepaalde doel – ook in jou geestelike lewe.

En wanneer jy jou doel nie dadelik bereik nie? Dan het jy baie pret gehad om nuwe dinge te ontdek en te leer ken wat jy andersins nie sou ervaar het nie.

'n Doellose lewe is 'n sinlose lewe.

14

Spel dit uit

Hoe lank hou julle aan met hink op twee gedagtes? As die Here God is, volg Hóm; maar as dit Baäl is, volg hóm (1 Kon 18:21).

Doelwitte gee koers aan jou lewe hier op aarde. Maar dan moet jou doelwitte duidelik uitgespel wees. Ek vind dat as 'n doelwit net vaag in my gedagtewêreld leef, die uiteindelike bereiking daarvan net so vaag en ver is. En doelstellings en doelwitte wat vaag omlyn is, skep net verwarring. Sodra ek egter my doelwit hardop in woorde vir myself formuleer, met die Here daaroor gesels, dit uitstippel en met ander mense daaroor praat, voel ek genoodsaak om dit te bereik. Dan weet ek immers wat my teiken is.

Hulle beweer dat die ruimtereis van die aarde na die maan eers geslaag het toe die deskundiges die reis terug van die maan af na die aarde toe uitgewerk het. Ook in jou geestelike lewe gaan dit partykeer maar vrot omdat jy nie regtig besluit of jy God of 'n afgod wil volg nie. Maak vandag seker dat jou doelstellings en doelwitte duidelik is. En besluit of jy regtig vir *God* wil volg.

Kies of jy God met volle oorgawe gaan volg en omskryf jou doelstellings en doelwitte duidelik.

15

Tot die einde

Ek het die goeie wedloop afgelê; ek het die wenstreep bereik; ek het gelowig end-uit volgehou (2 Tim 4:7).

Baie mense gooi gou tou op omdat hulle nie hulle einddoel in hulle drome en gedagtes lewend hou nie. Om te kan slaag moet jy eers jou doelstellings omskryf: *Ek wil ...*

Herinner jouself gereeld aan jou doelwitte. Spel jou langtermyn- en korttermyndoelwitte uit: *Presies wát gaan ek wanneer en hoe doen?* Die wenstreep is immers nog nooit in een sprong bereik nie. Dit vereis werk en nogmaals werk. Maar wanneer jy terugkyk, sal jy sien dat jy tree vir tree nader kom aan jou einddoel.

Dit is opvallend hoe die Heilige Gees jou help beweeg in die rigting van jou doel. Toe ek begin skryf het, was dit eers net kort artikels vir die plaaslike koerant. Stadigaan het al hoe meer deure egter begin oopgaan. Ek moes elke dag net my deel doen, of ek lus was of nie, en die Heilige Gees het voorsien. Hy sal jou ook help. Begin net vandag met die eerste tree in die regte rigting. Doen môre dieselfde. En ook oormôre ...

Vra die Heilige Gees om jou te help om aan te hou beweeg in die regte rigting.

Jy kán

Kaleb het egter die manne wat met Moses praat, stilgemaak en gesê: "Ons moet beslis optrek en die land in besit neem, want ons kán dit doen" (Num 13:30).

Die verkenners het gaan kyk hoe die beloofde land lyk. Hulle het teruggekom en vir Moseshulle gewys hoe fantasties daardie land was. Toe sê die meerderheid egter: "Maar …," en hulle beskryf hoe groot die hindernisse in hulle pad is.

Sovele drome is al gekelder deur iemand se negatiewe "Maar…" Die ergste is dat die meerderheid nie altyd reg is nie. Al lyk die teenstand sterk en al voel jy ver in die minderheid, is jy saam met God 'n meerderheid en tot alles in staat as dit God se wil vir jou lewe is.

Die uiteinde van hierdie verhaal was dat die Here die verkenners wat so negatief was, gestraf het. Hulle kon die beloofde land nie ingaan nie. Negatiewe mense het nog nooit bereik wat positiewe gelowiges kon bereik nie. As jy oortuig is dat jou roeping en doel ook die roeping en doel is wat God vir jou het, sal Hy self jou seën en help om dit te bereik, ten spyte van teenstand en hindernisse.

Teenspoed is die brug na voorspoed.

17

Bestem vir oorwinning

Maar ons dank God dat Hy aan ons die oorwinning gee deur ons Here Jesus Christus (1 Kor 15:57).

Die felste teenstand wat jy in hierdie lewe kan ervaar, kom van Satan af. Hy sal sy uiterste bes doen om jou edele motiewe en positiewe doelstellings te saboteer met die sonde en die dood as die instrumente in sy hand.

Goddank dat Jesus Christus die sonde én die dood oorwin het. Al word jy op hierdie aarde ook hóé teengehou, in jou geestelike lewe is jy 'n oorwinnaar in Christus. Niks kan hierdie oorwinning van jou wegneem nie, al lyk die lyding en teenstand ook hóé erg. Hou vas aan hierdie belofte van God wanneer dit vir jou lyk asof daar geen hoop meer is nie. In Christus is jy bestem vir oorwinning. Nooi Hom dus in jou lewe in.

En wanneer dit voel asof jou lewe geen sin het nie, onthou dat jy die Seun het – en Hy het 'n roeping vir jou, al is dit slegs dat jou lewe 'n voorbeeld vir ander moet wees. Mik edel en groot genoeg. Dan sal jy getuig van oorwinning.

In Jesus gee God aan jou die oorwinning.

18

Die regte doelstellings?

Wat help dit 'n mens tog om die hele wêreld as wins te verkry en sy lewe te verloor? (Mark 8:36).

Geld, besittings, posisie en mag is vir elke mens belangrik. Maar dit alles is aardse dinge wat verbygaan. 'n Mens verval so maklik in die wanbegrip dat hierdie aardse dinge *allerbelangrik* is. Vanuit die ewigheid gesien, is dit egter *alles behalwe* belangrik.

Wanneer jy jou doelstellings bepaal, onthou dat aardse besittings en posisies oppervlakkig is en dat jy dit hoogstens as 'n hulpbron kan sien. Moenie jou doelstellings skeef trek en alles wat 'n middel tot 'n doel moet wees, verhef tot jou eintlike doelstelling nie. Dan sal jy nie gelukkig wees nie, want jy sal nooit genoeg geld en nooit genoeg mag en nooit die ideale posisie hê nie. Jy sal nooit al hierdie behoeftes volledig kan bevredig nie.

Maak eers jou saak met die Here reg sodat jy kan *leef.* Fokus op 'n doelstelling wat volgens God se wil suiwer is, en hierdie ander dinge sal ook in plek val. Moenie skaam wees om jou behoeftes in God se hande te los nie. Hy sorg vir sy kinders.

Is jou lewe by God reg?

19

Die regte prioriteite

Ter wille van Hom het ek alles prysgegee en beskou ek dit as verwerplik sodat ek Christus as enigste bate kan verkry en een met Hom kan wees (Fil 3:8b-9).

Wanneer jy 'n dringende saak moet hanteer, het jy nie 'n probleem om jou prioriteite te bepaal nie. Om die krisis onmiddellik te hanteer is die oorheersende prioriteit. Jy gaan tog nie sit en koffie drink en jou geselskap met jou vriende belangriker beskou as 'n tweejarige kind se hulpkreet uit die swembad nie.

As 'n gelowige bepaal jy jou prioriteite volgens jou beginsels. Paulus gee die riglyn dat ons allesoorheersende prioriteit Jesus Christus moet wees. Wanneer Hy prioriteit nommer een is, help dit jou om jou ander prioriteite in die regte balans te hou. Anders sal dit skeefgetrek word deur eiebelang of vrees.

Die vernaamste prioriteit is immers om nie net in hierdie lewe nie, maar ook in die lewe hierna gelukkig te wees – en geluk is net by Jesus te kry. Die wonderlike nuus is dat, wanneer jy met Hom oor jou prioriteite gesels, Hy jou deur sy Gees help om hulle in die regte volgorde te rangskik.

Maak Jesus Christus prioriteit nommer een en alle ander prioriteite sal in plek val.

20

Praktiese prioriteite

Al wat van belang is, is geloof wat deur die liefde tot dade oorgaan (Gal 5:6b).

Jou geloof kan teoreties wees en mooi klink. Maar wat jy glo, word gereflekteer deur die manier waarop jy jou prioriteite hanteer. Wanneer jy sê jy glo dat God sal voorsien, maar jy besoek 'n waarsêer om jou toekoms in jou handpalm te lees, is jou prioriteite skeef. Dan is jy soos 'n verkleurmannetjie wat met die een oog vir God probeer dophou en met die ander oog iets anders dophou.

Jy is nié 'n verkleurmannetjie nie. Maak dit jou positiewe lewenshouding en hoogste prioriteit om jou geloof in liefdesdade te laat uitkristalliseer, sodat almal in die vonkel daarvan vir Jesus kan raaksien. Jy sal ontdek dat jy al hoe minder bekommernisse oor jouself en jou toekoms het, en meer tyd vir jou medemens en genotvolle menseverhoudings. Jou vernaamste prioriteit is tog sekerlik nie om die hele tyd vol stres te wees nie, of hoe?

Om te weet wat prioriteit moet wees, vra jou hierdie eenvoudige vraag af: Waarvoor sal ek graag eendag onthou wil word?

Jou prioriteit vandag is om jou geloof deur liefdesdade te wys.

Belangrik = prioriteit

Dit is my vurige verlange, en daarna sien ek uit, dat ek niks sal doen waaroor ek my sal hoef te skaam nie ... (Fil 1:20).

Nie alle dringende sake is belangrik nie. Belangrike sake het te doen met jou einddoel en jou beginsels. Daar is nie altyd druk op jou om dit dadelik te doen nie. Maar wanneer jy dit doen, is jy besig om baksteen vir baksteen aan jou lewensdroom te bou.

Ongelukkig is elke dag gevul met dringende sake. Dit is dikwels sake wat te doen het met ander se verwagtings waaraan jy moet voldoen. Dit laat 'n mens voel dat jy geleef wórd, in plaas daarvan dat jy self sinvol leef.

Bou elke dag vir jou tye in jou program in wanneer jy aandag kan gee aan belangrike sake in jou lewe. Dit sal jou motiveer en verseker dat jy op die regte pad is. Wanneer jy dinge tot eer van God doen, hoef jy jou nie daaroor te skaam nie. Jy sal wel skaam voel wanneer jy op 'n dag terugkyk oor jou lewe en sien dat jy toe nooit by die belangrike sake uitgekom het nie.

Belangrike sake kom eerste.

22

Bates of laste?

Maar wat eers vir my 'n bate was, beskou ek nou as waardeloos ter wille van Christus (Fil 3:7).

Wanneer jy jou prioriteite bepaal, vra jou af of iets vir jou 'n bate of 'n las gaan wees. Bates is dié dinge wat jou opbou, jou toekoms bevorder, jou help groei en jou nader aan Christus bring. Laste, weer, is dié aspekte wat jou rem in jou vordering, jou jou tyd laat verspil op onbenullighede, jou net op jouself laat fokus en jou verhouding met Christus belemmer.

Paulus het besef dat daar verskeie aspekte in sy lewe was waarop hy kon roem, dinge soos sy afkoms, sy status, sy posisie. Maar hy het ook besef dat hierdie dinge nie so belangrik was nie, dat hulle eerder 'n las kon word in sy verhouding met Jesus Christus. Daarom het hy 'n sekondêre waarde daaraan gegee. Die hoogste waarde het hy geheg aan sy verhouding met Christus.

Gaan jou prioriteite ook so deur en bepaal of dit werklik waardevol is. Gebruik jou verhouding met Christus as maatstaf en besluit watter prioriteite hoeveel tyd in jou week verdien.

Christus is die maatstaf vir kwaliteit-prioriteite.

23

Regte roem

Maar wat my betref, mag God verhoed dat ek ooit oor iets anders roem as oor die kruis van ons Here Jesus Christus (Gal 6:14).

Jou prioriteite kan so maklik beïnvloed word deur al die versoekings wat die wêreld bied. As jy maar net kyk hoe aanloklik dobbelplekke gemaak word of hoe meisies met die minste klere moontlik aan gebruik word om 'n produk te adverteer, kos dit alle wilskrag om jou prioriteite steeds in ooreenstemming met Bybelse waardes te hou. Veral in 'n omgewing waar almal rondom jou dalk nie Christene is nie, word jy gou verlei om jou prioriteite te verander en ook maar te maak soos almal rondom jou. Dit geld ook vir dié dinge waarop jy roem. In 'n suksesgedrewe lewe is ons geneig om te swig voor die versoeking om aan ander te vertel wat ons self reggekry het.

Die geheim om jou prioriteite reg te hou is om te roem oor wat *Jesus* gedoen het. Besef as gelowige dat jy uit eie krag nie tot enigiets goeds in staat is nie. Dit gee die Heilige Gees die geleentheid om in beheer van jou lewe te wees.

Vertel aan iemand hoe Jesus jou help.

24

Mense is die belangrikste

Sorg daarenteen dat julle steeds toeneem in die genade en kennis van ons Here en Verlosser, Jesus Christus (2 Pet 3:18).

Omdat ons so doelgerig en taakgerig moet leef om produktief te wees in die hedendaagse lewe, is baie van ons geneig om van *mense* te vergeet. Dit is een van die grootste foute wat jy kan maak. Mense is nie dinge nie. Maak dit een van jou prioriteite om mense hoog boaan jou lys te plaas, bo programme en agendas. Jy kan nie op mense trap wanneer jy teen die leer van sukses uitklim en dink jy gaan hulle nooit weer sien nie. Die lewe het 'n manier om dieselfde mense weer op jou pad te plaas – gewoonlik wanneer jy verleë is oor hulle hulp. Sluk dus maar aan daardie bitsige opmerking en hou die bitterheid onder beheer.

Bly altyd in verbinding met die belangrikste Persoon in jou lewe, Jesus Christus. Hy sal jou deur sy Gees voortdurend bewus maak hoe jy moet optree teenoor ander. Hoe nader en inniger jou verhouding met Hom is, hoe sensitiewer sal jy wees vir die menswees en nood van ander.

Maak mense 'n hoë prioriteit.

Om te besluit

Nee, beywer julle allereers vir die koninkryk van God en vir die wil van God, dan sal Hy julle ook al hierdie dinge gee (Matt 6:33).

Tussen twee stoele sit jy op die grond. Só sê die Franse spreekwoord oor besluiteloosheid. Besluiteloosheid skep angs en onsekerheid, wat jou lewe onnodig kan versuur. En wanneer jy uitstel om 'n finale besluit te neem, maak jy die situasie nog pynliker.

Besluiteloosheid is 'n simptoom van 'n vrees wat jy koester. Jy is dalk bang jy verloor jou bestaande sekerhede wanneer jy 'n bepaalde besluit neem. Of miskien vrees jy dat jy die kans van jou lewe gaan misloop as jy nié die besluit neem nie. Daarom stel jy die besluit aanhoudend uit in die hoop dat 'n wonderwerk van Bo die situasie sal oplos.

Jy vind jou antwoord uiteraard van Bo, maar nie altyd soos jy dit verwag of deur jou dood te bekommer nie. Jesus gee vir jou 'n riglyn waarvolgens jy kan besluit: Begin heel eerste by *God*. Vra: Hoe kan ek God deur hierdie besluit dien? Dan sal jy verseker wees dat jy op die regte koers is.

Dien God deur jou besluite.

Nie net van brood nie

'n Mens leef nie net van brood nie maar van elke woord wat uit die mond van God kom (Matt 4:4b).

Baie van ons besluite word gedryf deur ons primitiewe aard. Dit is besluite wat ons van die oertyd af al neem en wat konsentreer op ons basiese liggaamsbehoeftes, soos oor wat ons gaan eet en drink.

Dit is juis op die vlak van hierdie basiese behoeftes dat Satan heel eerste probeer het om Jesus te verlei nadat Hy veertig dae lank in die woestyn was en niks geëet het nie. Jesus se antwoord plaas jou basiese behoeftes in die regte perspektief: Jy kan nie nét daarvolgens lewe nie. Jy het ook beginsels en waardes nodig. En jou beginsels en waardes kan jou selfs help om nie dadelik toe te gee aan jou basiese begeertes nie. Wanneer dit byvoorbeeld een van jou beginsels is om nie oorgewig te wees nie, sal jy jou sekere lekkernye ontsê om jou doel te kan bereik.

Om jou te help sodat jy jou nie sal laat dryf deur jou basiese begeertes nie, moet jy egter tyd maak om jou te voed uit God se Woord.

Besluite word bepaal deur beginsels.

Dwase besluite

Jy mag die Here jou God nie op die proef stel nie (Matt 4:7b).

Dit is nie vir Jesus 'n kuns om van die tempeldak af te spring en deur engele gedra te word nie. Tog besluit Hy om nie na Satan te luister en daar af te spring nie. Sy rede? Jy mag God nie beproef nie.

Moenie jou besluite só neem dat net God se genade jou kan red nie. Anders gestel: Doen jou huiswerk voordat jy besluit, gesels met mense en ook met God oor jou besluit. Moenie blindelings instorm en by voorbaat daarop reken dat God jou sal uithelp nie.

Wanneer jy egter jou besluit geneem het volgens die regte beginsels en dinge wel skeef loop, het jy die volste reg om God se hulp in te roep. Hy sal jou help, want jy het binne die raamwerk van sy wil jou besluit geneem.

As jy egter nie hierdie pad loop nie, gee God jou soms oor aan jou dwaasheid en moet jy die gevolge dra. En dan moet jy nie vir God verkwalik vir jou eie onnoselheid nie.

Doen eers jou huiswerk voordat jy 'n besluit neem.

Halfpad reg?

Maar nou, omdat julle lou is, nie warm nie en ook nie koud nie, gaan Ek julle uit my mond uitspoeg (Op 3:16).

Volgens hierdie gedeelte in Openbaring is halfpad reg, heelpad verkeerd. Wat God soek, is mense wat sy beginsels sal volg. Om ongeërg te wees oor belangrike sake verraai dat jy ten diepste nie vir God se beginsels wil kies nie. En God veroordeel so 'n traagheid. Dit is juis hierdie ongeërgdheid wat veroorsaak dat verkeerde invloede in jou lewe oorneem.

Sodra jy kompromieë oor God se beginsels aangaan, kies jy eintlik om nie meer God se wil te volg nie. Maak dus seker dat die besluite wat jy neem God se wil in berekening bring, sodat jy God se seën op jou besluit kan ontvang.

God is nie onredelik nie, maar Hy soek nie halfhartige navolgers en halwe waarhede nie. 'n Halfhartige besluit om Hom te volg is vir Hom asof jy dan kies om Hom glad nie te volg nie. En wanneer Christene nie meer openlik vir God kies nie, verloor hulle hulle relevansie in die samelewing en het hulle nie meer 'n positiewe invloed op mense nie.

Kies openlik en ten volle vir God se beginsels.

'n Besluit is 'n daad

So gaan dit ook met geloof: as dit nie tot dade oorgaan nie, is dit sonder meer dood (Jak 2:17).

Om 'n besluit te neem is 'n stap in die geloof, 'n geloofsdaad. Om iets te besluit, maar niks aan jou besluit te doen nie, is nog nie regtig om te besluit nie. Dan is dit nog net wensdenkery. Jy moet jou besluite rugsteun deur dade wat dit bekragtig. Vermy daarom om vinnige besluite te neem. Win die advies van verskeie mense in. En onthou, as jy 'n effektiewe besluit wil neem, moet hierdie raad en jou besluit altyd in ooreenstemming wees met God se beginsels.

Formuleer jou probleem in eenvoudige en duidelike woorde. Maak 'n lys van moontlike opsies. Vra: Waarom? En vra dan oor elke daaropvolgende antwoord weer hierdie vraag totdat jy minstens drie "waaroms" beantwoord het. Probeer uitwerk wat die moontlike effek van elke opsie gaan wees. Gesels met die Heilige Gees oor jou besluit. Vertrou Hom om jou keuse in die regte rigting te beïnvloed. Maak dan jou keuse, en dóén dit. Jy kan altyd weer koersaanpassings langs die pad maak.

Dóén wat jy besluit.

'n Onbeperkte bron

O diepte van die rykdom en wysheid en kennis van God ...! (Rom 11:33.)

Voel jy dikwels asof drake en dinosourusse jou bedreig? Voel dit vir jou jy is by breekpunt? Hoekom voel jy so? Omdat alles te veel word vir die hanteringsmeganismes en bronne wat jy het. En dan verloor jy perspektief en hoop.

Gestel jy het al die geld wat nodig is om aan jou droom gestalte te gee, wat sou jy doen? Waar sou jy begin? Sodra ek vir jou sê: Begin jou droom realiseer asof jy al die nodige geld het, sal jy dalk sug en sê: "Ongelukkig is die realiteit anders." En dán verloor jy jou droom en jou hoop.

Maar dit hoef nie te gebeur nie. Al mag alles dalk nie waar word nie, kan jy besluit om aan jou droom en hoop te werk. Jy ken immers Iemand wat beskik oor krag waarvan jy maar net kan droom. God het alles. En Hy is nie verplig om enigiets met jou te deel nie, maar wanneer jy Hom deel maak van jou besluite, ontsluit Hy sy fantastiese rykdom vir jou.

Wanneer jy 'n besluit moet neem, onthou dat God se bronne onbeperk is.

Sy Gees in my

Weet julle dan nie dat julle die tempel van God is en dat die Gees van God in julle woon nie? (1 Kor 3:16.)

Wanneer iemand van geeste praat, dink ek onwillekeurig aan onsigbare, selfs vreesaanjaende wesens wat om my rondsweef. Baie mense maak die verkeerde afleiding dat die Heilige Gees maar net 'n krag is. Die Bybel praat egter van Hom as 'n Persoon. As een van die drie Persone van God Drie-enig is die Gees by jou teenwoordig. Dit is Hy wat aan jou krag gee.

Die Heilige Gees is nie net *by* jou nie, maar ook *in* jou. Hy is God-in-jou. Daarom kan die besielende bediening van die Heilige Gees die wondermooie in jou na vore bring. Omdat die Gees in jou woon, kan Hy jou besiel. Hy kan jou be-*Gees*-ter tot nuwe lewe en groeikrag.

Wanneer die Heilige Gees in jou woon, is jy sy tempel. Dit maak van jou 'n heilige gebied. Daarom pas onterende gedagtes, bose dade en onwelwillendheid nie by jou nie. Inteendeel, by 'n tempel pas Godvererende gedagtes, opbouende dade en welwillendheid wat die glans van God weerspieël.

Voordat jy iets aanpak, vra of dit pas by jou as die tempel van die Heilige Gees.

Wegwyser

Niemand kan sê: "Jesus is die Here" nie, behalwe deur die Heilige Gees (1 Kor 12:3b).

Die Heilige Gees is in twee opsigte vir jou 'n wegwyser. Hy wys eerstens weg van Homself. Die Gees wil nie die aandag op Homself vestig nie. Tweedens is die belangrikste rol wat Hy vervul om na die eintlike Weg (Pad) te wys – Jesus.

Die Gees dra in jou lewe in wat Jesus vir jou kom doen het. Daarom wil Hy telkens jou aandag vestig op die bron van jou hoop – Jesus. Wanneer jy Jesus Christus innooi in jou lewe en Hom jou Here en Koning maak, kom woon die Heilige Gees in jou. Sodra jy erken dat Jesus die Here is, die enigste pad na verlossing en hoop, kan jy weet dit is die Heilige Gees wat jou gelei het om dit te erken. Jy kan dus ook weet dat, wanneer iets jou weglei van Christus af, dit nie die werking van die Heilige Gees is nie. Soos Romeine 8:6b sê: *... die dinge waarmee die Gees Hom besig hou, bring lewe en vrede.*

Die Gees wil jou aandag vandag op Jesus vestig.

33

Namens jou

Die Gees staan ons ook in ons swakheid by: ons weet nie wat en hoe ons behoort te bid nie, maar die Gees self pleit vir ons met versugtinge wat nie met woorde gesê word nie (Rom 8:26).

Daar kom tye in jou lewe wanneer jy stom staan voor die onbegryplikheid van die teenspoed wat jou tref. Dit is tye wanneer die hooploosheid wil-wil oorneem in jou lewe. Jy beur deur die dag, maar dis asof jy niks het om na uit te sien nie. Planne wil nie uitwerk soos jy dit beraam het nie. Is die lewe die moeite werd? wonder jy dan selfs.

Wanneer dit met jou gebeur, onthou dat desperaatheid nooit die laaste sê het nie. Die Heilige Gees is juis by jou om jou te troos, te bemoedig en by te staan. Hy vang jou versugtinge op en lê dit voor die hemelse Vader. En God luister daarna.

Hoe wonderlik is dit nie om te weet iemand tree namens jou op nie. Daarom kan ons nie anders nie as om vir die Heilige Gees baie dankie te sê dat Hy soveel van ons versugtinge op sy wonderlike manier oordra. Dit verseker ons dat God ons beslis ernstig opneem.

Die Heilige Gees tree vir jou in by God.

34

Jou nuwe identiteit

Julle het die Gees ontvang wat julle tot kinders van God maak en wat ons tot God laat roep: "Abba!" Dit beteken Vader (Rom 8:15b).

Wanneer jy jou lewe aan Jesus Christus gee en die Heilige Gees in jou kom woon, verander dit jou identiteit. Jou natuurlike identiteit sê wie jy is. Jou geestelike identiteit vra aan wie jy behoort.

Jy behoort aan Christus, met liggaam, siel en gees. Wanneer jy só weergebore word, doen die Gees iets besonders in jou. Hy bevestig dat jy nou God s'n is. En wanneer jy eers God s'n is, noem Hy jou sy kind. Dit is ook die Gees wat jou laat uitroep: "Pappa!" omdat jy weet dat God jou Vader is.

Wanneer jy voel die wêreld wil jou verskeur, wanneer alles jou teleurstel, gee jouself aan die Gees sodat Hy jou kan laat uitroep: "Pappa!" Ervaar hoe God sy hande na jou toe uitsteek, hoe Hy jou optel in sy genade en jou beskerm soos 'n opregte aardse pa met sy kind sal doen. Wéét soos 'n kind: Geen probleem is te groot vir my Pa nie. My Pa is die Koning van die groot heelal.

Praat elke dag met jou hemelse Pa.

Prente van Christus

Ons word al meer verander om aan die beeld van Christus gelyk te word. Die heerlikheid wat van ons uitstraal, neem steeds toe. Dit doen die Here wat die Gees is (2 Kor 3:18b).

Dikwels wanneer iemand in die hof moet verskyn, plaas die koerante 'n skets van die persoon. Daardie skets bied gewoonlik 'n redelik herkenbare beeld van die persoon. Die kunstenaar vee telkens alles in daardie prent uit wat nié na die persoon lyk nie, totdat die skets 'n getroue weergawe van die persoon is.

Die Heilige Gees is soos hierdie kunstenaar wat prentjies teken. Hy vorm ons om al hoe meer soos Christus te lyk en te wees. Oor enigiets wat nie in die prentjie inpas nie, maak Hy ons gewete só sensitief dat ons daarvan bewus word en dit afsterf. Uiteindelik lyk ons al hoe meer soos Jesus Christus.

Om soos Christus te kan lyk vereis dat ons erns sal maak met ons verhouding met die Heilige Gees. Gesels met Hom oor jou planne, jou lewe, jou drome, jou verhoudings. Hy sal jou deur die Skrif en deur sy influistering in jou binneste bewus maak van wat Hy wil hê.

Die Heilige Gees maak van jou 'n prent van Jesus Christus.

Geestelike gedrag

Ons lewe deur die Gees; laat die Gees nou ook ons gedrag bepaal (Gal 5:25).

Vervulling met die Heilige Gees beteken dat jy jou volledig tot sy beskikking sal stel. Dan is daar geen plek in jou lewe waar Hy nie welkom is nie. Hy sal jou lei uit die grafkelder van kwynende en dooie drome na die helder bergtop van geïnspireerde moontlikhede. Hy stempel selfs jou alledaagse werk tot 'n besonderse roeping wanneer Hy jou lewe beheer en bepaal.

Hoe gee jy aan Hom die beheer oor jou lewe? In plaas daarvan om Hom soos 'n willose rugsak saam te sleep, gesels met Hom soos met 'n betroubare Vriend. Gesels oor elke besluit wat jy neem, oor jou drome en verwagtings, jou teleurstellings en finansies. Geen saak is vir Hom onbenullig nie.

Wanneer die Gees nie jou gedrag bepaal nie, sal jy in die versoeking kom om toe te gee aan die Bose. En dit hou niks positiefs in nie. Kies dus om altyd die Gees se leiding te volg. Hy sal vir jou die regte koers aandui.

Gee die Gees die geleentheid om jou te lei.

37

Jy kan dit nóú doen

Die mens, sy lewensduur is soos dié van gras, soos dié van 'n veldblom wat oopgaan: as die woestynwind daaroor waai, is dit weg en sy plek vir altyd leeg (Ps 103:15-16).

Hierdie Bybelvers herinner jou daaraan dat jou lewe bitter kortstondig is. Jy het net 'n rukkie om iets te vermag hier op die aarde. Daarom moet jy die beste gebruik maak van elke geleentheid in jou lewe.

Al wat werklik standhoudend in hierdie wêreld is, is God se liefde vir dié wat Hom dien. Moenie uitstel om Hom daarvoor te loof en te prys nie. Doen dit sommer nóú. En moenie uitstel om ook vir jou geliefdes te sê hoe baie hulle vir jou beteken nie. 'n Mens dink so maklik dat jy dit later sal doen wanneer die geleentheid reg is of wanneer jy in die regte bui is. Daardie geleenthede en buie mag dalk min en ver uitmekaar wees, en intussen kry jy nooit die kans om te sê "Ek het jou lief" nie.

Ek het al so dikwels mense ná die dood van 'n geliefde hoor sug: "As ek maar net ..." Moenie toelaat dat dit met jou gebeur nie.

Sê nou dadelik vir die belangrike persone in jou lewe hoe baie jy vir hulle omgee.

Waak teen uitstel

Doen met toewyding alles wat jou hand vind om te doen ... (Pred 9:10).

Die versoeking van die hede is om dit wat vandag gedoen moet word uit te stel na môre. Die gewoonte om uit te stel is net so verslawend soos dwelms. En die gevolge is byna net so rampspoedig. Ek is geneig om take uit te stel wat vir my soos sleurwerk voel. Elke dag het genoeg sake wat jou aandag kan prikkel en wat interessant is, maar dit is nie noodwendig belangrike dinge nie. Dikwels beroof dit jou van kosbare tyd waarin jy jou taak kon afhandel.

Om uit te stel kan jou jou ambisie, prestasie, geleenthede en geluk kos. Deur uit te stel laai jy net meer oortollige bagasie op jou reeds oorvol wa. Dan bly jy eintlik vandag besig met gister se probleme.

Vra die Here om jou te genees van hierdie draak wat jou in sy greep wil kry en gesels met Hom oor wat werklik belangrik is. Doen dan dadelik daardie dinge. Dit is die beste raad teen uitstel: om dadelik te begin.

Begin met wat jy móét doen.

39

Altyd gereed

Leef in verwagting dat die dag van God kom en beywer julle daarvoor ... (2 Pet 3:12).

Ook in jou geestelike lewe kan uitstel rampspoedig wees. Mense is soms geneig om te dink dat hulle ál die pret in die lewe gaan mis as hulle nou al hulle lewe aan Jesus Christus toewy. Dan stel hulle uit, want hulle wil nog net één sonde doen. Hierdie een word later twee ... en so bly hulle uitstel. Miskien dink hulle dat hulle ook soos die misdadiger aan die kruis in die laaste oomblikke gered sal word.

Hoe dom kan 'n mens nie wees nie! Werklike geluk lê daarin om aan Jesus Christus te behoort. En dan het jy al die pret tot in die hiernamaals. Niemand weet wanneer Jesus weer gaan kom nie. Die Bybel waarsku egter dat, as ons nie gereed leef nie, ons onkant gevang sal word. Bou daarom nou al aan 'n diep verhouding met jou Here. Groei elke dag nader aan Hom. Vra Hom om in jou te woon en stel jou tot sy beskikking. Dis só maklik. Sê net: "Here, hier is ek."

Leef gereed vir Jesus se koms.

40

Uitstel en instel

Maar ons is nie van dié wat terugdeins en verlore gaan nie; nee, ons glo en ons sal lewe (Heb 10:39).

Tussen uitstel en afstel lê 'n oomblik van ongeërgdheid. En die gevolge is erg. God sê dat as jy nie volhard om sy wil te doen nie, jy nie sal deel in sy beloftes nie. Uitstel is die eerste draadjie van 'n ystersterk web wat jou vashou sodat jy nie jou Godgegewe doel en gawes kan verwesenlik nie.

Breek met die uitstel-gewoonte deur te fokus op een area van jou lewe waarin jy gereeld uitstel. Oorwin dit. Dwing jouself om 'n besluit te neem en tree dan op. Dit help om jou prioriteite vas te stel en die belangrikste sake een vir een af te handel. Stel vir jou 'n spertyd vas. Dit help om teen 'n goeie tempo te werk. Moenie vergeet om vir jou 'n beloning in te bou nie. Wanneer jy weet daar wag iets prettigs op jou wanneer jy klaar is met jou taak, handel jy dit gouer af.

Uitstel het te doen met hoe jy jou *instel*. Moenie tevrede wees met uitstel nie. Doen iets daaraan.

Stel jou in om klaar te kry.

41

Dalk lui?

Luiheid laat die dak inval, slap hande laat die huis lek (Pred 10:18).

Ons almal beleef soms 'n dag dat ons net nie lus is om enigiets te doen nie. Dikwels is dit nodig om juis só 'n dag in 'n woeste week in te bou sodat jy net 'n slag tot verhaal kan kom. Sonder ontspanning en rus brand jy maklik uit en kan jy later glad nie meer jou beste lewer nie. Op so 'n vry dag wat jy vir jouself beplan, mag jy sekere take uitstel tot die volgende dag.

Daar is egter mense wat nóóit lus is om iets te doen nie. Hulle stel uit om die eenvoudige rede dat hulle te lui is om iets te doen. Luiheid gaan gepaard met 'n gebrek aan motivering om positiewe doelstellings na te streef en iets vir jou medemens te doen. Lui mense kom nie hulle Godgegewe potensiaal na nie en is 'n bespotting vir hulle Skepper. Die ellende is dat lui mense se werk dikwels beland op die skouers van mense wat reeds oorlaai is. Vir lui mense is uitstel 'n lewenswyse – 'n verkeerde lewenswyse.

Waak daarteen om uit te stel net omdat jy lui voel.

42

Perfeksionisme werk nie

Hy is die Eerste, die Een wat uit die dood opgestaan het, sodat Hy die eerste plek in die heelal inneem (Kol 1:18b).

Sommige mense kry swaar onder perfeksionisme. Hulle verwag van almal rondom hulle, en natuurlik ook van hulleself, om nooit 'n fout te begaan nie. Hulle wil alles perfek doen. Hulle is onbewustelik bang dat hulle negatief beoordeel sal word. Selfs die beste is nie goed genoeg vir hulle nie. Die gevolg is dat hulle voortdurend ongelukkig is, omdat iets net altyd nóg beter moet wees.

Dit kan gebeur dat jy sommige belangrike take uitstel omdat jy 'n perfeksionistiese geaardheid het. Jy hoef nie perfek in alles te wees nie. Aanvaar dat net een Persoon perfek is, en dit is Jesus. Hy is die Eerste. Hy het die eerste plek in die heelal ingeneem omdat Hy uit die dood opgestaan het. Jy kan nooit sy plek oorneem nie. Hy het aan alle standaarde voldoen. Daarom hoef jy slegs te doen wat jy kán doen. Begin liewer met 'n taak wat jy lankal uitstel, al weet jy dit moet gedoen word. Laat die resultaat aan die Here oor.

Jesus is die enigste volmaakte Een.

43

Tyd vir verandering

Ek bly altyd naby U, u hand ondersteun my (Ps 63:9).

Elke fase van die lewe bring sy eie veranderings mee en vereis dat jy jou lewe anders sal hanteer. As jy op 'n sekere ouderdom nie verander van adolessent na jong volwassene nie, sal mense jou as kinderagtig beskou.

Verandering van omgewing, werk, geliefdes, gesondheid en vriende stel jou voor nuwe uitdagings. En verandering is nie altyd lekker nie. Mense vermy dit of staan dit teen omdat hulle bang is dit bring pyn mee. Pyn is gewoonlik 'n aanduiding dat jou manier om sake te hanteer of jou houding teenoor iets nie reg is nie. Die verskil tussen waar jy nou is en waar jy behoort te wees, skep 'n afstand wat pynlik op jou emosies inwerk. Tog is dit soms nodig om te verander.

Moenie bang wees vir verandering nie. Jy kan enige verandering aanpak met die hulp van die Here. Al verander alles rondom jou, bly God en sy beloftes altyd dieselfde. Jy kan altyd op Hom reken. Hy het Israel gehelp, en ook die dissipels en gelowiges. Hy sal jou ook help.

Hanteer verandering met die hulp van Bo.

44

Nie in die steek gelaat nie

Ek sal jou nie in die steek laat nie, jou nie verlaat nie. Wees sterk, wees vasberade ...
(Jos 1:5-6).

Een van die emosies wat mense moet verwerk tydens verandering is die gevoel dat iets of iemand hulle in die steek gelaat het. Gewoonlik skud verandering jou uit jou bekende omgewing. Jy verlaat jou gemaksone vir die onbekende. Tog is dít juis die tye waarin jou sintuie skerper funksioneer, waarin jy oper is vir groei en waarin jy meer voel jy leef voluit as in enige ander tyd. Mense wat oorsee gaan toer, vertel gewoonlik hoe fantasties dit was en hoe baie hulle dit geniet het. Dit is dalk juis omdat hulle buite hulle gemaksone beweeg het en vrede moes maak met die verandering. Hulle het gekies om te gaan.

Kies om te verander wanneer verandering nodig is, sodat jy jouself nie weghou van nuwe groeimoontlikhede nie. Verandering beteken nie om in die steek gelaat te word nie. Josua het die vreemde ingetrek met slegs die beloftewoord van God dat Hy by hom sal wees. Hou aan God se beloftes vas en beweeg uit jou gemaksone uit.

Saam met God kan jy uit jou gemaksone beweeg.

Gewillig

Uit onsself is ons nie in staat om iets te bedink asof dit uit onsself kom nie. Ons bekwaamheid kom van God (2 Kor 3:5).

Om te verander vra nie dat jy oor besondere bekwaamhede moet beskik nie. Verandering is soms geneig om jou in die proses van verandering in te suig lank voor jy nog besef wat aan die gebeur is. Dit is omdat verandering nie skielik gebeur nie, maar dikwels geleidelik plaasvind.

Hulle vertel dat, as jy 'n lewende padda in 'n pot koue water sit en die water stadig verhit, hy sal doodbrand voor hy besef dat hy besig is om gekook te word. Teen die tyd dat hy dit agterkom, is dit te laat om uit te spring.

Jy hoef nie bekommerd te wees dat jy in tye van verandering iets besonders moet bedink nie. Vertrou God. Vra sy hulp. Hy skenk die bekwaamheid wanneer sy Gees jou iewers heen lei. Die vraag is: Is jy bereid om sy Gees toe te laat om die leiding te neem? Al wat jy hoef te doen is om te vra dat die Gees jou gewillig sal maak om gewillig te wees.

Die Gees maak jou gewillig.

46

Soos kinders

Dit verseker Ek julle: As julle nie verander en soos kindertjies word nie, sal julle beslis nie in die koninkryk van die hemel kom nie (Matt 18:3).

Ek kan my soms verstom aan die manier waarop kinders die wêreld verken. 'n Seuntjie sal nou sy knieë nerfaf val, net om op te staan (al is dit huil-huil) en maar weer te probeer. Terloops, om te huil is een van die ontladingsmeganismes wat die Vader aan ons gee vir tye wanneer alles vir ons te veel word. Kinders huil, en gaan aan met die lewe. Hulle hanteer elke situasie as 'n nuwe avontuur om meer van hulleself en die lewe te ontdek.

Jesus het kinders gebruik as 'n voorbeeld van geringheid. Moenie dat status in jou pad staan wanneer jy verandering moet hanteer nie. Vertrou eerder soos 'n kind dat God ook hierdie situasie tot jou seën sal gebruik. Dan sal jy kinderlik opgewonde kan kyk watter avontuur die verandering vir jou inhou. Jy sal elke situasie kalm kan hanteer, want jy weet: God is groter as hierdie verandering, en Hy is by jou.

Dink hoe 'n kind die verandering in jou lewe sal hanteer, en maak dan ook so.

47

'n Nuwe mens

Julle gees en gedagtes moet nuut word; lewe as nuwe mense wat as die beeld van God geskep is: lewe volkome volgens die wil van God en wees heilig (Ef 4:23-24).

In die geestelike lewe is die verandering tussen die ou en die nuwe lewe radikaal. Paulus sê dat jy moet breek met die ou, sondige mens, wat deur sondige begeertes verteer word. Sonder verandering is dit nie moontlik om 'n nuwe mens te wees nie. Jy kan jouself nie aan die Here gee en maar net bly soos jy was nie. Dan verander niks nie en kon jy maar sonder Hom klaargekom het.

Verandering beteken immers bekering en 'n nuwe lewe van heilige toewyding. Verandering om 'n mens na God se hart te wees vereis dat jy as totale mens nuut sal word. Dit begin by jou gerigtheid op God en ook by jou gedagtes. Waar jy vroeër sterk op jouself gerig geleef en jou gedagtes meestal om jou eie ek gedraai het, verskuif jou fokus nou na God en sy wil. Hoe meer jy wil wees soos Hy van jou vra, hoe meer vind verandering plaas. Om hierdie verandering te ervaar, moet jy egter gereeld met Hom in aanraking wees.

God verander jou in 'n nuwe mens.

48

Pyn of potensiaal?

Skep vir my 'n rein hart, o God, vernuwe my gees en maak my standvastig (Ps 51:12).

Sonde kan jou lewe kompliseer. Dawid het owerspel gepleeg met Batseba en boonop gereël dat haar man voor in die oorloglinies sou veg sodat hy kon sterf. Die Here het Dawid hieroor aangespreek. Daarom pleit Dawid dat die Here hom sal verander. Sonder verandering sou Dawid in sy pyn gebly en nooit die potensiaal van hierdie ontmoeting met God beleef het nie. Omdat Dawid bereid was om te verander, het ook sy toekoms verander. God het hom vergewe, al moes Dawid nog sekere nagevolge van sy optrede dra.

Wanneer jy stuit teen verandering, is dit omdat jy potensiaal raaksien of omdat jy pyn vrees? Baie mense staan verandering teen omdat hulle die pyn vrees. Fokus eerder op die potensiaal wat ontsluit kan word. Jy sal beleef dat verandering 'n positiewe wending in jou lewe bring. Moenie toelaat dat sonde of afbrekende gedagtes in jou pad staan na die potensiaal wat God jou gun nie. As jy gewillig is om te verander, gebruik God die situasie tot jou beswil.

God gebruik verandering om jou potensiaal te ontsluit.

49

Om lugkastele te bou

Ons oog is nie op die sigbare dinge gerig nie, maar op die onsigbare; want die sigbare dinge is tydelik, maar die onsigbare ewig (2 Kor 4:18).

Lugkastele is nie net 'n poging van neurotiese mense om aan die werklikheid te ontsnap nie. Lugkastele kan die argitektoniese ontwerp van jou toekoms wees.

Min mense sal 'n huis begin bou sonder om eers 'n idee te vorm van hoe dit moet lyk wanneer dit klaar is. Dan neem hulle dit na 'n argitek of tekenaar om die detail uit te werk. En eers dan begin die bouers bou aan die huis, volgens die plan.

Ironies genoeg probeer baie mense hulle lewe prentjieloos aanpak. Hulle gaan die toekoms sonder ontwerp en sonder plan binne en hoop maar net dat alles sommer in hulle skoot sal val. Geen wonder daar gebeur niks opwindends in hulle lewe nie, want hulle weet nie wanneer hulle in hulle doel geslaag het nie.

Gelowiges is elke dag besig om aan God se droom gestalte te gee. Om op die onsigbare te bly fokus, vra van jou geloof. En om te glo is om God se droom te begin raaksien.

Is jy besig met God se droom vir hierdie wêreld?

50

'n Vrugbare verbeelding help

Hy verander woestyngebied in rietvlei, dor land in fonteinwêreld (Ps 107:35).

God het aan jou die gawe gegee om te kan droom. Party mense deins so terug van die realiteit dat hulle verleer om te droom. "Ag, dit sal tog nie help nie ...," sug hulle en bly dan net waar hulle is.

Om God se droom vir die wêreld raak te sien, vra 'n vrugbare verbeelding. Dit is om in jou gedagtewêreld al te kan sien hoe 'n woestyngebied verander in 'n lushof. Omdat mense dit wel begin sien en daaroor begin droom, bring dit hulle in beweging om fantastiese dinge vir die Here te begin doen. Geloof is immers op die onsigbare gebou, maar dit stuit mense nie om hulle lewe vir die Here af te lê nie. Net omdat iets nie fisies sigbaar is nie, beteken dit nie dat dit nie bestaan nie. 'n Droom is net werklikheid wat nog nie sigbaar is nie. Daarom moet jy rekening hou met droomrealiteite. Dit vorm die ontwerp vir die aardse realiteite.

Sit dus nou agteroor, maak jou oë toe en begin droom.

Om te droom is om in verbinding te kom met God se wêreld.

Sinlose sirkels?

Maar toe ek goed nadink oor alles wat ek gedoen het en oor alles waaroor ek my met soveel sorg besig gehou het, het ek gesien dat alles niks was, 'n gejaag na wind. In hierdie wêreld bevredig niks nie (Pred 2:11).

Het jy al 'n hond dopgehou wat agter sy eie stert aanhardloop? 'n Mens kan jou verkyk aan die sinloosheid van so 'n oefening. Tog is dit in die alledaagse lewe ook nie so vreemd nie.

Daar is heelwat mense wat hulle mal jaag agter die een of ander plesier aan, net om agter te kom dat hulle soos 'n hond al in die rondte hardloop. Daarom maak die prediker ook die opmerking dat niks in hierdie wêreld 'n mens ooit werklik sal kan bevredig nie.

Wanneer jy droom, moet jy dus aan jou droom skaaf sodat dit nie 'n dolle gejaag na eer of mag of plesier sal meebring nie. Want wanneer dit gebeur, sal jy in sinlose sirkels rondhardloop en geen innerlike vrede vind nie. Innerlike vrede kry jy net by God wanneer jy jou droom of visie in ooreenstemming bring met sy wil.

Bid dus oor jou droom. Gee jou droom oor in God se hande.

Drome sonder God is drome sonder sin.

Droom én werk

Harde werk bring beloning; om net te praat, bring gebrek (Spr 14:23).

As jy enigsins iets in die lewe wil bereik, droom. Dink na oor wat jy graag sou wou bereik. Visualiseer dit in jou gedagtes met soveel kleur en detail moontlik. Skilder vir jou 'n prentjie van al die aangename verwagtings wat jy van jou lewe koester.

Begin dan realisties en konkreet aan jou droom bou, anders gaan dit net 'n droom bly. 'n Droom waaraan jy nie aandag gee nie, sal 'n nagmerrie van verbeurde kanse word wat jou bly treiter tot op jou oudag. Moenie toelaat dat omstandighede jou laat wegkyk van jou droom nie. Wanneer omstandighede jou wil oorweldig, gaan sit rustig êrens en dink weer oor jou droom. Maak dit 'n saak van gebed sodat jy kan hoor wat God daaroor wil sê. Gaan skep asem in jou lugkasteel. Staan dan op en gaan voort om nog 'n stukkie van jou droom te bou. Mense is nie maar net gelukkig wat hulle ideale bereik nie. In daardie oomblik dat hulle slaag, kom die droom en jare se harde werk bymekaar.

Begin werk aan jou droom.

53

Dwase drome

Ek sal dadelik na my pa toe teruggaan en vir hom sê: Pa, ek het teen God en teen Pa gesondig! (Luk 15:18.)

In die werklikheid op aarde loop jy altyd die risiko van 'n verkeerde tydsberekening, van verwronge waardes en swak doelstellings. So het die jongman wat sy erfporsie by sy pa gevra het, alles gaan verkwis op wat hy gereken het die ideale droom is. Hy het gemeen losbandigheid gaan die geluk bring wat hom so aanhoudend ontwyk het. Maar hy het alles verloor ...

Die jongman het egter een ding nooit verloor nie – die keuse om terug te gaan na sy pa toe. Jy het dalk bitter seergekry toe jy probeer het om jou droom na te volg. So seer dat jy dit byna nie wil waag om weer te probeer nie. Moet egter nie ophou droom nie! Begin weer by die begin. En die begin is om te besef dat jou droom dalk nie gegrond is op die regte waardes nie.

Gaan vra vir God en die mense wat jy teleurgestel het om verskoning. En sterk weer aan in die kring van mense wat vir jou omgee.

Erken jou fout, en begin weer saam met God.

54

Hoop gee drome

Dit gaan goed met die mens wat sy hulp van die God van Jakob ontvang, die mens wie se hoop gevestig is op die Here, sy God (Ps 146:5).

Dromers is optimistiese mense. 'n Pessimis is iemand wat oortuig is dat niks goeds ooit sal gebeur nie. Maar dromers is oortuig dat niks onmoontlik is nie. Dit was met die oortuiging dat iets goeds wel kon gebeur dat Martin Luther King jr jare gelede begin praat het van 'n wêreld waaruit rassisme en vooroordeel verban sou wees. "I have a dream," het hy aangekondig. En daarmee bevryding vir miljoene mense aan die gang gesit.

Waar begin hierdie optimisme en drome? Dit begin waar mense hulle hoop vestig op Iemand groter as hulleself. Hulle kom onder die besef van die almagtige God se teenwoordigheid en sy wil vir hulle. En dit steek 'n vlammetjie van hoop aan. En waar hoop begin, begin mense droom.

As jy opgehou droom het, is dit dalk omdat jy opgehou hoop het. Laat die Heilige Gees weer sy hoop in jou aansteek. Gee Hom hierdie kans en vertrou op God se beloftes.

Die Heilige Gees gee jou hoop sodat jy kan droom.

As jy wysheid kortkom

As een van julle wysheid kortkom, moet hy dit van God bid, en Hy sal dit aan hom gee, want God gee aan almal sonder voorbehoud en sonder verwyt (Jak 1:5).

Elke dag bring tientalle of selfs honderde keuses wat jy bewustelik moet maak. En elke mens beleef dikwels die intense teleurstelling dat hy of sy so pas 'n verkeerde besluit geneem het.

Dikwels lê die onvermoë om 'n bepaalde besluit te neem nie soseer in 'n tekort aan kennis nie. Wat jy wel nodig het, is *wysheid*. Wysheid is die vermoë om die kennis en ervaring wat jy reeds het, reg te gebruik nadat jy 'n situasie opgesom het. Wysheid is ook om die kennis en ervaring van ander kundiges te sif en effektief toe te pas in jou besluitneming. Daarom is wysheid die insig en begrip om dié besluite te neem en stappe te doen wat in pas is met jou toekoms.

As gelowige wil jy graag besluite neem wat inpas by die wil van God. Jakobus belowe dat jy die wysheid om die wil van God te doen net van Hom hoef te vra. Hy sal dit aan jou skenk.

Vra God om wysheid.

Jesus is die wil van God

Ek is die lig vir die wêreld. Wie My volg, sal nooit in die duisternis lewe nie, maar sal die lig hê wat lewe gee (Joh 8:12).

Dikwels dink mense dat die wil van God 'n verborge saak is. Hulle dink hulle moet 'n klipharde stem hoor praat, of 'n lig of 'n manifestasie van God self sien wat aan hulle 'n openbaring gee voor hulle kan weet wat God se wil is. God kán dit doen, maar Hy het reeds sy wil aan ons geopenbaar. God se wil het 'n Naam: Jesus.

Om God se wil te verstaan moet jy al hoe meer intiem saam met Jesus Christus leef. Doen moeite om Hom beter te leer ken soos jy moeite doen om 'n potensiële lewensmaat beter te leer ken. Deur agter Hom aan te loop, kry jy al hoe meer wysheid. En wysheid is om te doen wat Jesus sou doen. Baie mense dra 'n armbandjie met die letters WSJD (Wat Sou Jesus Doen?) daarop om hulle hieraan te herinner.

Soos jou verhouding met Jesus verdiep, sal jy al hoe minder wonder wat jy moet doen. En Hy sal jou oortuig waar God jou wil gebruik.

Jesus is God se wil. Volg Hom.

Die Gees wys God se wil

Wanneer Hy kom, die Gees van die waarheid, sal Hy julle in die hele waarheid lei (Joh 16:13).

Wysheid is 'n gawe wat God aan jou skenk. Om hierdie gawe te kan ontwikkel, skenk God aan jou sy Gees. Om die Heilige Gees in jou lewe te ontvang, moet jy jou tot Christus wend, jouself volledig aan Hom oorgee en vra dat sy Heilige Gees elke terrein van jou lewe sal oorneem.

Die Heilige Gees sal jou nie met leuens langs roekelose paaie lei nie. Hy is daar om jou in die waarheid te lei. Hierdie waarheid hou onder meer in dat God vir alle mense lief is. Sodra jy iets doen wat hierdie liefde verloën, sal die Heilige Gees jou bewus maak daarvan dat jy nie volgens God se waarheid of wil lewe nie. Dan moet jy na Hom luister, anders sal jy dwaas optree. Om die Heilige Gees se influistering in jou hart te kan hoor is dit nodig om elke dag met Hom te gesels soos met 'n goeie Vriend. Jy sal bewus word daarvan dat Hy positiewe, liefdevolle en opbouende gedagtes in jou laat ontstaan, wat jy moet gehoorsaam.

Luister na die Heilige Gees van God.

Ken jouself

U leer my hoe om te lewe. By U is daar oorvloedige blydskap. Uit u hand kom net wat mooi is (Ps 16:11).

Die gesindheid waarmee jy die lewe aanpak, dui op die graad van wysheid waaroor jy reeds beskik. Wysheid sien die groter prent van God: dat Hy vir jou sorg en 'n plan met jou lewe het. Wanneer jou gesindheid só is dat jy God altyd eerste stel, het jy al ver gevorder op die pad van wysheid.

Wysheid om God se wil te doen verg nie net kennis van God nie, maar ook kennis van *jouself*. God het aan jou sekere gawes gegee wat Hy graag wil hê jy in sy diens moet gebruik. Dit is dwaas om die meeste van jou tyd af te staan aan die ontwikkeling van dié gawes waaroor jy nie werklik beskik nie. Om aan te hou tokkel op 'n kitaar sonder dat musiekbediening jou gawe is, mag jou bevredig, maar dit dien nie God se wil nie.

Ontdek jou gawes. En staan jou tyd en energie af aan dié gawe waarmee jy 'n verskil kan maak. God het immers vir jou gawe 'n plek in sy plan.

God het 'n plan met jou gawes.

59

Wysheid van Bo

Maar die wysheid wat van Bo kom, is allereers sonder bybedoelings, en verder is dit vredeliewend, inskiklik, bedagsaam, vol medelye en goeie vrugte, onpartydig, opreg (Jak 3:17).

Hoe weet jy wanneer jy in wysheid optree? Jakobus sê dat 'n wyse mens bepaalde eienskappe vertoon, wat hy dan in hierdie vers opnoem. Volgens hom bring hierdie positiewe en opbouende eienskappe jou in die regte verhouding met God en help dit jou om vrede te maak. Aan hierdie eienskappe herken jy die wysheid van Bo.

Wanneer die teenoorgestelde soort eienskappe in jou lewe is, werk iets anders as wysheid in jou. Wanneer naywer en selfsug, slegte bybedoelings, hoogmoed en swak gedrag voorop staan in jou lewe, moet jy weet jy het nie wysheid van Bo nie. Hierdie eienskappe breek jou af en skep onvrede. Dan speel jy in die duiwel se hand. Dan bou jy nie aan jou verhouding met God en jou medemens nie, maar verbreek jy dit.

Let elke dag op jou manier van optree en dink. Getuig dit van wysheid van Bo? Indien nie, begin vandag om aan jou verhouding met God te werk.

Vertoon wysheid van Bo in jou lewe om geseënd te kan leef.

60

Herken geleenthede

Ons vra God dat Hy deur al die wysheid en insig wat die Gees gee, julle sy wil duidelik sal laat ken (Kol 1:9b).

Soms soek mense verbete na die wil van God terwyl daar op hulle drumpel 'n besondere nood is. God se wil is dat jy ander mense in hulle nood sal bystaan en teenoor hulle sal getuig van Jesus. Dít is die basiese plan van God. Om aan die nood rondom jou verby te gaan, is om deur selfsug gedryf te word in plaas van deur die wysheid van God.

Kyk in jou omgewing rond waar God reeds aan die werk is. Is daar 'n nood wat jy kan aanspreek? Is daar 'n seer wat jy kan genees? Hoe kan God jou gebruik? Het jy bepaalde gawes of finansies of besittings of tyd wat Hy iewers kan aanwend? Kan jy dalk 'n gebedsvriend vir ander mense word?

Jy hoef nie altyd God se wil in die groot dinge te soek nie. Hy vra dat jy getrou sal wees en sal begin met die klein dingetjies wat Hy oor jou pad bring. Hy sal self die onmoontlike en groot dinge doen.

Herken nood as 'n geleentheid om God se wil te doen.

Entoesiasme help

Bly altyd geesdriftig ... (Rom 12:11b).

Alle mense ervaar soms dat elke dag 'n sleurgang is wat sy meedoënlose ritme handhaaf soos die ratte in 'n groot masjien. Ons voel asof ons tussen die ratte beland het en stadig maar seker van al ons lewensenergie beroof word. En uiteindelik ervaar ons dat ons nie meer leef nie, maar bloot bestaan.

En jy? Lééf jy, of bestaan jy net? Dis maklik om die antwoord op hierdie vraag te kry. Vra jou af: Is ek nog entoesiasties oor die lewe? Of het ek my geesdrif verloor?

Paulus moedig gelowiges aan om nie hulle entoesiasme te verloor nie. Letterlik beteken "geesdrif" om deur God geïnspireer te wees. Geesdrif is niks minder nie as om na die wêreld te kyk deur God se oë en die potensiaal van elke geleentheid raak te sien. 'n Entoesiastiese mens pak elke dag opgewonde aan omdat God hom of haar deur sy Gees aanmoedig. En met hierdie geesdrif pak jy die lewe se op-en-afrit aan. Want jy weet: Saam met God kan jy alles effektief hanteer.

Soek jou entoesiasme by God.

Vals entoesiasme

Julle wat nie eers weet hoe julle lewe môre sal wees nie! Julle is maar 'n damp wat 'n oomblik verskyn en sommer weer verdwyn (Jak 4:14).

Entoesiasme kan soms op die verkeerde basis gebou word. Jakobus vermaan in hierdie gedeelte dié wat so voor op die wa is om aan te neem dat hulle in die toekoms hierdie of daardie taak sal aanpak. Hierdie mense gee geen aanduiding dat hulle besef hulle toekoms is van die Here afhanklik nie. Daarom sê hulle nie eens "as die Here wil" nie.

Jakobus herinner ons daaraan dat ons nietig is. Ons hou nie ons lewe en die lewe in die algemeen in ons eie hande nie. Ons is soos 'n miswolkie wat voor die hitte van die son verdamp en verdwyn. Juis dit gee ons al hoe meer rede om ook ons entoesiasme te grond in die genade van God, wat aan ons dié entoesiasme gee.

God is geen pretbederwer nie, maar Hy gaan ook nie staan en toekyk hoe mense Hom probeer onttroon nie. En dit gebeur wanneer mense hulle aanmatig en reken hulle kan alles self beheer, sonder God se hulp.

Pasop vir vals entoesiasme.
Dit kan jou ondergang beteken.

Bykans enigiets

Want sonder My kan julle niks doen nie (Joh 15:5b).

Daar is wonderlike verhale van mense wat hulle drome bereik het danksy God se genade wat hulle gevul het met entoesiasme. Mense met grenslose entoesiasme staan beslis 'n beter kans om te slaag as dié wat moedeloos of ongeërg is.

Jy kan entoesiasme nie in kapsules by 'n apteek koop nie. Maar jy kan daarvoor *vra*. Klop aan by Jesus Christus, want Hy belowe groot dinge wanneer jy in Hom bly. Hy het sy dissipels gewaarsku dat hulle sonder Hom niks kan doen nie. En het hulle nie groot dinge deur Hom gedoen nie! Die feit dat jy vandag die goeie nuus ken dat Jesus jou van jou sondes verlos het en dat jy uit die dood sal opstaan, is te danke aan die feit dat hierdie dissipels baie swaarkry deurstaan het. Hulle was gevul met entoesiasme. Daarom het hierdie boodskap nie by hulle gestol nie. Die ergste omstandighede denkbaar kon hulle nie stuit nie. Selfs die doodsvonnis het hulle nie gekeer nie. Hulle kon nie anders as om vol vreugde te vertel nie.

Jy kan bykans enigiets aanpak met die entoesiasme wat Jesus jou gee.

64

Asof reeds

Wie op die Here vertrou, met hom gaan dit goed (Spr 16:20b).

Vertroue doen iets aan jou moed om 'n taak aan te pak of te voltooi. Ook wanneer jy voel hoe jou entoesiasme taan, wanneer jy jouself nie meer sover kan kry om entoesiasties te wees nie, het dit dikwels te doen met jou vertroue. Jy het dalk vertroue verloor in die saak, die persoon, die projek, in die toekoms.

Vertroue in die Here help jou om uit hierdie groef te klim en weer entoesiasme op te bou. Vertroue werk met dié beginsel: Ek doen iets asof dit *reeds* gebeur. Tree op asof iets reeds in plek is, asof daar nie keer is nie, asof daar nie iets beters kan wees nie. Baie mense tree net "asof" op. Hulle tree op asof vrees hulle kan oorwin, asof hulle nie gaan slaag nie, asof daar geen hoop is nie. Die resultaat is dat hulle entoesiasme verdwyn.

Wat wag vandag op jou? Jy weet nie, maar pak dit aan asof jy reeds geslaag het, asof jy reeds entoesiasme het. Jy vertrou mos op die Here.

Pak vandag aan asof jy reeds 'n onuitputlike bron van entoesiasme het.

Glad nie bang nie

Selfs al gaan ek deur donker dieptes, sal ek nie bang wees nie, want U is by my. In u hande is ek veilig (Ps 23:4).

Waaroor kan jy entoesiasties wees?

Jy kan die lewe vier, want dit is wonderlik om te leef, ondervinding op te doen en 'n toekoms te hê wat in God se hande is.

Jy kan entoesiasties wees oor die feit dat jy gebore is, oor jou vriende, oor die nog onbekende vriende wat jy eendag sal ontmoet, oor vandag. Want ook vandag is deur God geskep en propvol geleenthede.

Jy kan entoesiasties wees oor die feit dat jy entoesiasties kan praat, entoesiasties kan dink, entoesiasties kan optree, entoesiasties kan wees.

Of jy kan kies om nié entoesiasties te wees nie en 'n depressiewe en grys bestaan voer.

Dawid het ontdek dat wanneer God saam met hom is, selfs donker dieptes nie 'n bedreiging inhou nie. Wanneer God by jou is, vul jou entoesiasme donker dieptes met glansende lig. Want entoesiasme verdryf donkerte en vrees – omdat God dit verdryf. Entoesiasme is om te ontdek dat God elke oomblik met jou is.

Entoesiasme is groter as vrees,
want God is groter as vrees.

ENTOESIASME

Verby met trane

Moenie bedroef wees nie; as julle die Here met blydskap dien, sal Hy julle beskerm (Neh 8:11b).

Hierdie opdrag van Nehemia kom nadat die volk geluister het na wat staan in die wetboek van Moses waarin die bevele van die Here aan Israel opgeteken is. Dit het 'n feesdag geword. Hoe kon hulle anders as om bly te wees? Hulle het immers bewus geword van die goedheid van God.

Entoesiasme word gevoed deur blydskap. En dit is spesifiek blydskap in die Here wat entoesiasme in die regte balans plaas. Omdat jou blydskap in die Here is, is dit nie afhanklik van aardse sekuriteite nie. Dit styg selfs uit bo aardse ellende wat ons tot trane dryf.

Entoesiasme bring die beste in jou na vore. Die Here het ook aan jou potensiaal en vermoëns gegee. En entoesiasme bring hierdie gawes na vore sodat jy God se Naam kan groot maak. Wanneer jy dan opgewonde en met blydskap die Here dank vir wat Hy doen, beskerm Hy jou. Hy hou die knellende boeie van terneergedruktheid van jou af weg. En entoesiasme maak jou 'n kanaal vir sy Goddelike energie.

---

*Doen alles met blydskap vir die Here en
jy sal entoesiasme ervaar.*

Wees kreatief

En wat julle ook al sê of doen, sê en doen dit alles in die Naam van die Here Jesus en dank God die Vader deur Hom (Kol 3:17).

As jy jou lewe doelgerig beplan, sal jy baie meer proaktief as reaktief optree. As jy net reageer op jou omstandighede, gaan elke buitengewone situasie jou van koers af dwing. As jy egter proaktief optree, beplan jy vroegtydig stappe en jy voer dit betyds uit sodat dit jou by jou uiteindelike doelwit uitbring. Die lewe sal dikwels reaktiewe optrede van jou verg, maar die kuns van 'n sinvolle lewe is om proaktief te probeer optree.

Interessant genoeg vra sowel reaktiewe as proaktiewe aksies dat jy kreatiewe opsies sal ontwikkel. Jou kreatiwiteit word net beperk wanneer jy dínk jy kan nie kreatief wees nie. Om kreatief te bly, moet jy in pas bly met die groot kreatiewe Een, ons Skepper-God. Paulus moedig ons hiertoe aan wanneer hy sê dat ons alles in die Naam van Jesus moet doen. Danksy Jesus skakel ons in by die onstuitbare kreatiewe potensiaal van die God wat alles geskep het. Niks is vir Hom onmoontlik nie.

In Jesus se Naam: Wees kreatief!

Kreatief gesnoei

Maar elkeen wat vrugte dra, snoei Hy reg, sodat dit nog meer vrugte kan dra (Joh 15:2b).

Mense word dikwels ontmoedig deur teenspoed en swaarkry, veral wanneer dit hulle aanhoudend tref en dit lyk asof daar geen keerpunt is nie. Dit laat hulle kreatiewe idees stol, maak hulle planne futloos en hulle visie uitsigloos. Dis asof hulle nie verder kan kyk en dink as die teenspoed en swaarkry voor hulle nie.

Daar ís egter 'n ander moontlikheid. Robert Schuller het gesê: "Daar is nie so iets soos 'n geldprobleem nie, dis net 'n idee-probleem." As 'n gelowige moet jy vashou aan die perspektief dat God dikwels teenspoed en swaarkry gebruik as 'n snoeiproses sodat jy nog meer vrug kan dra. Teenspoed en swaarkry stroop jou van selfvoldaanheid en dit maak jou afhanklik van God alleen. Sodra jy afhanklik van Hom is, is die kanaal oop dat die wydste stroom kreatiwiteit – Goddelike kreatiwiteit – in jou kan vloei. Solank jy net op jouself reken, is kreatiwiteit beperk tot jou eie ervaring en idees. En hoe klein is dít nie in verhouding met die kreatiwiteit van die God van die heelal nie!

---

*Teenspoed en swaarkry is die snoeiskêr
na groter kreatiwiteit.*

Onbeperkte kreatiwiteit

> Trouens, dit het vir ons gevoel asof die doodvonnis klaar oor ons uitgespreek is. Maar dit het gebeur, sodat ons nie op onsself sou vertrou nie, maar op God wat die dooies opwek tot die lewe (2 Kor 1:9).

Om kreatief te wees is om te ontdek dat jy verskeie opsies kan volg om jou doel te bereik. Ontwikkel daardie opsies een vir een. Jy mag op jou kreatiewe roete selfs 'n winsgewende syspoor ontdek!

Gebruik jou verbeelding, laat jou gedagtes vry vloei en moenie dadelik die moontlike oplossings afskiet of ophou om na ander oplossings te soek nie. Paulus skryf dat hulle soveel probleme in Asië ondervind het dat die swaarkry wat hulle moes verduur ver bo hulle kragte was. Hulle het selfs die hoop om te bly lewe laat vaar. Maar daar het tog één Oplossing oorgebly: God. Hy het gehelp dat alles nie verlore gaan nie en dat hulle as 't ware uit die dood teruggeroep is. Die dood is die grens van kreatiwiteit, maar gelowiges hou vas aan die God van kreatiwiteit. En Jesus se opstanding uit die dood is naas die skepping seker dié kreatiefste moment in die geskiedenis.

God skenk onbeperkte kreatiwiteit.

Laat los

> **As jy ontsteld raak, moenie sondig nie; dink in stilte daaroor na as jy gaan lê, en laat dit daarby! (Ps 4:5.)**

Dit help dikwels om 'n ruk lank te vergeet van jou probleme. Dit gee jou die geleentheid om weer rustig te raak. Bowenal gee dit jou die geleentheid om met God oor jou probleme te gesels en kalm na alle moontlike oplossings te kyk. Wanneer jy ontsteld raak, is jy geneig om die verkeerde keuse te maak. Ek vind dat as ek gaan draf wanneer iets my pla, dit my help om eers van al die oortollige frustrasie-energie ontslae te raak sodat kreatiewe energie weer my gedagtes kan oriënteer. Musiek help ook om 'n onstuimige gemoed te kalmeer. En gebed is seker die heel geskikste manier om probleme te hanteer en tot nuwe insig te kom.

Menige antwoord het al gekom wanneer iemand regtig alles aan God vertel en Hom vertrou het vir die oplossing. Die meeste mense se probleem is nie die probleem self nie, maar die vrees en angs as gevolg van die probleem. Gee al hierdie emosies vir die Here en vertrou Hom vir die oplossing.

Laat jou probleem in die Here se hande.

'n Nuwe manier van kyk

Ons wat nog in die tentwoning is, sug en voel bedruk omdat ons nie van die aardse liggaam afstand wil doen nie ... Hy wat ons vir hierdie oorgang voorberei het, is God. As waarborg hiervan het Hy ons sy Gees gegee (2 Kor 5:4-5).

Kreatiwiteit is 'n nuwe manier van kyk na dieselfde ou dinge. Omdat jy op 'n ander manier na jou situasie kyk, interpreteer jy dit anders. Daarom kan jy dit ook anders hanteer.

Paulus het hierdie kreatiewe manier van kyk toegepas op die aftakelingsproses wat met die ouderdom gepaardgaan. Volgens hom sit ons met die dilemma dat ons net die hier en die nou ken. Daarom kan ons ons nie indink hoe die hemelse lewe sal wees nie. Toe hy egter kreatief begin dink het, het Paulus besef dat ons hier bly in 'n liggaam wat soos 'n tent is – weerloos en uitgelewer aan die elemente. Maar wanneer ons in die hemel is, sal ons in 'n vaste gebou woon.

Die Gees is die waarborg dat God ons vir hierdie oorgang voorberei. En dit is hierdie Gees wat ons oog gerig hou op God se kreatiewe proses met mense, sodat ons ook hierdie aardse aftakeling kan sien as 'n broeikas vir die nuwe.

Vra God om jou nuut te laat kyk.

Kreatiewe lig

Laat julle lig so voor die mense skyn, dat hulle julle goeie werke kan sien en julle Vader wat in die hemel is, verheerlik (Matt 5:16).

Kinders is dol op hulle eerste flits. Hulle speel die batterye sommer binne die eerste dag of twee skoon pap, want dit gee hulle oneindige pret om oral met hierdie liggie te skyn. Waar hulle ook al speel, kan jy die flitslig sien ronddartel. En so kan jy sommer ook agterkom waar hulle is.

Ons is as 't ware flitsliggies in die hand van die kreatiewe Skepper. Oral waar ons skyn, weet mense dat daar Iemand is wat ons vashou. Wanneer ons liggie ophou skyn en ons nie meer kreatief optree nie, word dit stikdonker om ons en verloor mense God uit die oog.

Moet dus nie skaam wees om kreatief te wees nie. Jy is besig om daardeur jou hemelse Vader te verheerlik. Eintlik leer kreatiwiteit jou om weer 'n slag lekker te speel – met idees, die verfkwas, gevoelens, musiek, resepte, ja, met die lewe self. En jy mag maar so speel, want jy bly 'n kind – God se kind. En God geniet dit wanneer sy kinders pret het.

Speel met jou kreatiwiteit.

Oorvloedige energie

Ek het gekom sodat hulle die lewe kan hê, en dit in oorvloed (Joh 10:10b).

Wanneer 'n mens intens geïnteresseerd is in wat jy doen, vlieg die ure verby sonder dat jy daaraan dink dat jy moeg, honger of dors is. Jy word as 't ware ingesuig deur die aktiwiteit waarop jy fokus. Jy het genoeg energie totdat daardie taak voltooi is. Eers daarna is jy lam en lusteloos.

Om genoeg energie te kan hê is dit noodsaaklik om met die Bron van oorvloedige energie in verbinding te wees. Jesus wil nie dat ons 'n tekort moet hê nie. Daarom gee Hy aan ons 'n lewe van oorvloed. En hierdie oorvloed is beskikbaar vir almal wat hulle lewe aan Hom toewy.

Sluit 'n oomblik jou oë, haal stadig en diep asem terwyl jy net op Jesus fokus en stadig in jou gedagtes vir jouself sê: Jesus het gekom sodat ék die lewe kan hê, en dit in oorvloed. Herhaal dit 'n paar keer sodat dit jou gedagtes kan vul. Hy hét immers gekom sodat jy die lewe in oorvloed kan hê. Dit is Jesus se belofte. Reken daarop.

By Jesus is lewe in oorvloed.

74

Energieplekke

Ons moenie van die samekomste van die gemeente af wegbly soos party se gewoonte is nie ... (Heb 10:25).

Dit is tog so dat sekere plekke meer energie skep as ander. Sommige plekke is so morbied dat dit jou heeltemal neerslagtig daar laat uitloop. Mense gaan graag na plekke wat die indruk skep dat dit vol lewe is. So 'n plek is 'n welkome afwisseling vir 'n bestaan wat jou elke dag in 'n groef vasvang sonder enige hoop op uitkoms. Baie jongmense woon *raves* by omdat dit die indruk wek dat daar baie energie in omloop is. Ongelukkig is baie van daardie sogenaamde energie afkomstig van chemiese middels wat op die lang duur verslawend is en dikwels ook lewensgevaarlik. Dit is nie die soort energie wat jou in staat stel om elke dag se krisisse te hanteer nie. Dis eerder ontvlugting.

Gelowiges weet dat hulle energie op 'n dieper vlak lê. Hulle gaan soek dit in samekomste van die geloofsgemeenskap. Saam ontdek hulle die beloftes wat God gee, sing lofgesange, gee hulle kwellings aan Hom en ervaar liefde. En dit skep blywende energie.

Gaan gereeld na Gees-telike energieplekke toe.

Arendsvlerke

Dié wat op die Here vertrou, kry nuwe krag. Hulle vlieg met arendsvlerke, hulle hardloop en word nie moeg nie, hulle loop en raak nie afgemat nie (Jes 40:31).

Ek het al dikwels mense ontmoet wat totaal moedeloos en sonder energie by my kom sit. So in die gesels leer ek dan hulle probleme ken. Ek bid gewoonlik in my gedagtes terwyl ek en so 'n persoon gesels en vra om God se leiding. Dikwels kies die Here om nie vir die persoon 'n skielike antwoord en oplossing te gee nie, maar om hom of haar op 'n pad van groei te plaas.

Dit mag mense dalk lank neem om verkeerde en negatiewe gewoontes af te leer. Maar wanneer hulle die intense begeerte het om hulp te soek, erken dat hulle niks vir hulleself kan doen nie, en kies om Jesus te vertrou en hulle lewe aan Hom oor te gee, gebeur iets merkwaardigs. Hulle ervaar 'n gevoel van verligting, stap met energie en hoop daar uit en takel weer hulle probleme as uitdagings. Hierdie mense ervaar wat Jesaja belowe het: Wanneer jy op die Here vertrou, kry jy nuwe energie.

Vertrou op die Here en styg uit bo jou situasie.

ENERGIE

Innerlike krag

Ek bid dat Hy deur sy Gees uit die rykdom van sy heerlikheid aan julle die krag sal gee om innerlik sterk te word (Ef 3:16).

Meestal dink ek aan 'n soliede muur as iets wat baie sterk is. Tog het ek al gesien hoe die suidoostewind 'n muur kan omwaai. Partykeer is innerlike krag meer soos 'n boom wat meegee en buig in die wind, maar nooit opgee en omval nie. So 'n boom se sterk wortelstelsel sorg dat hy geanker bly, terwyl die buigsame innerlike krag sorg dat hy nie knak nie.

Om die energie te hê waarmee jy struikelblokke te bowe kan kom, is dit nodig om jou wortelstelsel in God geanker te hou. Hy sal aan jou die vastigheid bied wat jou wortels anker sodat jy nie meegesleur sal word nie. Die Heilige Gees sal jou in balans hou met God sodat, al buig jy dalk voor die aanslae van die Bose, jy nie sal knak nie.

As jy nie aan God verbind is nie, sal jy jou energie verkwis op nietighede en weggewaai word. Om die uitdagings van elke dag te kan hanteer, het jy sy blywende energie nodig, wat jou sterk sal hou.

Bly in God vir standhoudende energie.

77

Paniek maak siek

Red my, o God, want die water het tot by my keel gekom (Ps 69:2).

Die wetenskaplikes praat van die Steentydperk, die Bronstydperk, en so meer. Dit lyk asof die laaste aantal jare as die Angstydperk aangedui kan word. Daar word sekerlik meer medikasie vir angs en stres voorgeskryf as ooit vantevore. Verskillende redes kan hiervoor aangevoer word. Een daarvan is dat moderne mense van hulleself verwag om langer ure en meer intensief te werk as vroeër. Selfs ontspanning is meer intens; hulle gun hulleself nie eens tydens 'n afnaweek regtig rus nie.

Geen mens kan baie lank sy of haar energievlakke teen so 'n wedrentempo hoog hou nie. Omdat ons probeer en die mededinging so sterk is, word ons die prooi van 'n paniekaanval. Dawid beskryf dit prakties: Dit voel of hy verdrink. Dan roep hy tot God om hulp. En God kán help. Hy help jou om kalm te dink oor jou situasie en nee te sê vir die onnodige druk wat jy op jou laai. Luister na sy Gees en jy sal weet wanneer om nee te sê en sy hulp in te roep.

Om nee te sê, help om energie op te bou vir 'n betekenisvolle lewe.

Regte raad

Dit gaan goed met die mens wat nie die raad van goddeloses volg nie ... Hy is soos 'n boom wat by waterstrome geplant is, wat op die regte tyd vrugte dra en waarvan die blare nie verdroog nie. Hy is voorspoedig in alles wat hy aanpak (Ps 1:1, 3).

As daar nou een ding is wat jou energie vinnig tap sodat jou lewenslus totaal en al verdwyn, is dit om in die moeilikheid te wees. Die geselskap van verkeerde vriende bring verkeerde raad. Die verkeerde raad laat jou in die moeilikheid beland. Die moeilikheid ledig jou energie. En, siedaar! Jy is 'n kandidaat vir uitbranding, depressie en allerhande ander kwale.

Ons as gelowiges probeer altyd leef volgens die lewenstyl wat God van ons verwag. Daarom probeer ons om nie in die posisie te beland waar selfhaat, wraakgedagtes, woede, onvergenoegdheid of doelloosheid uitborrel nie. Omdat ons ons liggaam as 'n tempel van die Heilige Gees sien, ontspan ons gereeld, kry genoeg oefening, eet gesond, drink matig en kry genoeg slaap. Ons streef na 'n lewenstyl van liefde en vrede en ons gee ons bekommernisse vir die Here. Daarom het ons genoeg energie om goed te voel oor die lewe.

Vermy die raad van mense wat nie vir God omgee nie.

Selfdissipline

Die Gees wat God ons gegee het, maak ons immers nie lafhartig nie, maar vul ons met krag en liefde en selfbeheersing (2 Tim 1:7).

Dis heerlik om drome te droom en besluite te neem oor jou toekoms. Sukses lê egter nie daarin om net te droom of te besluit oor jou doelwitte nie. Sukses is om dit waar te maak en te bereik. As sukses net van besluite of drome sou afhang, sou daar seker geen mens gewees het wat nie suksesvol is nie.

Wat nodig is om jou doelwit te bereik is 'n dosis selfdissipline, sodat jy kan begin om daarna te streef én vol te hou totdat jy by die eindpunt aankom. Moenie tyd mors om te wonder of jy selfdissipline het nie. Die gelowige in Christus ontvang dit van Hom. Dit is deel van die Gees se werk in jou lewe. Gesels met die Heilige Gees oor waar in jou lewe jy selfdissipline nodig het. Tree dan op in die vertroue dat jy selfbeheersing het en staan dadelik op en doen wat jy moet doen. Hoe getrouer jy is in die klein dingetjies, hoe makliker word die gewoonte gevorm om getrou te wees in die groot verantwoordelikhede.

Die Heilige Gees gee selfbeheersing.

80

Omdat die Here naby is

Die einde van alles is naby. Daarom moet julle selfbeheers en nugter wees, sodat julle kan bid (1 Pet 4:7).

Iemand sal nog so luilekker uitstel om iets te doen, dan hoor hy dat sy hoof op pad is. Skielik spring hy op en probeer teen 'n ongelooflike tempo alles gedoen kry. Hoewel mense dikwels op hierdie manier probeer lyf wegsteek en die front voorhou dat hulle hulle deel doen, slaag dit meestal nie. Daar is soms take wat net met volgehoue arbeid en daaglikse moeite verrig kan word. Die werkgewer wat sy storie ken, kom gou agter wanneer iemand lyf wegsteek en roep daardie persoon tot verantwoording.

Jesus Christus is naby. Dit is die boodskap van die Bybel. Moet daarom nie laat slaplê nie. Hanteer elke dag en elke opdrag met selfbeheersing. Wanneer jy nie goeie selfdissipline aan die dag lê nie, lei dit tot skuldgevoelens, wat jou kommunikasie met God versteur. Jy probeer dit dalk wegsteek, maar dit veroorsaak tog dat jy nie vrylik met Hom kan gesels nie. En jy self skep hierdie afstand deur jou gebrek aan selfbeheersing.

Wanneer selfbeheersing verslap, onthou:
Jesus is naby.

Weerloos sonder selfbeheersing

'n Stad sonder 'n muur om hom te beskerm, so weerloos is 'n mens as hy nie selfbeheersing het nie (Spr 25:28).

SELFDISSIPLINE

Wanneer jy jouself kan dissiplineer, sal jy besonder positief oor jouself voel. En niks kan daardie gevoel van bevrediging klop wanneer jy 'n moeilike taak aangepak en bly sukkel het totdat jy dit suksesvol afgehandel het nie. Selfdissipline is om steen vir steen aan jou huis van volwassenheid te bou. Dit geld nie net vir jou beroepstake nie, maar ook vir jou waardes en norme. Selfbeheersing help om moraliteit in stand te hou, anders heers chaos.

Sonder selfbeheersing word jy die prooi van jou onbeheerste drange en kan jy al jou verhoudings verongeluk. Sonder selfdissipline trek elke versoeking jou saam en kan jy nie nee sê nie. As jy nie selfbeheersing het nie, word jou waardes negatief beïnvloed. Jy maak makliker ruimte vir jou eie feilbaarheid en maak jouself die norm eerder as om jou aan die waarheid te meet. Ongelukkig dra elke versoeking die kiem van die dood. En wanneer jou selfbeheersing wegglip, sterf iets. Dit mag jou selfrespek wees wat sterf, of jou verhoudings, of jy.

Beskerm jouself deur selfbeheersing toe te pas.

'n Goeie naam

'n Goeie naam is beter as reukolie (Pred 7:1).

Bill Clinton, voormalige Amerikaanse president, was lank in die nuus oor 'n beweerde seksuele oortreding. Die pers het dit ongelooflik geniet om met woordspelings en ander insinuasies hierdie eskapade die wye wêreld in te stuur. Weke lank het dit die nuustoneel oorheers. Hoewel Clinton die hele storie polities oorleef het, het dit op 'n ander manier 'n onkeerbare effek gehad. Niemand sal ooit weer na Bill Clinton kyk sonder om te onthou dat hy in die moeilikheid was nie. Kortom, hy het sy goeie naam verloor.

Jy kan die nuutste modes dra, vir jou die oulikste ryding aanskaf, selfs jou haarkleur en -styl verander. Maar jy is nog steeds jy. En wanneer jy jou goeie naam verloor as gevolg van jou gebrek aan selfbeheersing, bly dit by jou. "As ek maar net ..." is die woorde op die grafsteen van menige mens wie se selfbeheersing in 'n onbesonne oomblik gesterf het.

Onthou dus altyd jou goeie naam en oefen jou selfbeheersing. Soms hoef jy net: "Nee!" te sê.

Beskerm jou goeie naam deur met selfbeheersing te leef.

83

Net nog 'n bietjie

Saai jou saad in die môre, gaan in die laatmiddag daarmee voort. Jy weet nie watter van die twee sal 'n oes lewer nie en of altwee ewe goed sal wees nie (Pred 11:6).

"Net nog 'n entjie," probeer ek myself motiveer om net nog 'n paar treë verder te draf. Veral wanneer ek onfiks is, voel elke ekstra tree na 'n berg waaroor ek moet klim.

Tog help dit op die lang duur om nog 'n ekstra tree of wat te gee anderkant die teiken wat jy vir jou gestel het. Dit help jou om selfbeheersing in te oefen sodat jy nie tou opgooi wanneer alles vir jou te swaar lyk nie.

Die beginsel wat ek met só 'n drafprogram vir myself aanleer, geld ook vir die ander areas van die lewe. Deur jouself te beheer om net 'n bietjie meer te doen, 'n bietjie langer aan te hou, vergroot jy jou kans om te slaag. Selfbeheersing laat jou jou kans op sukses vergroot. Groei en uithouvermoë begin wanneer jy jou lus om op te hou, beheer. Hoe meer selfbeheersing jy aan die dag lê, hoe groter is jou kans om sukses te behaal.

Selfbeheersing is om net 'n bietjie langer aan te hou.

SELFDISSIPLINE

84

Die goue reël

Alles wat julle wil hê dat die mense aan julle moet doen, moet julle ook aan hulle doen. Dit is tog waarop dit neerkom in die wet en die profete (Matt 7:12).

Selfbeheersing is 'n lewenswyse onder beheer van die Heilige Gees. En die beginsel waarmee selfbeheersing werk, is 'n goue reël wat jy elke dag en in elke situasie moet volg: Doen aan ander soos jy graag wil hê hulle aan jou moet doen. Selfbeheersing beteken dan om nie al jou opgekropte woede, frustrasie en onvergenoegdheid op ander mense uit te haal nie. Jy weet tog dat jy nie daarvan sal hou as iemand anders dit met jou sou doen nie.

Daar is 'n maklike vraag wat jou kan help om jou selfbeheersing te behou. Vra jou af vóór jou emosies of gedrag handuit ruk: Bou ek op of breek ek af met wat ek nou wil doen?

Selfbeheersing is om altyd op te bou, al val daar hier en daar 'n steen af of 'n muur om. Selfbeheersing beteken dat jy sal aanhou opbou, omdat jy werk met God se bouplan vir 'n goeie lewe. En God verkies selfbeheersing bó onbeheerste en ontoepaslike gedrag.

Volg die goue reël om selfbeheersing te kan toepas.

Die krag van 'n kalm gemoed

Moet oor niks besorg wees nie, maar maak in alles julle begeertes deur gebed en smeking en met danksegging aan God bekend (Fil 4:6).

Wat is die aangenaamste en gemaklikste manier van lewe? Om jou byna dood te bekommer oor iets wat jy nie kan verander nie? Of om met min stres en in harmonie met jou innerlike en met God te leef?

Die meeste van ons sal sekerlik laasgenoemde antwoord kies. Tog is die meeste mense se lewe vol bekommernis en hunker hulle na innerlike vrede.

Om weer, of selfs vir die eerste keer, 'n kalm gemoed te hê, is dit nodig om jou innerlike leeg te maak van alle vrees, haat, onsekerheid, skuldgevoelens en bekommernis. Die Bybelse terapie vir 'n kalm gemoed is om alles deur gebed en smeking en met danksegging aan God bekend te maak. En om dan te vertrou dat God iets daaraan sal doen. Doen wat jy kan volgens die insigte en geleenthede wat God aan jou sal gee en laat Hom toe om die eindresultaat te bepaal. Vertrou dat Hy 'n plan het en jou sal help.

Wanneer bekommernis toeslaan, maak dit dadelik aan God bekend.

Bekering en bekommernis

As julle julle bekeer en tot rus kom, sal julle gered word. Julle krag lê in stil wees en vertroue hê ... (Jes 30:15b).

Dit is nie so maklik om op God te wag nie. Gewoonlik wil ons allerhande truuks probeer om dadelik 'n oplossing vir ons bekommernis te kry. Ons klop aanhoudend aan verskillende deure. Ons is só besig om op die verkeerde plekke hulp te soek dat ons nie die oop deur raaksien wat God reeds voorsien het nie. Veral wanneer die einde van die maand nader kom, die rekenings instroom en die koskas leeg raak, voel die lewe na 'n stryd om oorlewing.

Om op God te wag beteken nie dat jy moet ophou werk nie. Nee, dit beteken dat jy sal besef dat God vir jou sal sorg, sodat jy nie so in angs sal werk en rondskarrel nie. Dit is 'n gesindheidsverandering weg van "Ek kan" na "God sal". Dit beteken 'n radikale bekering sodat jy God regtig sal vertrou. En dit is eers in hierdie vertroue dat jy die regte mense, die regte geleenthede, die regte idees sal raaksien wat God vir jou voorsien om te benut.

Weet dat God sal sorg en vertrou Hom daarvoor.

87

God by jou

Moenie bang wees nie, Ek is by jou, moenie bekommerd wees nie, Ek is jou God. Ek versterk jou, Ek help jou, Ek hou jou vas, met my eie hand red Ek jou (Jes 41:10).

As jy innerlike vrede wil ervaar, is dit nodig dat jy 'n ander lewenstyl en lewenshouding sal aanleer. Om tot innerlike vrede te kom, vra moeite, maar dit lei tot 'n sinvoller lewe. Vrede vloei voort uit 'n lewenstyl van daaglikse vertroue op God. Dit is om elke oomblik te aanvaar dat God by jou is, al lyk jou omstandighede hoe benard.

Hoewel jy soms mag voel dat God nie by jou is nie, bly dit net 'n *gevoel*. Feit is dat God belowe het om by jou te wees, ongeag jou gevoelens. Jy *maak* Hom nie by jou teenwoordig deur te bid en met Hom te gesels nie. Hy *is* reeds by jou. Jy maak net jouself bewus van sy teenwoordigheid deur met Hom te praat. Dit werk soos radiogolwe, wat op hierdie oomblik rondom jou is. Jy moet egter eers die ontvangstoestel daarop instel om dit te kan opvang.

Gesels met God. Hy wag op jou om uit te reik na Hom. Hy sal reageer.

God is altyd by jou, ongeag hoe jy voel.

88

Vredemaker vir God

Geseënd is die vredemakers, want hulle sal kinders van God genoem word (Matt 5:9).

Dit is nie 'n kuns om moeilikheid te maak nie. 'n Skewe antwoord, 'n jaloerse opmerking, 'n aggressiewe houding en 'n negatiewe lewensuitkyk dra alles by om binne 'n oogwink 'n rustige situasie in 'n slagveld te verander.

Die kuns van die lewe is om altyd vrede te maak. En vrede begin nie deur alles onder die mat in te vee en te maak asof dit nie bestaan nie. Vrede kom deur te streef na wat reg en billik is. Dit sal volgehoue moed van jou verg om aan te hou probeer en te gesels totdat jy vrede bereik. En hierdie manier van lewe vertrek vanuit die standpunt dat gelowiges altyd streef na vrede, omdat dit is wat God van ons verwag.

Die beloning? Jy sal 'n kind van God genoem word. Wanneer jy fokus op die beste belange van ander en van God, sal jy koers gee aan die vredesproses. Moenie wag dat iemand anders eerste begin vrede maak nie. Begin self die reis na vrede. Dis immers altyd in God se belang.

Maak vrede met God, met ander mense en met jouself.

Vrede bo alle verstand

En die vrede van God wat alle verstand te bowe gaan, sal oor julle harte en gedagtes die wag hou in Christus Jesus (Fil 4:7).

Wanneer jy alles wat jou pla aan God bekend maak deur gebed en smeking en met danksegging, belowe Paulus dat 'n besonderse vrede van jou besit sal neem. Dit is nie 'n logiese vrede nie. 'n Logiese vrede wil hê alles moet reg wees voordat daar vrede kan wees, anders is dit net 'n skietstilstand. Hierdie besonderse vrede wat van Bo kom, beteken egter dat jy innerlik sal ervaar alles is reg, al lyk alles rondom jou hoe verkeerd. Dit is 'n vrede wat gebore word uit die besef dat jou saak God se saak is en dat Hy sal help om dit te hanteer. Dit is 'n kalm wete dat niks te groot is vir God nie, ook nie jou krisisse nie. God se vrede is die kalmerende effek van Jesus wat as jou Vriend by jou is. Saam met Hom kan jy kalm bly.

Die hemelse Terapeut is elke dag beskikbaar om na jou hartsbehoeftes te luister. Gesels minstens twee keer per dag met Hom – maar verkieslik sommer die hele dag lank.

God se vrede maak jou innerlik kalm.

Moet jou nie bekommer nie

Moet julle nie bekommer oor julle lewe, oor wat julle moet eet of drink nie, of oor julle liggaam, oor wat julle moet aantrek nie ... Julle hemelse Vader weet tog dat julle dit alles nodig het (Matt 6:25, 32b).

Die meeste bekommernisse waaraan ons toegee, het gewoonlik te doen met wat ons beskou as die basiese dinge in die lewe. Jy wil elke dag iets hê om te eet en te drink, jy wil ordentlik aantrek en vir jou gesin sorg. Deesdae sorg die media egter dat ons baie meer behoeftes ontwikkel as wat ons self kan bedink, soos om te kan fliek, om te kan inskakel by die internet, om 'n selfoon te hê en 'n voertuig wat in pas sal wees met die bure s'n, asook 'n huis wat soms baie groter is as wat ons nodig het. Hierdie voortdurende begeerte na en koop van lekker-om-te hê-artikels plaas egter finansiële druk op jou. En dan moet jy al hoe harder werk en sal jy al hoe meer begin stres.

Nee, begin by die basiese. Vra God wat jy regtig nodig het, vertrou Hom en moenie oorbestee op die res nie. Daar is 'n Engelse uitdrukking wat sê: *God feeds need, not greed.*

Stel jou saak met God reg. Hy sal vir jou sorg.

91

Uitbranding is 'n gevaar

Mag daar vir julle genade en vrede in oorvloed wees deur julle kennis van God en van Jesus ons Here! (2 Pet 1:2.)

Ons almal word soms moeg. Tog is daar 'n verskil tussen die bevredigende moegheid na betekenisvolle arbeid en die sieldodende moegheid wat jy ervaar al het jy omtrent niks gedoen nie. Hierdie sieldodende en chroniese moegheid kan 'n teken van uitbranding wees. Jy ly aan uitbranding wanneer jy jouself elke dag met moeite voortsleep, jou kreatiwiteit in die niet verdwyn, jy die hele tyd voel jy bereik niks nie en jou weerstand teen die groeiende hoop pligte al hoe groter word.

Oorwerktheid en uitbranding veroorsaak dan dat stagnasie en frustrasie jou entoesiasme vervang. Jy begin aggressief optree en voel altyd gefrustreerd en apaties, en jy sukkel om net die minimum vereistes na te kom.

Uitbranding kán genees word. Die genesing begin by die besef dat God in Jesus vir jou genade en vrede in oorvloed gee. Leef in die wete dat dit altyd God is wat vir jou sorg en wat jou liefhet. Hy stel in jou belang. En jy hoef niks te bewys nie.

Aanvaar dat God in Jesus aan jou genade en vrede gee.

92

Angs is 'n skroeiende vlam

**Julle moet nie ontsteld wees nie.
Glo in God; glo ook in My (Joh 14:1).**

Angstigheid kan jou vermoëns lamlê en jou paniekerig laat rondjaag om al hoe meer te probeer doen, met al hoe minder sukses. Angstigheid begin met 'n gevoel van onmag teenoor die toenemende eise wat aan jou gestel word. Dit voel asof alles op jou skouers gelaai word en jy afgedruk word ten spyte van jou beste pogings.

Uitbranding ontstaan omdat jy te lank probeer om bokant jou vermoë te leef. In 'n samelewing wat gerat is om erkenning aan prestasie en produktiwiteit te gee, dryf jy jouself besonder hard om al hoe beter te presteer. Jy probeer om jou tekortkomings weg te steek deur voortdurend harder te werk. Dikwels sê jy ja vir te veel dinge, al weet jy dat jy nie in balans sal kan bly met al die verpligtings wat op jou wag nie.

Jy kan jou angs oorwin deur jou geloof in God. Besef elke oomblik dat God alles onder beheer het en dat jy net hoef te doen waartoe jy in staat is.

Doen wat jy kan en vertrou God vir die uiteinde.

93

'n Mosie van wantroue

Hou kommer uit jou hart en vermy wat jou liggaam kan kwaad doen ... (Pred 11:10).

Bekommernis is in werklikheid 'n mosie van wantroue in God se almag. Deur jou te bekommer probeer jy met jou verstand en gemoed beheer uitoefen oor dinge wat jy nie regtig kan beheer nie. Jy kan wel die regte besluite neem en die regte dinge doen, maar steeds het jy nie direkte beheer oor die uitkoms nie. Daar is te veel veranderlikes wat 'n rol kan speel, soos mense se gemoedstoestand, krisisse, finansies of toerusting wat breek.

Daarom moedig die prediker jou aan om te werk aan dít wat jy wel kan doen: om jou bekommernisse aan God te gee en nie doelbewus jou liggaam skade aan te doen nie. Dikwels probeer ons van ons kommer ontsnap deur ons liggaam te sus met verdowingsmiddels. Dit help nie en lei net tot nog meer bekommernis. Sorg vir jou liggaam deur genoeg oefening te kry en die regte dieet te volg. En sorg vir jou gemoed deur elke dag met God te gesels en sy beloftes vir jou toe te eien.

Sorg op die regte manier vir jou liggaam én jou gemoed.

94

'n Kans op herstel

Die engel het 'n tweede keer aan hom geskud en gesê: "Word wakker! Eet! Anders sal die pad vir jou te lank word" (1 Kon 19:7).

Toe Elia breekpunt bereik, het God hom die kans gegee om fisiek te herstel. God het Elia bly versorg totdat hy sterk genoeg was om verder te gaan met sy taak. Dit is opvallend dat Elia hierdie uitbranding beleef het ná 'n hoogtepunt in sy bediening. So dikwels beleef ons ook hierdie deurswaai van uiterste opwinding na totale terneergedruktheid nadat ons die doel bereik het waarna ons so lank gestreef het. In Elia se depressiewe gemoedstoestand het hy vir niks kans gesien nie en gevra dat die Here liewer sy lewe moes neem.

Maar toe Elia eers weer aangesterk het, het God hom met 'n nuwe roeping toegerus. As jy aan uitbranding ly, moet jy dadelik jou dokter raadpleeg of ander professionele hulp kry. Gun jouself 'n herstelperiode waarin jy nie nog meer opdragte aanvaar nie. Sê eenvoudig: "Nee, my program is reeds vol," sonder om verdere redes uit te dink waarom jy iets nie kan doen nie. En maak genoeg tyd om met God te gesels en sy Woord te lees.

Moenie uitstel om tyd vir herstel in jou program in te sluit nie.

95

Hoor jy die regte stem?

Vandag as julle sy stem hoor, moet julle nie hardkoppig wees nie ... (Heb 3:15).

Prestasie-angs kan jou sommer baie gou druk in die rigting van uitbranding. Hierdie soort angs is die vrees dat jy in die een of ander opsig gaan tekortskiet aan die verwagtings van ander mense. Omdat jy dink dat mense dalk nie met jou werk tevrede gaan wees nie, probeer jy al hoe harder om almal tevrede te stel.

As jy ly aan prestasie-angs, sal jy moet leer om te onderskei of ander se verwagtings van jou regverdig en billik is, en of hulle jou probeer manipuleer vir eie gewin. Dalk skuil daar in jou 'n drang na perfeksionisme wat veroorsaak dat jy alles altyd self en deeglik wil doen.

Onthou, God praat ook met jou tussen al hierdie stemme van verskillende verwagtings deur. Jy hoor sy stem die duidelikste wanneer jy die Bybel gereeld lees, met Hom gesels en na Hom luister. Soms gebruik Hy mense om met jou te praat oor die regte balans in jou lewe. Luister ook dan, en herstel die balans in jou lewe.

Doen moeite om na God se stem te luister.

UITBRANDING

Wat is regtig belangrik?

Volhard in die gebed! Wees daarby waaksaam en dankbaar (Kol 4:2).

Kan 'n mens ooit genoeg bid? Nie volgens Paulus nie. Om te volhard in die gebed beteken dat jy sal bly bid totdat jy 'n antwoord kry. Jy sal aanhou bid tot aan die einde van jou aardse lewe.

Gebed is om met God te gesels oor selfs die kleinste besonderheid van jou lewe. Om te bid help jou om jou prioriteite voor God uit te sorteer. Die primêre oorsaak van uitbranding is die onvermoë om prioriteite en waardes vas te stel en daarvolgens te leef. As jy nie hierdie prioriteite en waardes vasgestel het nie, verloor jy maklik perspektief en val jy vas in negatiwiteit.

Vertrou die Gees om jou te help om jou lewe uit te sorteer. Hy sal jou help om te onderskei wat regtig belangrik is. Moenie skaam wees om selfs jou diepste begeertes voor Hom uit te stort nie. Hy ken jou beter as wat jy dink. En sodra jy begin bid, sal jy raaksien waarmee God reeds besig is. Moenie huiwer om sy leiding te volg nie.

Bid gedurig. God sal vir jou 'n uitkoms uit jou uitbranding gee.

Uithou en aanhou

En die volharding moet end-uit volgehou word sodat julle tot volle geestelike rypheid kan kom, sonder enige tekortkoming (Jak 1:4).

Het jy al gehoor van 'n atleet wat spyt is wanneer hy of sy ná 'n marathon oor die wenstreep gaan? Geen atleet is spyt dat hy of sy uitgehou en aangehou het nie. Duisende wat om die een of ander rede moes ophou hardloop, neem hulle voor om die volgende jaar weer te probeer. Maar miljoene het nog nooit eens vir die wedloop ingeskryf nie omdat hulle dink hulle het nie die uithouvermoë nie. As jy nooit deelneem nie, sal jy nooit weet of jy kan nie en sal jy altyd bly wonder: Sou ek nie dalk die wenstreep kon haal nie? Sou ek nie dalk kon slaag nie?

Wat vir 'n wedloop geld, geld ook vir jou geloofslewe. As jy nie met volharding fokus om dinge saam met God aan te pak en jou krisisse te hanteer nie, sal jy nie geestelik ryp word nie. Mense wat in hulle geestelike lewe gou tou opgooi, verloor nie net in hierdie lewe nie. Hulle verloor ook die ewige lewe saam met God.

Hou uit sodat jy geestelik ryp kan word.

Beproewing as toetsing

Julle moet baie bly wees wanneer allerlei beproewings oor julle kom (Jak 1:2).

Swaarkry is nie lekker nie. Dis tog net smartvrate wat van swaarkry hou sodat hulle hulleself kan jammer kry. Ons wens dit weg of probeer daarvan ontslae raak. Ons soek die gemaklike pad, die roete met die minste opdraandes, die weg met die minste struikelblokke.

Tog het die lewe sy oomblikke van swaarkry. Dis veilig om te sê dat elke mens êrens swaarkrydae gaan ervaar. Jakobus gee aan jou as gelowige 'n manier van kyk na hierdie beproewings. Vir hom is dit 'n geestelike uitdaging sodat jy kan uitvind of jou geloof eg en diep is. Wanneer jy swaarkry só sien, word dit vir jou die tye waarin die kwaliteit van jou geloof getoets word. Dan kan jy selfs bly wees wanneer jy beproef word, want jy weet jy sal kan volhard. En mense wat volhard, slaag die toets. Wanneer jou motor bly breek, die een krisis na die ander opduik of jy siek word, sien dit as toetsings. Jy weet immers dat Jesus jou sal help om die toets te slaag.

Beproewings toets jou geloof en help jou volhard.

99

Gehoorsaamheid is die sleutel

As ons die gebooie van God gehoorsaam, weet ons daaraan dat ons Hom ken (1 Joh 2:3).

Ons gooi maklik dinge weg. Die leë blikke, die stukkende horlosie, die verslete broek en die afgeloopte drafskoene gooi jy weg. En so skuif ons ook soms mense opsy omdat hulle nie meer aan ons verwagtings voldoen nie. Gevolglik word dit al hoe moeiliker vir mense om te volhard. Die samelewing beloon immers nie meer hulle deursettingsvermoë nie.

God soek gehoorsaamheid. Gehoorsaamheid wat beteken dat jy getrou is en volhard in die dinge wat Hy van jou verwag. Daarom kan Johannes sê: Wanneer jy God se gebooie gehoorsaam, is dit vir jou 'n bewys dat jy God ken. Jy kan nie sê dat jy iemand ken en tog niks van sy of haar voorkeure weet nie. Jy kan ook nie sê dat jy God ken en dan nie eens sy verwagtings gehoorsaam nie. Al sou die samelewing jou nooit beloon vir jou volharding om die goeie te doen nie, weet dat God dit wel sal doen. By Hom maak dit 'n verskil. En is Hy nie die heel belangrikste nie?

Hou vol om aan God se verwagtings te voldoen.

Tot die einde toe

Maar wie tot die einde toe volhard, sal gered word (Matt 10:22b).

Jy gryp die baie kanse wat die lewe jou gun aan, maar dalk ontgin jy dit nooit ten volle nie. Die pyn en sweet wat met sukses gepaardgaan, pas jou dalk nie. Miskien hou jy vas aan die idilliese prentjie dat jy oornag rykdom en sukses sal bereik. Wanneer 'n mens egter met die beroemdes en rykes en suksesvolles gesels, ontdek jy by feitlik almal dat hulle jare lank daarvoor gewerk het. Oornag-sukses bestaan nie. Sukses neem dikwels 'n leeftyd om te bereik. Baie gooi tou op, net om te sien hoe ander met die eer wegstap. Die geheim? Die een wat sukses behaal, het net 'n bietjie langer aangehou.

God se roeping vir jou mag beteken dat jy nie so baie geld of status gaan hê soos jou vriende nie. Maar God verwag van jou om in jou besondere roeping te volhard. En Jesus waarsku dat die wêreld gelowiges gaan haat en moontlik gaan doodmaak. Maar dié wat bly glo, tot die einde toe, sal slaag. Die Heilige Gees sal jou ook hierin help.

Hou nog net so 'n bietjie uit – tot die einde toe.

101

Volhard ten spyte van

Bly getrou tot die dood toe, en Ek sal julle die lewe as kroon gee (Op 2:10b).

Johannes moes aan die gemeente in Smirna laat weet dat die duiwel party van hulle in die tronk sou laat gooi. Normaalweg gaan mense deur verskillende fases wanneer hulle hoor hulle gaan sterf of swaarkry. Hulle is eers totaal geskok en verbyster. Dan begin hulle onderhandel met wie ook al om te kyk of daar nie 'n ander oplossing of 'n uitweg is nie. Hulle word kwaad en neerslagtig voordat hulle begin om weer hulle kop op te tel. En gewoonlik leer 'n mens eers om jou kop weer op te tel wanneer jy betekenis begin sien in jou lyding. Jy kan volhard en jou lyding verduur as jy weet waarvoor jy swaarkry. As jy nie 'n doel voor oë het nie, raak jou lewe 'n oefening in futiliteit en hardloop jy later soos 'n dol hond al in sirkels.

Die doel waarheen God mik met jou lewe is om vir jou die ewige lewe te gee. Daarom kan jy volhard, ten spyte van alles wat jou tref.

Hou uit, ten spyte van hoe jy voel en wat jou tref.

Geduld, geduld

Een ding moet julle egter nie vergeet nie, geliefdes: vir die Here is een dag soos duisend jaar en duisend jaar soos een dag (2 Pet 3:8).

Uithouvermoë en geduld loop hand aan hand. Toe die gelowiges begin wonder het hoekom die Here nog nie gekom het nie, was Petrus se antwoord aan hulle dat tyd vir God nie dieselfde is as vir ons nie. God gebruik tyd vir 'n bepaalde doel en Hy stel juis uit sodat niemand verlore sal gaan nie. Hy is geduldig met ons en Hy verwag ook van ons om geduldig te wees. Die feit dat Jesus nog nie gekom het nie, beteken dat ons nog kans het om vir ander mense van Hom te gaan vertel. Wat 'n wonderlike geleentheid!

Dit impliseer wel dat ons langer sal moet wag. Maar as jy weet hoekom jy wag, is die wag nie so erg nie. Herinner jouself daaraan dat God sy tyd én 'n plan het. Wag geduldig op sy leiding en moenie keuses probeer ryp druk nie. God se wil is soos sy tyd – dis altyd tot jou beswil. God sal jou lei. Plaas jou net onvoorwaardelik in sy sorg.

Bly geduldig – en volhard.

Krisistye

Ek is tot alles in staat deur Hom wat my krag gee (Fil 4:13).

Mense beleef gewoonlik 'n krisis as 'n bedreiging wat gepaardgaan met angs. So 'n ervaring kan geweldige emosionele frustrasie meebring, veral as jy gedink het jou lewe verloop so glad. Jou sakeonderneming was gister nog in orde, vandag stort dit in duie. Gister was jy nog gelukkig getroud, vandag wil jy vlug uit die verhouding.

Om 'n krisis effektief te hanteer het jy 'n kopskuif nodig. Jy moet beweeg van denke wat sê: "Ek kan alles self doen" na 'n manier van dink wat sê: "Saam met Christus kan ek dit doen." Verskeie mense vertel dat hierdie teksvers van Paulus hulle nog altyd gehelp het om uit die dieptes op te staan, omdat hulle onthou het waar hulle hulle krag vandaan kry.

Wanneer 'n krisis jou bedreig, herinner jouself daaraan dat jy tot alles in staat is deur God wat jou krag gee. Die ergste krisis het reeds 'n oplossing, en Jesus Christus sal jou help om dit te ontdek én om intussen te oorleef. Saam met Hom is jy in staat om 'n gebalanseerde lewe te lei .

Saam met Christus het jy die krag om gebalanseerd te leef.

104

Wat van môre?

Vertrou op God ...! (Ps 43:5b.)

Krisisse kan jou wêreld nogal klein laat voel. Dis asof jy vasgekeer word agter die tralies van teleurstelling en mislukking. Die probleem voor jou is só groot dat jy niks daaragter kan raaksien nie. Dit is só bedreigend dat jy voel jy het geen tyd vir iets anders nie. Krisisse laat jou net in vandag se probleme vaskyk.

Om verder as jou krisis te kan sien het jy hulp van Bo nodig. Vra God om jou te help om weer te hoop op môre, omdat jy weet dat môre nie dieselfde as vandag hoef te wees nie. Vertroue op God stel jou in staat om, ten spyte van wat jy tans beleef, bo jou krisisse uit te styg met die hulp van Bo. Vertroue op God laat jou onthou van dié tye toe Hy jou gehelp het. En dit gee jou hoop op 'n spoedige uitkoms. Hierdie vertroue word gevoed deur gereeld met God te gesels en oor sy woorde na te dink. Moenie wag totdat die krisis opduik nie – bou nou reeds aan 'n vertrouensverhouding met Hom.

Vertroue op God laat jou bo vandag se krisis uitstyg.

Vastigheid tydens verandering

KRISISTYE

Ek, die Here, het nie verander nie, daarom het julle nie te gronde gegaan nie ... (Mal 3:6).

Deel van enige krisis is die vrees dat dit verandering gaan meebring. Ons sê baie maklik dat iets moet verander, maar in ons binneste is ons geneig om nie so maklik te verander as wat ons dink ons kan nie. Ons ervaar dat ons so gewoond raak aan iets dat daardie gewoonte later aan ons sekuriteit bied. Verandering bedreig hierdie sekuriteit en lei tot 'n krisis in ons lewe.

Wanneer die wêreld om jou skielik verander en jy gedwing word om te verander, wéét dan dat God altyd dieselfde is. Dit maak nie saak watter krisis voor jou staan nie, God is deur sy Gees in die krisis by jou teenwoordig. Dit is hartstogtelike vertroue op hierdie onveranderlike God wat jou deur die grootste krisisse heen tot oorwinning sal lei. Al voel alles koersloos, onthou dat God die toekoms ken. Steun op Hom, weet dat Hy jou tree vir tree die toekoms in sal lei. En beleef dan die toekoms as 'n ontdekkingstog.

God is onveranderlik in sy trou – steun op Hom.

Met mag en krag?

Nie met mag en krag sal jy slaag nie, maar deur my Gees, sê die Here die Almagtige (Sag 4:6b).

Die pyn van 'n krisis noodsaak jou om opnuut na jou opsies te kyk en te bepaal watter bronne jy moet gebruik en watter koers moet jy inslaan. Ons is geneig om met mag en krag te probeer om 'n krisis te hanteer en te oorwin. En gewoonlik is dit glad nie die oplossing nie. Jy oorwin immers nie 'n krisis met jou fisieke vermoëns of hulpbronne nie. Jy oorwin dit met innerlike krag.

Om 'n krisis te oorleef moet jy innerlik sterk wees. En geestelike oorwinning word moontlik deur die Gees van God. Omdat Hy God se wysheid aan jou openbaar, stel Hy jou in staat om enige situasie te hanteer. In biddende afhanklikheid van die leiding van die Gees kan jy jou op die almag van God beroep en so jou probleme rustig hanteer. Is dit nie wonderlik om te weet dat jou saak deur Iemand groter as jyself gehanteer word en dat jy net hoef te kyk waarby jy kan inskakel nie?

Die Gees help jou om enige krisis te hanteer.

Alternatiewe hulpbronne

Toe ek met baie onrus in my binneste sit, het u vertroosting my tot rus gebring (Ps 94:19).

'n Krisis ontstaan wanneer jy voel dat jy 'n situasie nie kan hanteer nie. Jy besef jou reserwekrag is uitgeput en jou plan om kop bo water te hou is ontoereikend. Dan is dit tyd om alternatiewe hulpbronne te ontdek. Jy het dalk staatgemaak op net een vorm van hulp, terwyl daar 'n magdom ander hulpbronne beskikbaar is. Dis ook nooit te laat om jou trots in jou sak te steek en professionele hulp te soek nie.

Ontdek opnuut die waarde van broodnodige ondersteunende verhoudings soos dié met vriende of medegelowiges. Vriende en professionele hulp kan jou help om meer opsies te ontdek en kreatief na nuwe moontlikhede te soek. Daar is nie net een roete na 'n einddoel nie. Dikwels het jy net die ander roetes uit die oog verloor en daarom is jy nou in 'n krisis. Ook die Here wag op jou om jou tree vir tree die nodig krag en wysheid te gee om jou krisis te kan hanteer. Hy is inderdaad die hulpbron waarsonder jy nie kan klaarkom nie.

Die Here is jou hulpbron in alle krisistye.

108

Bang vir mense?

Die Here is by my, ek ken geen vrees nie; wat kan 'n mens aan my doen? (Ps 118:6.)

'n Vraag wat ons baie kwel, is: Wat sal die mense sê? Mense sal gouer van hulle besittings verkoop of 'n niewinsgewende besigheid toemaak of raad vra as hulle hulle nie so baie steur aan wat "die mense" sal sê nie. As jy onverwags val, is die eerste ding wat jy doen nie om te kyk hoe seer jy gekry het nie, maar om te kyk wie jou gesien het en wat hulle reaksie is. So is ons mos nou maar eenmaal.

Deel van die ellende van ons krisistye is dat ons te veel fokus op wat die mense gaan sê. Die ergste is dat jy nooit regtig sal weet wat die mense sê of dink nie. Mense verras jou dikwels met hulle optrede. Besluit dus om eerder die psalmdigter se raad te volg en te weet dat die Here se opinie baie belangriker is as wat mense van jou sê. As dit wat jy wil doen in die oë van die Here reg is, vergeet van die mense.

Met die Here by jou hoef jy mense en húlle menings nie te vrees nie.

109

Wanneer moedeloosheid jou bekruip

Ek kyk op na die berge: waarvandaan sal daar vir my hulp kom? (Ps 121:1.)

Jy voel magteloos en vasgekeer in jou negatiewe omstandighede. Nagdonkerte dreig om jou te oorweldig en jou drome te versmoor. Jy wil huil, maar jou trots verhoed dat die damwal van jou emosies breek. Totdat jy die stortvloed van rou seer nie meer kan keer nie en dit uitbars.

Die een of ander tyd lê moedeloosheid sy swaar hand op jou skouer. Soms is dit onverwags. Ander tye voel jy hoe dit stadig in jou opkruip en jou binne-in dood laat voel. Toe die psalmdigter beleef het hoe die bedreigings sy keel toedruk, het hy opgekyk. Sy oë het die kontoere van die berge gevolg, al hoe hoër, totdat hy na die hemel, na God gekyk het om hulp. Om in jou situasie vas te kyk gaan jou nie help nie. Volg die kontoere van die berge en kyk na die hemel. Stort jou nood voor God uit en ontdek dat Hy die Een is wat help. Sy Gees sal deur die Woord, deur mense of deur omstandighede aan jou die antwoord wys.

Kyk op – God sál jou help.

Verdruk is nog nie terneergedruk nie

In alles word ons verdruk, maar ons is nie terneergedruk nie ... (2 Kor 4:8).

Omstandighede kan jou nie tot in die ewigheid vernietig nie. Ongelukkig laat ons so dikwels toe dat ons gemoed buig onder ons omstandighede. Dit is nie ons omstandighede wat so negatief is nie, maar die manier waarop ons dit interpreteer. As jy alles in 'n negatiewe lig beskou, sál alles vir jou negatief wees. As jy dit positief interpreteer, sal jy dit positief hanteer.

Die feit dat jy verdruk word, hoef nie daartoe te lei dat jy terneergedruk voel nie. Alles hang af van hoe jy jou verdrukking interpreteer. Jou posisie is dalk net in jou eie oë ellendig. Ander beskou jou moontlik as bevoorreg. Ons het onlangs die voorreg gehad om met dowe mense te gesels. Weet jy hoe opbeurend dit was vir ons wat kan hoor om te beleef hoe hierdie mense hulle omstandighede te bowe kom? Hulle het gekies om nie stil te staan by hulle doofheid nie, maar te fokus op wat hulle kán bereik met God se hulp. Doen jy dit ook wanneer verdrukking jou moedeloos wil maak?

Kies om jou nie te laat onderkry nie.

III

Bly oor moeilike tye?

Daarom is ek bly oor swakhede, beledigings, ontberings, vervolging en moeilikhede ter wille van Christus, want as ek swak is, is ek sterk (2 Kor 12:10).

Paulus was in staat om na sy moeilike omstandighede te kyk en dit positief te interpreteer. Hy was dikwels in die haglikste situasies denkbaar, maar kon altyd daarin God se hand sien wat die koers aandui. As Paulus hom negatief laat beïnvloed het deur sy moeilike omstandighede sou hy maklik tou opgegooi het. In hierdie hoofstuk vertel hy dat hy 'n doring in die vlees het wat hom nederig hou. Ons weet nie wat hierdie doring in sy lewe was nie, maar ons weet dat dit Paulus aan bande kon lê. Hy het God gevra om dit weg te neem, maar God wou nie.

Wat doen Paulus toe? Hy besef dat die doring in sy lewe nodig is om hom afhanklik van God te hou, sodat hy nie hoogmoedig sou word nie. Hy vertolk dit dus positief en leer om daarmee saam te leef. Vir Paulus was dit duidelik dat hy juis in daardie situasie genoeg krag van God sou kry om sy roeping te vervul.

God gee juis in moeilike tye aan jou genoeg krag.

Die oorwinning is behaal

In die wêreld sal julle dit moeilik hê; maar hou moed: Ek het die wêreld klaar oorwin (Joh 16:33b).

Soms voel jy daar is soveel hindernisse op jou lewenspad dat jy nie kan voortgaan nie. Jy wil jouself net bejammer. Richard Evans beveel aan dat jy in sulke omstandighede nie ontmoedig moet voel nie. Alle mense wat gekom het tot waar hulle nou is, moes begin waar hulle oorspronklik was.

Werk aan die manier waarop jy na dinge kyk. Laat jou *oordeel* lei deur die *voordeel* van jou omstandighede. Ontdek dat God nie altyd jou probleem *wegneem* nie, maar dat jy dit *reg* moet *opneem*. Daarom bemoedig Jesus sy volgelinge deur hulle 'n kykie agter die skerms te gee. O ja, hulle sal dit moeilik hê in hierdie lewe. Maar hulle is draers van dié geheim: Jesus het die wêreld klaar oorwin. Jy kan die wêreld koggel en sê: "Ons het gewen!" Die wêreld sal jou nog afknou en seermaak, maar dit kan nie die oorwinning van jou af wegneem nie. Die oorwinning is klaar behaal.

Al lyk alles hoe skeef, jy is deel van 'n wenspan.

113

Van 'n ander kant

> **Toe sê Hy wat op die troon sit:**
> **"Kyk, Ek maak alles nuut"** ... (Op 21:5).

MOEDELOOSHEID

Moedeloosheid begin dikwels met die gewaarwording dat jy self nie in staat is om iets reg te kry nie. Dit spruit uit 'n gevoel van ontoereikendheid en magteloosheid. Jy ontmasker jou onbeholpenheid, en die besef dat jy nie al die antwoorde het nie, verlam jou.

Gelukkig is dit nie die volle prentjie nie. Feit is dat daar meer as genoeg antwoorde en opsies in enige situasie skuil. Wat jy nodig het, is om saam met 'n goeie vriend of 'n vertroueling te wees wat jou oë daarvoor kan oopmaak. Dit sal jou help om die situasie uit 'n ander hoek te bekyk en daarom nuwe moontlikhede te sien.

God kan jou altyd help om die lewe van 'n ander kant af te sien. Een van die kante wat Hy beskryf, is die feit dat Hy self alles nuut maak. Hy is reeds besig met jou situasie. Jy hoef nie alles te weet nie, want Hy weet alles. Kyk 'n slag van God se kant af na jou situasie.

God help jou om alles van 'n ander kant te sien.

Alles verloor?

Hy luister na die gebed van dié wat alles verloor het, Hy sal hulle gebed nie verag nie (Ps 102:18).

Waar gaan ek heen? Dit is een van die vrae wat jou treiter wanneer jy moedeloos voel. Moedeloosheid laat jou jou vertroue en hoop verloor. En dit skep voor jou 'n uitsiglose prentjie van die toekoms.

Die psalmdigter ken hierdie moedelose gevoel. Hy pleit by die Here dat Hy tog nie afsydig van hom sal wees in sy nood nie. Want dan het hy nêrens om heen te gaan nie.

Uit die ondervinding van die psalmdigter kan jy ook hierdie waarheid leer: God luister na jou. Dit mag soms 'n rukkie neem voordat jy die antwoord raaksien, maar intussen is die Heilige Gees by jou en stap Hy saam met jou.

Waar gaan ek heen? Na God toe. Hy is die beginpunt én die eindpunt van jou lewensreis. Moenie dat die frustrasie van jou probleme jou só moedeloos maak dat jy nie na God toe gaan nie. Al het jy alles verloor – het jy nog vir God oor.

Gaan dadelik na God toe, want Hy gee om vir jou.

Help, ek is bang!

Moenie bang wees nie, Ek verlos jou, Ek het jou op jou naam geroep, jy is Myne (Jes 43:1b).

Die klem op produktiwiteit, die sug na volmaaktheid, afdankings en wedywering skep onrustigheid en angs in menige gemoed. Baie mense voel bedreig en dink daar is nie regtig enige sekuriteit in die lewe nie. Hierdie angs kan selfs tot paranoïese gedrag lei, sodat jy by almal 'n verborge agenda soek en niemand meer vertrou nie. Soms vertrou jy selfs vir God nie meer nie!

Die dilemma met paranoia is dat jy probeer om deur die een of ander optrede jou angs te verminder. Baie van hierdie selfbeskermende gedrag is oneffektief en versterk net die angs, sodat jy al meer glo dat jy voorsorg moet tref. So ontwikkel 'n bose kringloop van angs, selfbeskermende optrede, en weer angs ...

Die eerste stap om van jou angs ontslae te raak, is om aan jouself te erken: Ek is bang. Daarna moet jy aan die regte deur om hulp gaan aanklop: by God. Hy belowe dat Hy self jou saak sal behartig, want jy is syne.

Herinner jouself daaraan dat jy aan God behoort.

VREES EN ANGS

Aan die hand gevat

Ek is die Here jou God, Ek vat jou hand, Ek sê vir jou: Moenie bang wees nie, Ék help jou (Jes 41:13).

Kinders sal die grootste gevaar aandurf – solank hulle voel dat hulle hand in Pa of Ma se hand is. Hoekom sal ek en jy dan 'n uitsondering wees?

Wanneer jy voel hoe die angssweet jou aftap, hoe jou maag op 'n knop trek van vrees, hoe jou gesigsuitdrukking star word van angs, dink net 'n oomblik verder as dít wat jy vrees. Dink aan Iemand wat só groot is dat Hy enige vrees kan besweer, dat Hy enige angs kan kalmeer. Dink aan die Skepper van die heelal wat die toekoms in sy een hand vashou en vir jou in sy ander hand. Hy belowe dat Hy jou aan die hand vat. En met hierdie belofte kan jy verder loop – al voel dit vir jou dis reg tot in die leeu se bek.

Daar is net iets wat jy moet onthou: Glo God werklik op sy woord. Jy kan op sy beloftes staatmaak. Sien in jou gedagtes hoe Hy jou hand vat, vóél dit, en kyk dan vorentoe.

God vat nóú jou hand. Glo dit.

Dis nie só erg nie

As jy deur water moet gaan, is Ek by jou, deur riviere, hulle sal jou nie wegspoel nie ...
(Jes 43:2).

Angs is een van die emosies wat jou só kan beroof van jou vermoë om helder te dink dat dit jou heeltemal lamlê. Daarom het Franklin Roosevelt in 1933 al gesê dat die enigste ding wat ons moet vrees, is vrees self.

Vrees word gewoonlik verbind aan 'n definitiewe voorwerp of situasie wat dit veroorsaak. Angs is eerder 'n vae gewaarwording dat iets ongedefinieerd jou bedreig. Om jou vrees of jou angs te besweer, is dit nodig om dít wat jou bedreig te definieer. Gee dit 'n naam. Sê wat presies die angs bring of wat die eerste keer hierdie gewaarwording in jou veroorsaak het. Vra die Here om jou te help om dit in woorde om te sit en om jou vrees vir jou uit te lig sodat jy dit in die oë kan kyk.

En wanneer jy jou vrees in die oë kyk, onthou dan die Here se belofte wat jou verseker dat die ergste ook nie só erg is nie. Want Hy is dwarsdeur alles by jou.

God maak die ergste minder erg.

Die grootste vrees is oorwin

Dit het Hy gedoen om deur sy dood dié een wat mag het oor die dood, dit is die duiwel, te vernietig en om hulle wat uit vrees vir die dood hulle hele lewe lank in slawerny was, te bevry (Heb 2:14b-15).

Is die oorsaak van jou vrees dalk die wete dat jy enige oomblik kan sterf? Sommige kinders en ook volwassenes ly aan 'n erge vrees om dood te gaan. Dit is nie verkeerd om bang te wees vir die dood nie. Dit is immers 'n normale reaksie op die onbekende. Maar dit sal dom wees om só op jou vrees vir die dood te konsentreer dat jy vergeet om te lewe. Dan raak dit wel verkeerd om die dood te vrees.

Die genade wat Jesus Christus bring, is om jou werklik te bevry van die vrees vir die dood. Hy het die dood klaar oorwin deur die kruis en sy opstanding. En omdat Hy aan die ander kant van die dood is, kan jy jou vrees beswer met sy teenwoordigheid by jou. Dit is nie meer die onbekende wat wag nie. Jesus wag vir jou! Herinner jouself voortdurend aan die feit dat die dood nou net die brug is na Hom toe.

Jesus, die Bekende, wag vir jou anderkant die dood.

Gil van vrees

Roep My aan in die dag van benoudheid: Ek sal jou uithelp en jy sal My eer (Ps 50:15).

Vrees is ten diepste gekoppel aan jou twyfel of God regtig by jou is. Al werklike *verset* teen vrees is om jou vertroue te *versit* – na God toe. Laat jou gil van vrees uitmond in 'n uitroep om God se hulp. By Hom kan jy jou lot bekla. Vir Hom kan jy vertel van jou benoudheid.

Soms neem dit lank om 'n bevredigende oplossing vir jou vrees te vind. Onthou dan dat tyd vir God net die periode is waarin Hy jou voorberei om sy doel vir jou raak te sien. In hierdie tyd van afwagting totdat die oplossing en verlossing kom, drink diep uit die fontein van Jesus se ondersteunende teenwoordigheid. Asem die fris bries van die hoopvolle bystand van die Gees in en gaan voort met die lewe. Leef in die wete dat God jou sál help – want jy hét om hulp geroep.

Soms moet jy hard met jouself praat, want die mens is maar geneig om te twyfel. Sê egter vir jouself: God hoor my. Hy sal my help. En dan: Dankie, Here.

Jy mág na God roep wanneer jy benoud voel.

Sterk wees!

Ek self gee jou die opdrag. Wees sterk, wees vasberade. Moenie skrik nie, moenie bang wees nie, want Ek, die Here jou God, is by jou oral waar jy gaan (Jos 1:9).

Dit wat jy vrees, trek beslis jou aandag. As jy nie vir iets bang is nie, is die kanse goed dat jy sal bly in die posisie waar jy is en nie sal verander nie. Luister daarom na jou vrees, want dit is dikwels 'n aanduiding dat die tyd ryp is om iets nuuts te leer of 'n nuwe uitdaging aan te pak. En deur jou gesindheid te verander, sodat jy jou vrees as 'n aansporing tot nuwe kreatiwiteit kan sien, sal jy in staat wees om die onbekende positief te hanteer.

Toe Josua hierdie woorde van God gehoor het, was die Israeliete op die punt om die nuwe, beloofde land binne te gaan. Niemand het regtig geweet wat daar op hulle wag nie. Maar hulle het hierdie bron van bemoediging gehad – God se teenwoordigheid.

God is ook by jóú. Jou vrees herinner jou daaraan dat Hy nóú by jou is en saam met jou loop. Trek jou beloofde land binne!

Moenie bang wees nie – God is oral en altyd by jou.

Die donker gemoed

Gisteraand was daar nog trane en vanmôre lag ek al weer (Ps 30:6b).

Een van my vriende vertel dat hy sy vrou aangemoedig het om saam met haar ma oorsee te gaan. Hy het aangebied om na die kinders te kyk. Toe sy by die glasdeure van die lughawe uitstap en tot siens waai en hy so na die drie kinders kyk, het neerslagtigheid egter skielik op hom toegesak.

Hoe verklaar jy dit? Jou emosies kan baie maklik van die een kant van die skaal na die ander kant swaai. Jy is immers 'n mens en nie 'n masjien nie. My vriend se emosies het waarskynlik omgeswaai in neerslagtigheid omdat hy meteens besef het dat hy sy hele lewe sal moet reoriënteer om na sy kinders te kyk. Dis asof sy siel skielik asem ingetrek het by die besef van hierdie uitdagende aanpassing.

Gelukkig herinner die psalmdigter ons daaraan dat neerslagtigheid ook verbygaan. Môre lag jy al weer, omdat God genadiglik nie so wispelturig is soos emosies nie. Hy is gister, vandag en môre dieselfde, die Een op wie jy kan vertrou.

Onthou: Neerslagtigheid gaan ook verby.

Selfbejammering is nie die antwoord nie

Dit gaan altyd sleg met 'n bedrukte mens; die blymoedige mens se hele lewe is 'n fees (Spr 15:15).

Soms is ons geneig om mislukking of 'n slegte ervaring te sien as 'n bestemming. Daarom voel dit vir ons of daar nie lewe ná mislukking of seerkry is nie. Dit is nie waar nie. Sukses en groei is prosesse. Jy is op reis deur die lewe, en mislukkings en slegte ervarings is slegs stilhouplekke. Gelukkig is daar ander stilhouplekke ook, soos die geselskap van jou goeie vriende, meesleurende musiek, stiltetyd saam met God.

Bedruktheid is dikwels 'n keuse. Dis die keuse om mislukkings en seerkry te sien as die einde in plaas van die begin van 'n nuwe fase. Blymoedige mense is op dieselfde lewensreis as ander, maar hulle kies om altyd raak te sien dat God in beheer is en dat hulle swaarkry en mislukkings nodig het om te groei. Bedrukte mense kies om die antwoord in selfbejammering te soek. Dit is egter nie die antwoord nie. Selfoorgawe aan God bring jou in die teenwoordigheid van die lewende Christus, wat die lewe 'n fees maak.

Blymoedigheid is 'n keuse.

Kerm jy?

Waarom is ek so in vertwyfeling en waarom kerm ek so? Vertrou op God! ... (Ps 42:6.)

Soms oorval depressie jou onverwags. Veral wanneer jy 'n geliefde deur die dood of deur 'n verbreekte verhouding verloor het of wanneer jy vrees dat jy iemand of iets gaan verloor. Wanneer die neerslagtigheid jou lewensritme en verhoudings só versteur dat jy jouself gedurig aan bande lê, moet jy aandag gee aan jou gemoedstoestand. Wanneer jy vir niks kans sien nie en selfs nie meer jou verwagting op God kan stel nie, is dit tyd vir professionele hulp. Jy sal waarskynlik medikasie nodig hê om die chemiese balans in jou liggaam te herstel. En dit neem tyd vir jou gemoedslewe om weer in balans te kom.

Die psalmdigter het ook hierdie vertwyfeling geken wat 'n mens kan beetpak en neerslagtig maak. Hy het homself voortdurend daaraan herinner om sy verwagting op God te stel. Dít kon hy doen omdat hy ervaar het dat God altyd in die verlede gehelp het en daarom ook in die toekoms sal help. Die Here laat sy kinders nie in die steek nie.

Jy kán op God vertrou.

God buig af

Ek het gesmag na die hulp van die Here. Hy het na my toe afgebuig en my hulpgeroep gehoor (Ps 40:2).

Depressie is geneig om jou te laat inbuig op jouself. Dit is asof jy net in jou eie naeltjie vaskyk en nie jou kop kan optel nie. Hierdie ingebuigdheid op jouself blyk duidelik uit die feit dat depressiewe mense hulle isoleer en kontak met ander mense vermy. Depressie is dikwels ook 'n vorm van woede wat gerig is teen jouself.

Daar is Iemand anders wat ook buig, maar Hy buig nie in op Homself nie. Hy buig *af* na sy kinders toe. Hy steek sy hand uit om jou uit die put van selfmarteling te trek, om jou weer te laat opkyk en aan jou hoop te gee. Soms neem dit lank om agter te kom waarmee God besig is. Soms is Hy besig om die regte mense in posisie te bring om jou te help of om jou te stroop van 'n klomp onnodige bagasie, sodat jy oop is vir 'n nuwe pad saam met Hom. En soms moet jy eers leer dat jy slegs op Hom kan reken.

God buig af om jou te help.

Soos 'n kruier

Werp al julle bekommernisse op Hom, want Hy sorg vir julle (1 Pet 5:7).

Op sommige treinstasies is daar kruiers wat jou bagasie op hulle groot trollies laai en dit stoot of trek na jou kompartement op die trein. Wanneer jy swaar gelaai met jou tasse by die stasie aankom, is dit 'n welkome verligting om hierdie bagasie aan iemand anders oor te gee.

Depressie is dikwels die eindresultaat wanneer jy te lank rondloop met bagasie wat vir jou te swaar word. Voortdurende bekommernis laat jou inbuig op jouself en stroop jou van blymoedigheid. Knaende stres knak jou later sodat jou liggaam reageer met neerslagtigheid.

In sekere sin wil God vir jou soos 'n kruier wees. Hy nooi jou uit om jou bagasie oor te laai op sy versorgingstrollie. Hou op om self al jou bagasie te wil dra. Gee jou bekommernisse, krisisse en pyn aan Hom sodat Hy dit op die regte plek en tyd kan oplos. Gee selfs jou dwaasheid vir God. Hy beskik oor 'n hemelse leër wat jou kan beskerm en versorg. Hy kán vir jou sorg, Hy is mos God.

Laai alles wat jou pla oor op God se trollie –
Hy sál sorg.

Jy is nie vergete nie

Ek sal jou nie vergeet nie. Ek het jou naam in my handpalms gegraveer ... (Jes 49:15b-16).

Dis nie vreemd om neerslagtig te voel nadat jy hard gewerk het om sukses te behaal nie. Dit is immers nie net teleurstellings wat jou neerslagtig laat voel nie. Sukses het ook te doen met jou emosionele lewe, en wanneer die andrenalien die hele tyd vloei, word jou emosionele bankrekening gedreineer. Jou liggaam swaai van aktiewe gereedheid, positiewe motivering en begeesterde lewensdrif na passiewe onttrekking, motiveringsverlies en 'n totale gebrek aan lewensdrif.

Of jy nou as gevolg van bergtop-ervarings of treurvallei-ervarings neerslagtig voel, die Bybel belowe dat God jou nie sal vergeet nie. Dis vir Hom net so onmoontlik om jou te vergeet as vir 'n ma om haar kind te vergeet. Jy is voortdurend in sy gedagtes. Soos jy 'n boodskap op jou hand skryf om dit raak te sien elke keer wanneer jy jou hand gebruik, so herinner God Homself voortdurend aan jou. Wanneer die groot alleenheid op jou toesak, is jy steeds nie alleen nie. God weet van jou.

God weet van jou en sal jou nooit vergeet nie.

127

Die guns van God

As die Here die huis nie bou nie, swoeg dié wat daaraan bou, tevergeefs ... (Ps 127:1).

Sommige mense noem dit geluk. Ander noem dit toeval. Wat jy dit ook al noem, wanneer die lewe sy guns aan jou uitdeel, kan jy nie anders nie as om bakhand te staan.

As gelowiges glo ons egter dat daar nie iets soos los gelukkies of toeval is nie. Alles is gawes wat ons ontvang danksy die guns van God. Jy kan spog met hoe hard jy werk, hoe vernuftig jy op die aandelemark woeker of hoe goed jy in die algemeen is. Maar wanneer God in sy goedheid nie aan jou sukses skenk nie, sal dit nie na jou kant toe kom nie. Jy kan die kundigste en gewildste mens onder die son wees, maar as dit nie God se plan met jou lewe is nie, kom wêreldse sukses en materiële voorspoed nie na jou kant toe nie. Daar mag ander dinge na jou kant toe kom as deel van God se guns, maar dan sal dit nie wees wat op aarde 'n norm vir prestasie is nie.

Erken aan God dat jy afhanklik is van sy guns.

Soos 'n arend

Soos 'n arend wat sy kleintjies uit die nes uitskop, oor hulle fladder en hulle vang op sy vlerke wat hy oopsprei, soos 'n arend wat sy kuikens op sy vlerke dra, so het die Here, net Hy alleen, sy volk gelei ... (Deut 32:11-12).

Sonder God is al jou drome en planne sinloos en uiteindelik onsuksesvol. Wanneer jou planne nie uitwerk nie, beteken dit nie dat God jou in die steek gelaat het nie. Hy het dalk 'n ander roeping vir jou. Hy wil jou miskien in 'n ander rigting stuur. Maar Hy moet eers jou aandag trek sodat jy van jou eie planne sal afsien en syne sal raaksien.

Toe Josef se broers hom in die put gegooi het, het hy gedink dis die einde van sy lewe. Maar God het hom 'n leier in Egipte gemaak én gesorg dat sy familie nie van die honger omkom nie. Nadat Moses die Egiptenaar doodgeslaan het, moes hy vlug. Maar God het hom terug laat kom Egipte toe om sy volk uit slawerny te lei.

Vir jóú het God ook 'n koers en 'n plan. En Hy is voortdurend wakend en sorgsaam naby jou. Hy dra ook jou op sy sterk vlerke en lei jou na waar Hy jou wil hê.

God waak oor jou sodat jy op die regte koers kan bly.

Pasop vir afgode

Liewe kinders, bly dus weg van die afgode af (1 Joh 5:21).

Baie mense sukkel om slegte omstandighede te verwerk. Dit gebeur omdat hulle aan God 'n afgodstatus toeken. Afgode is dinge of mense wat jy in die plek stel van jou vertroue in God. Vir party mense is geld die antwoord op alle vrae. Vir ander is besittings of om die regte mense te ken die oplossing vir hulle probleme. Enigiets kan 'n afgod word as jy dit bo God in jou lewe stel.

'n Afgod kan egter nie self besluit wat hy moet doen nie, want jy skryf vir hom voor wat jy gedoen wil hê. Wanneer omstandighede dan negatief raak, word jy gefrustreerd omdat dit nie pas in die prentjie wat jy van God het nie. God pas egter nie in prentjies in nie. Hy handel heeltemal vry, daarom kan jy nie vir Hom voorskryf wat Hy moet doen nie. Aanvaar eerder dat Hy die beste vir jou begeer. Leef naby Hom, sodat jy al hoe meer van Hom te wete sal kom. Wanneer jy so naby aan Hom leef, sal jy agterkom dat jou pad nie sinlose draaie loop nie.

Moenie van God 'n afgod maak nie. Hy is die Oorspronklike, die Eerste, die Enigste.

130

Afhanklikheid is 'n bate

Geseënd is dié wat weet hoe afhanklik hulle van God is, want aan hulle behoort die koninkryk van die hemel (Matt 5:3).

Alle mense wil graag só leef dat hulle onafhanklik is. Dit is nie vir ons lekker om afhanklik te wees van ander nie. Tog is afhanklikheid in die geestelike lewe 'n voorvereiste vir groei. Afhanklikheid in jou geestelike lewe is nie 'n teken van swakheid nie. Om van God afhanklik te wees en op Hom te vertrou, is 'n voorwaarde vir ware geluk.

Om te beleef dat jou lewe sinvol is, vereis dat jy aan God die regte plek in jou lewe sal toeken. Dan beteken sukses nie noodwendig mag of rykdom nie, maar dat jy die oorwinning sal smaak wat die Here jou gee. Hierdie oorwinning is om die omstandighede te verander wat jy kan, en om dié wat jy nie kan verander nie positief en konstruktief te verwerk. Omdat jy beleef dat alles wat jy het uit God se hand kom, kan jy enige omstandigheid verwerk. Dié wat afhanklik van God is, ontvang die koninkryk van die hemel – lewe daagliks onder sy heerskappy. En dít is die geluk wat die afhanklikes van God tref.

Wees afhanklik van God –
en ontvang sy koninkryk.

Wat van slegte tye?

As ons die goeie van God aanvaar, moet ons nie ook die slegte aanvaar nie? ... (Job 2:10b.)

Dis eie aan ons aard om net die beste vir onsself te wil hê. 'n Mens sien dit reeds by kinders, wat dadelik gryp na die grootste, die mooiste, die blinkste. Daarom is ons so ontsettend teleurgesteld wanneer iemand anders wegloop met iets wat ons graag wou gehad het. Party mense is só ongelukkig wanneer dit gebeur dat hulle eienaardige dinge aanvang, soos om moord te pleeg.

Job se lewensfilosofie is eenvoudig: Alles kom uit God se hand, die goeie én die slegte. Daarom kan jy nie net die goeie uit God se hand aanvaar nie. As jy die goeie van God aanvaar, moet jy ook die slegte aanvaar. Jy weet mos uit wie se hand dit kom, daarom tref die slegte jou nie sonder uitkoms nie. God is nie soos 'n lig wat jy kan aan- en afskakel volgens jou behoefte nie. Hy is nie net daar vir sekere geleenthede nie. Al voel jy dus ongelukkig wanneer iets slegs met jou gebeur, aanvaar dat God ook dít kan gebruik.

---

*Aanvaar dat God met die goeie én die slegte
'n doel het.*

Respek

Die hele aarde moet die Here vrees, al die bewoners van die wêreld moet vir Hom ontsag hê (Ps 33:8).

Deesdae het ons soveel dinge wat aan ons sekuriteit en gerief verskaf dat God nie meer altyd vir ons werklik is nie. Dis asof ons vergeet wie vir ons sorg en ons net die middelman, soos die bank en die ekonomie, raaksien. Tog maak ons soveel skuld en is ons besighede so kniediep in die moeilikheid dat ons te skaam is om met God te gesels. Want ons weet ons het Hom baie lank afgeskeep.

Hoe sal jy voel as mense nie vir jou omgee nie en jou behandel soos iemand wat net op sekere tye welkom is? Nie een van ons hou daarvan dat mense maak of ons nie bestaan nie. God ook nie. God vra respek van ons. En respek beteken om te besef wie Hy is en wat Hy by magte is om te doen. Respek beteken om aan Hom die plek te gun wat Hom toekom. Sê vandag nog vir God dankie vir wat jy ontvang en vir wie Hy is.

Betoon respek aan God deur vir Hom te wys dat Hy die belangrikste in jou lewe is.

Geestelike vernuwing

Oefen jou liewer om in toewyding aan God te lewe (1 Tim 4:7b).

Sommige mense sal enigiets doen om weer jonger en lewenskragtiger te lyk en te voel. Plooie word weggesny, selluliet word uitgesuig, diëte word slaafs nagevolg, kruie en vitamienpille word elke dag gesluk en selfs die lewensmaat word ingeruil vir 'n jonger een. Maar as jou hart of gesindheid nie jonk is nie, baat al hierdie kosmetiese veranderings jou niks. Jy verruil net een neurose vir 'n meer beperkende een. Jy bluf jouself, en die wêreld glimlag oor jou ydelheid.

Jou geestelike lewe verg net soveel tyd en moeite as jou fisieke liggaam. Wanneer jy jou hele lewe hanteer as 'n oefening in toewyding aan God, sal jy voortdurend geestelik vernuwe word. Dan word elke situasie vir jou 'n heerlike ontdekkingsreis saam met God. Jy gaan soek raad by Hom, gesels met Hom, doen navorsing in sy Woord en beproef die Heilige Gees se influistering. Jy herinner jouself bewustelik daaraan dat jy in God se teenwoordigheid lewe – en jy pluk die vrug van vrede en 'n passie vir die lewe. En dít is wat jou jonk hou.

Maak jouself telkens bewus daarvan dat God by jou teenwoordig is.

Vernuwing en vriendskap

Julle is my vriende as julle doen wat Ek julle beveel (Joh 15:14).

'n Sielkundige kan die beste raad gee, maar as die pasiënt nie daarna luister en dit volg nie, bly die probleem kleef. 'n Onderwyser kan elke denkbare metode gebruik om iets aan 'n leerder te verduidelik, maar as die leerder nie wil leer nie, bly hy of sy agter. Ongelukkig dink heelwat mense dat hulle geestelik kan groei sonder om gehoor te gee aan God se opdragte. Mense wat hulle verantwoordelikheid ontduik om self 'n poging aan te wend om te groei, bly agter.

Om geestelik te groei is om al hoe nader aan Jesus te groei en al meer volgens God se wil te leef. Jesus gee hierdie eenvoudige raad vir geestelike groei: *Doen wat Ek julle beveel*. Wanneer jy doen wat Jesus vra, ontwikkel daar 'n dieptevriendskap tussen julle wat tot in die hiernamaals strek. Hierdie vriendskap verg dat jy tyd sal inruim om te doen wat Hy vra én tyd saam met Hom sal deurbring. As jy nie doen wat Jesus vra nie, is jy nie betroubaar nie. En vriende moet betroubaar wees, anders is hulle nie *vriende* nie.

Doen wat Jesus jou beveel.
Jy is mos 'n vriend van Hom.

'n Voorwaarde vir God se teenwoordigheid

As julle by die Here is, sal Hy by julle wees; as julle na Hom vra, sal Hy Hom deur julle laat vind; maar as julle Hom verlaat, sal Hy julle verlaat (2 Kron 15:2b).

Om geestelike vernuwing te kan beleef vra dat jy alles in jou vermoë sal doen om nie 'n afstand tussen jou en God te skep nie. Geestelike vernuwing is om opnuut of dalk vir die eerste keer bewus te word dat jy volledig van God afhanklik is.

Die wonderlike belofte wat die Here deur Asarja aan Asa gee, is dat God in sekere sin optree soos jy: Wanneer jy by Hom is, sal Hy by jou wees. Wanneer jy Hom soek, sal Hy jou opsoek. Wanneer jy Hom verlaat, weet dan dat Hy jou ook sal verlaat.

God skep egter nie doelbewus afstand tussen Hom en jou nie. Afstand en geestelike afstomping kom net van een kant af – en dit is van jou kant af. Wanneer God ver voel en dit vir jou voel of jou geestelike lewe dood is, soek eerste die probleem by jouself. Jy sal sien dat dit jy is wat geskuif het – nie God nie.

Skuif elke dag al hoe nader aan God.

Vernuwing in geloof

As 'n mens nie glo nie, is dit onmoontlik om te doen wat God wil. Wie tot God nader, moet glo dat Hy bestaan en dat Hy dié wat Hom soek, beloon (Heb 11:6).

Vernuwing in geloof begin by hierdie werkwoord: *glo*. As jy nie glo nie, gebeur vernuwing nie. Noag het geglo en so is hy en sy hele gesin gered van 'n gewisse waterdood. Die een na die ander geloofsheld het opgetree in die vertroue dat God sal doen wat Hy belowe het.

Om geestelike vernuwing te beleef moet jy ook glo dat God bestaan en dat Hy vir jou sal wys wat om te doen. Begin elke dag se gebeure interpreteer vanuit hierdie vraag: Wat wil God vandag vir my sê? Bestudeer die Bybel en vra: "Here, wat moet ek hiermee doen?" Tree op in die geloof dat God by jou is soos Hy belowe het. Gesels met Hom terwyl jy stap of werk. Raak stil en luister in jou gedagtes na wat die Heilige Gees vir jou sê.

Onthou net dat jy alles aan die Skrif moet toets, want jy kan ook jou eie behoeftes verwar met die Heilige Gees se stem.

Glo, en God sal vir jou wys.

Genadegawes

**Lê julle toe op die beste genadegawes
(1 Kor 12:31).**

Vernuwing begin by die wil om te leef soos God van jou vra. Dit is die diepe sug om al hoe meer in die teenwoordigheid van God te wees en ook die wêreld rondom jou te omskep in 'n plek waar God tuis sal voel.

God het aan elke gelowige minstens een genadegawe geskenk om vernuwing en geestelike groei aan te help. Vir sommige het hy die genadegawe gegee *om mense gesond te maak, om hulp te verleen, om leiding te gee of om ongewone tale of klanke te gebruik* (1 Kor 12:28). Gelowiges het mekaar dus nodig om heel te wees en te groei.

En die beste genadegawe van almal? Opregte liefde. Paulus sê jy kan oor allerhande gawes beskik, maar as jy nie die liefde het nie, beteken dit alles net mooi niks. Liefde is die kern van die wil om te leef soos God van jou vra. Vra eers vir liefde, en vernuwing sal volg. Dan sal jy anders kyk na die arme, die boemelaar, die moordenaar. Want dit kon jý gewees het ...

Om te herleef, streef die liefde na.

Deur die Gees

Hy sal die Heilige Gees gee vir dié wat vra (Luk 11:13b).

Vra. Dis só maklik dat die meeste van ons net die kop skud en sê: "Dit klink te maklik." As jy God vra om die Heilige Gees aan jou te gee, dóén Hy soos Hy belowe het. Waarom twyfel jy dan of jy die Heilige Gees het as jy reeds gevra het? Aanvaar God se belofte en leef onder die leiding van die Heilige Gees. Vra Hom hoe jou dag moet lyk, om vir jou leiding te gee oor 'n besluit, om jou te help om sensitief te wees vir sy leiding. Gesels met Hom oor alles soos jy met 'n goeie vriend/in sou gesels. Jy sal begin sien hoe dinge inmekaarpas.

Wanneer jy leef in die verwagting dat die Heilige Gees met jou besig is, gebeur niks meer "toevallig" nie. Elke situasie sê vir jou iets en elkeen wat oor jou pad kom, is 'n moontlike boodskapper. Deur hierdie sensitiwiteit vir die leiding van die Heilige Gees ontdek jy dat jy besig is om te vernuwe. Want dit is die Gees wat vernuwing bring.

Vra die Heilige Gees om jou te vernuwe.

139

Wees volmaak

Wees julle dan volmaak soos julle hemelse Vader volmaak is (Matt 5:48).

Die mees gefrustreerde mense is dikwels dié wat perfeksionisties is. Hulle voel gedwing om volmaak te wees in alle opsigte. Hierdeur maak hulle die lewe vir hulleself onhoudbaar. Agter hierdie strewe na volmaaktheid skuil dikwels 'n te streng en rigiede lewensbeskouing. Die vrees om te misluk skep angs, wat oorgaan in 'n obsessie om altyd in beheer te bly. Maar net sodra die perfeksionis alles volgens sy of haar smaak ingerig het, plaas die lewe 'n nuwe onnet lêer op die skoon lessenaar en nog 'n vuil spoor op die blinkgepoleerde vloer. Só is die lewe maar!

Wanneer Jesus pleit dat ons volmaak moet wees, is dit iets anders as perfeksionisme. Dit beteken om soos God en soos Christus lief te hê. Om mense nie as objekte te sien en te probeer beheer nie. Dit is nie 'n kuns om jou vriende lief te hê nie, maar om jou vyande lief te hê, is baie moeilik. Juis hierin vra Jesus dat ons soos God sal wees – volmaak. Dis wat regtig saak maak.

Streef daarna om soos God lief te hê.

Bevry van obsessies

"Die Here" beteken hier "die Gees", en waar die Gees van die Here is, is daar vryheid (2 Kor 3:17).

Wie hou boek van hoe goed jy is? Wie wil jy beïndruk? Jy mag dalk 'n paar mense *beïndruk*, maar in die proses jou eie gemoed intens *bedruk* laat omdat jy die selfopgelegde perfeksionisme nie kan volhou nie. Geen mens is immers volmaak nie. Maar hoe word 'n mens dan volmaak volgens God se standaard?

Die volmaaktheid wat God vra, is nie dwang nie, maar vryheid. Hierdie vryheid kom deur die Heilige Gees, want waar die Gees van die Here is, is daar vryheid. Dis die Heilige Gees wat jou vul met sy liefde en jou verander. Hy maak jou sensitief vir dié terreine van jou lewe waar jy moet verander. Hy maak jou bewus van jou tekortkomings, maar ook van God se beloftes. Die Gees bevry jou van selfgerigte obsessies en lei jou na 'n Godgerigte lewenstyl waarin jy vir jouself ook genade kan hê. Gee jou dus geheel en al oor aan die Heilige Gees, wat jou sal verander na God se standaard.

Ontspan, die Gees bring jou op God se standaard.

141

God se waterpas

Vra julle voortdurend af of iets vir die Here aanneemlik is (Ef 5:10).

Wanneer bouers 'n muur te bou, gebruik hulle 'n waterpas om telkens te kyk of die muur gelyk is, of die bokant en sykante in die regte lyn met die aarde is. 'n Muur wat skeef gebou is, bots met die plan van die argitek en skep later oneindige strukturele probleme.

Omdat geestelike groei 'n proses is, moet ons telkens God se waterpas gebruik om te kyk of ons nog volgens die standaard groei. God het sy argitekplan in die Bybel laat opteken sodat ons kan lees wat Hy van ons verwag. God se waterpas is hierdie eenvoudige vraag wat jy gereeld aan jouself moet vra: Is wat ek doen vir die Here aanneemlik? Sal Hy daarvan hou? Sal dit sy goedkeuring wegdra? Is dit in ooreenstemming met die plan wat Hy vir my laat opteken het?

Aanvanklik mag jy dalk sukkel om agter te kom of iets vir die Here reg sal wees. Hou egter net aan groei in jou verhouding met Hom. Dit sal al hoe makliker word.

Vra jou telkens af: Sal die Here hou van wat ek nou doen?

Eenheid en volmaaktheid

Bo dit alles moet julle mekaar liefhê. Dit is die band wat julle tot volmaakte eenheid saambind (Kol 3:14).

In ons hedendaagse wêreld sien ons net geweld, roof, moord en wreedheid. Dit is 'n stukkende wêreld wat roep om heelheid, wat sug na die volmaakte. Ek en jy sug saam met die wêreld na die volmaakte, veral wanneer alles so skeef loop. Die geloofsgemeenskap is egter die teken van 'n ander soort wêreld wat bestaan. Die Bybel noem hierdie ander soort wêreld "die hemel" of "God se koninkryk".

Liefde, sê Paulus, is hierdie band wat ons tot eenheid saambind. Dit is 'n eenheid van harmonieuse omgee en saam-op-weg-wees. Dis nie eendersheid nie, want ons is nie een dieselfde as 'n ander nie. Maar ons verskille en gebreke word gedra en oorbrug deur liefde vir mekaar.

Wanneer jy liefde ervaar, voel jy heel. Daarom is liefde onontbeerlik vir 'n voorsmaak van die volmaakte. En hierdie liefde bind ons saam sodat ons reeds hier op aarde iets van die hemel kan beleef. Eenheid sonder liefde is dwang. Liefde sonder eenheid is selfsug. Liefde en eenheid saam is volmaak.

Wees lief vir jou medemens en medegelowiges.

143

Vrees is onvolmaak

In God stel ek my vertroue, ek is nie bang nie. Wat kan 'n mens aan my doen? (Ps 56:12.)

Geen mens is onfeilbaar nie. Selfs die suksesvolste mense maak foute. En hier op aarde is ons nog onvolmaak en stel ons onsself en ander mense dikwels teleur. Tog is dit vir baie mense moeilik om hulleself te vergewe wanneer hulle 'n fout gemaak het. Daarom vermy hulle situasies wat hulle dalk in die rigting van 'n teleurstelling kan stuur. En dit is ook soms die vrees vir teleurstelling wat 'n mens tot perfeksionisme dryf.

Om vrees van watter aard ook al te oorkom moet jy jou vertroue in God stel. Slegs Hy kan volkome aan daardie norm van volmaaktheid voldoen. Geen mens is volmaak nie, daarom hoef jy nie bang te wees vir ander mense nie. Al vergal mense jou lewe, duur dit net vir hiérdie lewe. Doen jy net die beste waartoe jy in staat is en vertrou God om die res te hanteer. Werk aan dié dinge waaraan jy wel iets kan doen en reken op God om jou te gebruik binne sy groter plan.

Vertrou op God – en oorwin so jou vrees.

144

Die sondige natuur

Wat ek bedoel, is dít: Laat julle lewe steeds deur die Gees van God beheers word, dan sal julle nooit swig voor begeertes van julle sondige natuur nie (Gal 5:16).

Om volmaak te wees, soos Jesus van ons verwag, is menslik gesproke onmoontlik. Dis asof ons 'n outomatiese stuurstelsel het wat ons in die rigting van die verkeerde rig. Telkens word ons beste bedoelings oorspoel met verkeerde neigings en dan strand ons op die rotse van teleurstelling en mislukking. Daarom kort ons 'n Stuurman wat ons telkens in die regte rigting kan laat swenk.

Paulus raai jou aan om jou lewe deur die Gees van God te laat beheers. Dit is al manier hoe jy voortdurend in die rigting van volmaaktheid koers kan kry. Hoe kry jy hierdie Stuurman in beheer van jou lewe? Jy vra, en Hy neem van jou beheer. Jy stel jou oop vir sy oortuiging en luister sensitief na sy stem, wat in jou hart weerklink. En jy doen wat Hy sê. As jy te lank weifel, sal die stroom van jou sondige geneigdheid jou weer saamsleep in die verkeerde rigting. Volg die Gees dus dadelik sodat jy in veilige water kan vaar.

Stel jou tot beskikking van die Gees van God.

145

'n Nuwe lewenstyl

Die vrug van die Gees, daarteenoor, is liefde, vreugde, vrede, geduld, vriendelikheid, goedhartigheid, getrouheid, nederigheid en selfbeheersing ... (Gal 5:22-23).

In ons prestasiebehepte samelewing word mense geëvalueer volgens wat en hoeveel hulle doen. Daarom ly so baie mense wat aftree, medies ongeskik raak of hulle werk verloor aan 'n identiteitskrisis. Hulle is onseker wie hulle is omdat hulle nie meer kan doen wat hulle voorheen gedoen het nie. Hulle moet dus 'n nuwe identiteit ontwikkel sodat hulle weer goed oor hulleself kan voel.

Wanneer jy Christus in jou lewe innooi, is jy 'n nuwe mens met 'n nuwe identiteit. Hierdie identiteit word bepaal deur die feit dat jy nou aan Christus behoort. Die Heilige Gees skenk aan jou 'n nuwe lewenstyl wat pas by 'n lewe in Christus. 'n Lewenstyl met kenmerke soos liefde, vreugde, vrede, geduld, vriendelikheid, goedhartigheid, getrouheid, nederigheid en selfbeheersing. Vertoon jy hierdie lewenstyl? Indien nie, is dit nodig om met die Gees te gesels oor wat nog ontbreek in jou nuwe identiteit. Vra Hom om dit aan jou te skenk en fokus daarop om dit uit te leef.

Vertoon jou lewe die vrug van die Gees?

Verstandigheid is veel beter

'n Onverstandige mens praat met minagting van 'n ander; 'n verstandige mens swyg (Spr 11:12).

Die Spreukeboek is vol raad oor hoe om verstandig op te tree. Dis verbasend hoeveel van daardie eeue oue wyshede vandag steeds van toepassing is. In Spreuke word wyse en dwase mense dikwels teenoor mekaar gestel.

Iemand wat verstandig probeer leef, sal die raad van wyse mense opsoek en by hulle leer, maar 'n dwase mens dink sy eie koers is die beste. 'n Verstandige mens gaan soek die rede vir mislukking op die regte plek, terwyl die dwaas God blameer vir mislukkings. Dwase mense leer nie uit hulle ervarings nie, maar wyse mense vra ná elke ervaring: Wat leer ek hieruit? Watter foute moet ek nie weer maak nie? Waarop moet ek meer konsentreer? Wyse mense beheer hulle humeur, terwyl 'n dwaas maklik ontplof. 'n Wyse mens soek vrede, maar 'n dwaas is gereed vir oorlog ondanks die verlies wat dit meebring.

Oortuig dit jou om vandag verstandig op te tree? Begin deur stil te bly en nie skewe opmerkings oor ander te maak nie.

Streef daarna om verstandig op te tree.

'n Besef van oorvloed

**U kroon die jaar met u goeie gawes.
Waar U ook gaan, is daar oorvloed! (Ps 65:12.)**

Deel van 'n nuwe lewenstyl is om telkens aan God erkenning te gee vir wie Hy is en wat Hy doen. Dit het onlangs sommer 'n hele paar dae lank aanhoudend gereën. Huise se dakke het begin lek en strate het in riviere verander soos die water daarin afgestroom het. In daardie dae het ek gesels met 'n predikant wat woon in 'n area met informele behuising. "Kry jou mense swaar wanneer dit so baie reën?" het ek gevra en gekyk na die waterpoele wat tot by die deure van sommige huise opgedam het. "Ja," het hy geantwoord. "Hulle raak nat en siek, maar God is goed."

Om in sulke omstandighede steeds te sê *God is goed*, maak vir die ongelowige mens geen sin nie. Maar gelowiges kyk verder as die swaar van die hede. Hulle kyk na wat God kán en sál doen. Daarom, bid groot en dink groot en glo groot. Want jy het te doen met die Skepper van die heelal, wat ook vir jou versorg.

Loof God, want Hy ís goed.

148

Die eerste trappie

Wees in alle omstandighede dankbaar, want dit is wat God in Christus Jesus van julle verwag (1 Tess 5:18).

'n Mens voel ongelukkig wanneer siekte, werkverlies, hartseer of dood in jou lewe 'n vastrapplek kry. Gelukkig kan nie een van hierdie aaklighede jou stroop van die feit dat jy 'n nuwe mens in Christus is nie. En nuwe mense het 'n lewenstyl wat maak dat hulle anders na wrede werklikhede kyk. Jy as gelowige kyk na pyn en hartseer vanuit God se oogpunt en besef dat, hoewel jy nie bly is dát dit jou tref nie, jy tog bly kan wees dat jy *in* daardie situasie steeds aan Christus behoort. Jy gaan nie *onder* in jou slegte omstandighede nie, want Christus is by jou deur sy Gees.

Daarom kan jy in elke situasie dankbaar wees in Christus Jesus en begin om dinge raak te sien waarvoor jy God kan loof. Só is dankbaarheid die eerste trappie waarop jy kan gaan staan om uit jou situasie te klim. Met die vleuels van dankbaarheid kan jy bo enige situasie uitstyg en daarna kyk uit die perspektief van Bo.

Waarvoor kan jy die Here vandag dank?

149

Liefde en trou

Moenie dat liefde en trou by jou ontbreek nie; leef daarmee saam, maak dit 'n deel van jou lewe. So sal jy guns verwerf en byval vind by God en mens (Spr 3:3-4).

'n Mens hou nie van 'n persoon sonder integriteit nie. Sodra jy agterkom dat iemand jou wil bedrieg, dat iemand nie sy of haar beloftes nakom nie of jou behandel asof jy maar net 'n meubelstuk is, is jy nie lus om verder met daardie persoon te kommunikeer nie. Jy wil nie met so iemand vriende wees nie en jy sal hom of haar beslis ook nie met jou hartsgeheime vertrou nie.

Ons samelewing het mense met integriteit nodig. Mense by wie, soos Spreuke sê, liefde en trou nie ontbreek nie. Dit is een van die spreuke wat 'n besonderse belofte byvoeg wanneer jy dit nakom. Wanneer liefde en trou uit jou straal, sal God en mens dit positief beleef en 'n pad saam met jou loop.

Moenie probeer om mense met tegnieke en mooi woorde te beïndruk nie. Wys net dat jy vir hulle omgee en dat jy staan by jou woord. Jy sal gou die verskil in mense se houding teenoor jou agterkom.

Laat liefde en trou jou lewenstyl kenmerk.

150

Skuld?

Julle moet niemand iets verskuldig wees nie, behalwe om mekaar lief te hê ... (Rom 13:8).

Niemand hou van skuld nie. Skuld het immers die manier om jou lam te laat voel en jou van jou lewenslus te beroof. Sommige mense se skuld word so erg dat hulle allerhande eienaardige metodes gebruik om daarvan weg te kom. Hulle betaal hulle rekeninge te laat, weier selfs om dit te betaal of bevraagteken die rekening.

God verwag van Christene om hulle verpligtings teenoor almal na te kom. Moenie jou verantwoordelikheid teenoor iemand ontduik nie, want dan verloën jy jou integriteit. Jy het ook elke dag teenoor alle mense een verpligting – om hulle lief te hê. Om ander lief te hê beteken om Jesus in hulle raak te sien, om jou volle aandag te gee wanneer hulle praat, om hulle nie te ignoreer nie. Om dié mense lief te hê wat dieselfde as jy is, is nie 'n kuns nie. Die egtheid van jou Christelike lewenstyl blyk eers wanneer jy dié liefhet wat anders as jy is en nie ongevoelig is vir hulle nood nie.

Wees opreg lief vir jou medemens.

Vrede met die verlede

Ek maak my los van wat agter is en strek my uit na wat voor is (Fil 3:13b).

'n Goeie geheue is 'n groot bate, veral as jy kosbare herinnerings het om te koester. Ongelukkig onthou baie mense slegs die negatiewe dinge en pynlike letsels uit hulle verlede. En dit wakker by hulle die vrees aan dat dit weer kan gebeur.

Liefdelose ouers, 'n beste vriend wat jou verwerp het, mislukking al het jy hoe hard probeer, die hartseer van 'n egskeiding en vele ander terugslae kan jou in 'n slangput van verwyt dompel. Dit is nodig dat jy al hierdie gedagtes uit die skemerland van nagmerries voor Jesus sal gaan neerlê sodat Hy dit van jou af kan wegneem.

Paulus se doel was om die hemelse wenstreep te bereik. Hy het besef dat hy dit nie met 'n hoop bagasie sou kon haal nie. Daarom het hy sy fokus van die verlede na die toekoms verskuif. Hy het nie die verlede toegelaat om hom te verlam nie, maar het hom verlustig in die doelgerigte strewe na wat voorlê.

Lê die seer uit jou verlede voor Jesus neer.

Klim saam oor die muur

Vra na die wil van die Here terwyl Hy nog te vinde is, roep Hom aan terwyl Hy nog naby is (Jes 55:6).

Die grens tussen die hede en die verlede is nie gister nie, maar nou. Terwyl jy besig is om hierdie sin te lees, is jy besig om dit tot in die verlede tyd te skuif. In hierdie breukdeel van 'n sekonde val hede en verlede saam. Dit is die muur tussen nou en netnou, hede en verlede.

Toe die volk van God die boodskap hoor dat hulle die Here moet aanroep terwyl Hy nog naby is en na sy wil moet vra terwyl Hy nog te vinde is, het hulle nie geweet hoeveel tyd hulle nog het nie. Al wat hulle wel geweet het, was dat as hulle nie dadelik na God se kant toe skuif nie, hulle deel sou wees van 'n slegte verlede.

Jy weet ook nie hoeveel tyd jy op die aarde oor het nie. Jy is by die muur tussen nou en netnou. Nooi God opnuut in jou lewe in en klim saam met Hom oor die muur sodat jou slegte self tot die verlede kan behoort.

Gee jou aan God oor om sy wil te doen.

Moenie omkyk-omkyk loop nie

Maar moenie net aan die vroeëre dinge dink en by die verlede stilstaan nie (Jes 43:18).

Jou identiteit het nie net te doen met jou agtergrond nie. Dit mag vir sommige mense belangrik wees om te weet uit watter familielyn hulle kom en om te kyk na alles wat hulle in die lewe bereik het. 'n Mens kan egter 'n wonderlike verlede hê en steeds nie daarin slaag om 'n sukses van die hede of die toekoms te maak nie. Jou identiteit het dus ook te doen met waarheen jy op pad is, en tydens die reis sal jyself sowel as jou doelwitte verander. Daarom is dit belangrik om te weet dat jou identiteit in Christus gewortel is, dat Hy by jou en in jou is en altyd by jou en in jou sal wees. Sy teenwoordigheid is nie beperk tot 'n herinnering uit die verlede nie.

As jy voortdurend omkyk-omkyk loop, gaan jy die een of ander tyd jou kop seer stamp. Kyk eerder na God se roeping vir jou en streef daarna, sodat jy die kloue van die verlede kan ontglip en God se toekoms kan ontgin.

Leef jou roeping uit sodat jy weet jy is besig met God se toekoms.

154

Die goeie ou dae?

Moenie sê in die ou dae was dit beter as nou nie; dit is nie uit wysheid dat 'n mens so sê nie (Pred 7:10).

Ek hoor gereeld hoe die ouer mense vertel van die verlede. Dan sug hulle oor die sogenaamde "goeie ou dae". Elkeen vertel sy of haar eie weergawe van die verlede, maar elkeen dink beslis dit het in die verlede beter gegaan as tans. Miskien het dit te doen met ons vermoë om die slegte uit die verlede te filter en net die goeie te onthou. Die verlede moet ons egter nie blind maak vir die potensiaal van die hede nie. Elke tyd het sy eie uitdagings en swaarkry, vreugde en hartseer. As jy net die swarigheid in die hede en toekoms sien, gaan dit presies wees wat jy gaan beleef. Wat jy sien, leef jy.

Ouer mense kla dikwels oor die hede omdat hulle liggame nie meer tred kan hou met die vinnige veranderings nie. Daarom hunker hulle na gister, na die tyd toe hulle jonger was. Gelukkig is God nou presies dieselfde as in die goeie ou dae. Jy kan steeds op Hom vertrou.

God vergesel jou om vandag leefbaarder te maak.

Altyd dieselfde

Jesus Christus is gister en vandag dieselfde en tot in ewigheid (Heb 13:8).

"Ook dit sal verby gaan." Dít is wat ek sê wanneer dit nie so goed gaan nie. Dit help my om perspektief te behou, sodat ek nie sal dink dat die toekoms so sleg soos die heel slegste in die verlede gaan wees nie. Die slegte gaan verby. Die goeie gaan ook verby. Daarom jaag mense al hoe meer na vermaak en uitspattige vakansies. Hulle wil voortdurend die adrenalien voel pomp. Hulle ontdek egter vinnig dat hierdie opwinding ook verbygaan en dat hulle geluk oppervlakkig was.

Die geheim om die goeie én die slegte in die regte perspektief te stel is om vas te hou aan Jesus Christus. Hy is altyd dieselfde. En Hy is die bron van ware geluk. Om gelukkig te bly in alle omstandighede moet jy tyd saam met Jesus deurbring en werk aan jou verhouding met Hom. Hy gaan nie verby nie en Hy sal by jou bly – in alle omstandighede. Israel kon telkens terugkyk en onthou dat God saam met hulle was. Hy is steeds by jou.

Ook dít gaan verby, maar Jesus bly.

Slagoffers

Lot se vrou het omgekyk en sy het in 'n soutpilaar verander (Gen 19:26).

Daar is heelwat mense wat slagoffers van hulle verlede is. Hulle dink met bitterheid aan alles wat in die verlede met hulle gebeur het. Hulle kon nog nie die pyn verwerk wat met die negatiewe herinnerings gepaardgaan nie.

Die verlede het die manier om jou vas te hou as jy nie vinnig genoeg uit sy greep loskom nie. Lot se vrou het nie aandag gegee aan waarheen sy moes vlug nie. Sy het omgekyk, en daardie een moment van weifeling was genoeg om haar te laat versteen. Moenie toelaat dat die verlede jou laat versteen nie. Daar is soveel potensiaal in vandag en môre om ontgin te word. Waarom dan energie mors deur in die verlede te bly rondkrap? Onthou dat daar altyd mense is wat dit slegter gehad het as jy en tog goed gevaar het toe hulle die verlede laat vaar het. Hulle het daarin geslaag om die *verwonding* van die verlede te oorwin met *verwondering* oor die toekoms saam met God.

Besluit:
Ek is nie 'n slagoffer van die verlede nie,
maar 'n dankoffer vir die toekoms.

Nederigheid

Maar die grootste onder julle moet bereid wees om die ander te dien. Wie hoogmoedig is, sal verneder word, en wie nederig is, sal verhoog word (Matt 23:11-12).

Sommige leiers matig hulle ontsettend aan. Hulle dink hulle het alle seggenskap oor mense en dat hulle woord wet is. Hulle is nie eens bereid om te erken wanneer hulle 'n fout begaan het nie, maar haal dit uit op hulle ondergeskiktes. Hulle verberg hulle gebrek aan insig deur bombasties op te tree en hulle streef net na nog mag en status.

Sou jy daarvan hou as iemand so teenoor jou optree? Nee, gewoonlik irriteer dit 'n mens grensloos. Die leierskapstyl wat jou die verste sal bring, het Jesus met sy lewe vir ons gedemonstreer. Volgens Hom lê die hart van leierskap in die bereidheid om te *dien*. Egte leiers matig hulleself nie aan nie, want hulle weet hulle het maar tydelik gesag. Daarom is hulle nie skaam om te buk soos Jesus en ander te dien nie. Hulle weet nederigheid bring 'n mens ver, want leierskap kan in 'n oogwink van jou afgestroop word. Of jy nou 'n leier is of nie, leer om altyd nederig te wees.

Volg Jesus se voorbeeld van nederigheid na.

Wie se erkenning soek jy?

Onderwerp julle in nederigheid voor die Here, en Hy sal julle verhoog (Jak 4:10).

Baie mense is teruggetrokke. Hoewel hulle begaaf is, is hulle bang dat ander vir hulle sal lag. Daarom raak hulle stom wanneer hulle in geselskap moet praat. Hierdie mense onderskat hulleself. Ons kry ook die ander soort skeefgetrekte besef van eiewaarde – selfoorskatting. Mense wat hulleself oorskat, sien hoogmoedig op ander neer.

Nederigheid is om jouself nie te oorskat óf te onderskat nie. Nederige mense weet hoe onwaardig hulle voor God is, maar hulle is oneindig dankbaar dat hulle ingesluit is in God se koninkryk. Daarom beskou hulle hulle lewenstaak as 'n roeping van God. Jy sal geen ekskuus-tog-dat-ek-lewe-houding by nederige mense opmerk nie. Hulle pak die lewe aan as 'n uitdaging om God se wil te doen. En hulle leef hierdie dankbare lewensbesef heelhartig uit: In God se oë is ek iemand besonders! Nederige mense soek erkenning op die regte plek – by God self. Voor God buig hulle en erken sy almag, want hulle weet: Slegs God sal hulle verhoog.

Soek nederig erkenning by God.

Selfverloëning

As iemand agter My aan wil kom, moet hy homself verloën, sy kruis opneem en My volg (Mark 8:34b).

Nederigheid is nie papbroekigheid nie. Dit is om te kies om in sekere situasies die minste te wees omdat jy weet jy gaan God se saak daardeur die beste dien. Hoe nader jy aan Jesus leef, hoe meer kom jy agter dat baie van die eer en status waarna jy streef ten diepste nie waarde het nie. Christene werk nie net met 'n korttermynverwagting nie. Hulle langtermynverwagting is om by God in die hemel te wees. Daarom rig hulle nou al hulle lewe in volgens die lewenstyl wat God verkies. Wat kan jy verloor as jy jouself reeds aan Jesus gegee het? Wanneer jy jouself aan Jesus oorgee, behoort jy nie eens meer aan jouself nie. Daarom kan jy vir jou selfsugtige eie ek sê: Nee!

Leer selfverloëning aan deur heel eerste aan ander te dink en te kyk wat hulle nodig het. Vermy gemaksugtigheid en probeer ander mense voorop stel en om volgens jou vermoë in hulle behoeftes te voorsien. God seën nederige mense.

Kies om jouself te verloën –
dis die regte ding om te doen.

Sagmoedig is nie sonder moed nie

Moses was 'n uiters sagmoedige man, meer as enigiemand anders op die aarde (Num 12:3).

Mirjam, Moses en Aäron se suster, was afgunstig op Moses. Sy wou weet of die Here dan net deur Moses praat, en nie ook deur haar en Aäron nie. Op hierdie punt het God ingegryp en laat blyk dat Hy 'n besondere verhouding met Moses het en dat Mirjam buite orde optree. Sy word meteens melaats, maar word tog gesond nadat Moses gebid het om genesing.

Nederigheid is om te aanvaar dat God vir sekere mense 'n ander roeping het as vir jou. Hoewel hulle posisie vir jou ideaal mag lyk, is dit nie die posisie vir jou nie. Omdat Moses nederig was, kon God hom gebruik om sy volk uit Egipte te lei. Dit het moed geverg, maar saam met God kon hy die leiding neem.

Moses kon egter die beloofde land nie ingaan nie omdat hy in 'n oomblik se woede sy nederigheid prysgegee het. Moenie toelaat dat 'n gebrek aan nederigheid jou van God se beloftes weerhou nie. Dit is nie die moeite werd nie.

Wees sagmoedig en aanvaar dat God ook met jou 'n plan het.

Wie se belange eerste?

Ek soek nie my eie belang nie maar dié van baie ander, sodat hulle gered kan word (1 Kor 10:33b).

In 'n selfsugtige samelewing is nederigheid die uitsondering eerder as die reël. Party sakemense is geneig om te dink dat wanneer 'n mens nederig is, jy jou mededingers kans gee om jou onderneming oor te neem. En daarvoor sien hulle nie kans nie. Sulke mense het 'n wanopvatting van nederigheid. Nederigheid beteken om dankbaar te wees dat jy sake kan doen en om alles moontlik te doen om jou sake eerbaar en regverdig te doen. Nederigheid beteken dat jy ook die talent van jou mededingers sal erken en eerder die klem op jou eie sterk punte sal laat val as om hulle af te kraak.

Nederige mense weet dat hulle aan Christus behoort en daarom niks kan verloor wanneer hulle ander se belange vooropstel nie. Dit getuig nie van swakheid nie, maar van innerlike krag. Dit vra immers baie om nee te sê vir jou eie belange. Tree egter groothartig op en beleef die genot dat iemand anders ook na God toe getrek word.

Stel ander se belange voorop ter wille van Christus.

Genade vir die nediges

God weerstaan die hoogmoediges, maar aan die nediges gee Hy genade (1 Pet 5:5b).

Hoogmoed is 'n kenmerk van Satan. Hy wou homself verhef bo God en dit was sy ondergang. Hoogmoed is om méér van jouself te dink as wat jy moet. Hoogmoed is om geen oog te hê vir dié in 'n ondergeskikte of minder gegoede posisie as jy nie. Hoogmoed is om selfs teenoor dié wat dieselfde inkomste, belange en status as jy het, op te tree asof hulle tot 'n laer klas behoort.

'n Mens kry mos soms die gevoel dat iemand jou aankyk asof die kat jou ingedra het. Ek sukkel om van sulke mense te hou. God nogal ook.

Petrus stel dit krasser: God gee nie aan hoogmoediges hulle sin nie. Hy laat hulle nie toe om te floreer nie. Hy stel 'n perk aan hulle eiewaan, want vir hulle is daar uiteindelik nie genade nie. Hierteenoor skenk God sy genade in oorvloed aan dié wat nederig is. Want wanneer jy nederig is, weet jy daar is niemand soos God nie. En in Hom stel jy al jou vertroue.

Ontvang God se genade deur nederig te wees.

Eerlike mense

> 'n Slegte mens gee voor dat hy weet wat hy doen; 'n eerlike mens bly by die koers wat hy gekies het (Spr 21:29).

Wêreldwyd is daar 'n wantroue in die opregtheid en eerlikheid van leiers. Miskien het te veel predikers nie gedoen wat hulle gepreek het nie. Dalk het te veel staatshoofde nie volvoer wat hulle belowe het nie. Miskien voel jy teleurgestel in sogenaamde vriende wat jou mislei en bedrieg het. In so 'n klimaat van wantroue en agterdog is die versoeking groot om self te sondig met die verskoning: "Almal maak dan so ..."

Die geselskap van eerlike en opregte mense is soos 'n vars seebries wat jou kwynende lewenskrag laat opvlam. Hierdie mense is gestroop van enige pretensie en is bereid om hulle in 'n geselskap bekend te stel net soos hulle is. Hulle sakeondernemings en -transaksies sal op die lang duur steeds in aanvraag wees omdat hulle goeie naam hulle vooruit gaan. Jy weet waar jy met eerlike mense staan, want hulle bly by die rigting wat hulle vir jou aangedui het.

Klink dit soos jý is? Die Here verlang dat jy so sal wees.

Streef tot elke prys na eerlikheid en opregtheid.

164

Staan weer op

Maar as ons ons sondes bely – Hy is getrou en regverdig, Hy vergewe ons ons sondes en reinig ons van alle ongeregtigheid (1 Joh 1:9).

Daar is waarskynlik niemand op hierdie aarde wat nog nie 'n noodleuen vertel het nie. Die probleem is dat so 'n leuen maar 'n leuen bly. Sommige mense verdedig hulle deur te sê dat die doel die middel heilig. Dit is ook nie waar nie. Sou jy tevrede wees dat ander jou skade aandoen net omdat hulle jou motor begeer en dan sê die doel is om hulle armoede te verlig? Die middel heilig nooit die doel nie. Doel én middel moet heilig wees om by God verby te kom.

God gee egter aan jou 'n belofte. Hy is bereid om jou sondes te vergewe en jou naam skoon te maak voor Hom – mits jy bereid is om eerlik te erken dat jy gefouteer het en opreg berou het daaroor. Dit is tyd om vandag weer 'n slag die kas vol geraamtes leeg te maak. Bely dit, sodat jy eerlik kan aangaan met 'n skoon gewete. Dis heerlik sonder die bagasie van 'n oneerlike lewe.

Bely jou sondes en leef weer vry en eerlik.

Ook in die kleinste dinge

Wie in die kleinste dinge betroubaar is, is ook in die groot dinge betroubaar; en wie in die kleinste dinge oneerlik is, is ook in groot dinge oneerlik (Luk 16:10).

Het jy al gesien hoe vies mense is as 'n winkelkassier vir hulle te min geld uitkeer? Het jy ook al opgelet hoe dieselfde mense tjoepstil bly as 'n kassier vir hulle te veel uitkeer? Ek het onlangs iemand gehoor sê: "Dis vir al die ander kere dat hulle my bedrieg het." Regverdig dit sy optrede?

Die Here het 'n eenvoudige maatstaf wat geld vir besigheid, persoonlike verhoudings en alle aspekte van menswees. Dit gaan om betroubaarheid. As jy eerlik is, is jy betroubaar. As jy betroubaar is, sal jy eerlik wees met geringe sake sowel as met multimiljoenrand-transaksies.

Mense raak nie al eerliker hoe groter hulle verantwoordelikhede word nie. Hulle is eerlik of hulle is nié. Moet dus nie die klein dingetjies gering ag nie, want ook daarin toets die Here jou. En wees veral betroubaar ter wille van jouself.

Wees in die klein sowel as in die groot
verantwoordelikhede betroubaar.

Lewe in die geloof

Stel julleself op die proef en ondersoek julleself of julle in die geloof lewe. Besef julle dan nie self dat Christus Jesus in julle is nie? So nie, het julle die toets nie deurstaan nie (2 Kor 13:5).

Eerlikheid en opregtheid in hierdie wêreld is nie altyd maklik of voordelig nie. Daar is soveel mense wat baat by oneerlikheid en vals optrede dat jy maklik moedeloos kan word. Jy begin dalk self wonder of dit die moeite werd is om te probeer om eerlik en opreg te lewe. Tog werk Christene met 'n langtermynvisie en dit is om eendag teenoor God rekenskap te kan gee met 'n skoon gewete. Sirus het in die eerste eeu voor Christus al opgemerk: "God kyk nie na die vol hande nie, maar na die skones."

Die versoeking om oneerlik te wees in die hoop dat dit vir jou voordeel sal inhou, sal altyd daar wees. Maar jy moet jouself voortdurend ondersoek om te kyk of jy in die geloof lewe. Christus is in jou. Sal Hy tevrede wees om in jou te bly as jy oneerlik leef? Christus is verbind aan die waarheid en Hy eis dat jy ook sal wees.

Leef vir die waarheid ter wille van Christus.

167

Waar sal jy wegkruip?

Waarheen sou ek gaan om u Gees te ontvlug? Waarheen sou ek vlug om aan u teenwoordigheid te ontkom? (Ps 139:7.)

Hoe meer God 'n randfiguur in jou lewe word, hoe groter sal die versoeking wees om eerlikheid en opregtheid prys te gee. Dit is gewoonlik nie 'n oornagproses nie, maar die oneerlikheid en onbetroubaarheid groei geleidelik totdat jy waarheid en leuen nie meer van mekaar kan onderskei nie. Dit is eers wanneer jy God weer die nommer een Persoon in jou lewe maak dat sy Heilige Gees jou gewete sensitief sal maak sodat jy eerlik kan wees.

Jy kan nooit van God ontsnap nie. Daar is nie 'n plek op die aarde of in die heelal waar sy Gees nie is nie. Vir dié wat skuldig voel, is dit onheilspellende nuus. Want daar is niks wat hulle vir God kan wegsteek nie. Vir dié wat hulle saak met God wil regmaak, is dit uitstekende nuus. Want dit beteken hulle kan oombliklik met Hom praat en vergewe word. En omdat God oral en altyd by jou is, laat Hy jou nie alleen in die keuse om eerlik te wees nie.

Wees bly die Gees is oral teenwoordig om jou te help om eerlik te wees.

168

Uit die Gees gebore

Wat uit die mens gebore is, is mens; en wat uit die Gees gebore is, is gees (Joh 3:6).

Menslik gesproke is ons nie in staat om eerlik te wees nie. Omdat ons menslike geaardheid so deurtrek is met die neiging om sonde te doen en omdat ons sondig ís, is ons nie gebore in staat om eerlik te wees nie. Daar skuil in elke optrede, elke gesigsuitdrukking, elke woord en elke gebaar die moontlikheid om oneerlik te wees. Selfs ons beste bedoelings word as 't ware van binne af uitgehol deur oneerlikheid. Die punt is: Ons is méns.

God het egter hieraan 'n verskil kom maak in Jesus Christus. Jesus het vir ons sonde gesterf, en daardeur ontvang ons vergifnis vir ons sondes. Wanneer jy Jesus in jou hart en lewe innooi, ontvang jy sy Heilige Gees. Jy word dan geestelik gesproke uit die Gees weergebore tot 'n mens wat in die hemel kan ingaan. Jou status, danksy die Heilige Gees, is dié van 'n eerlike en opregte mens. Dít is wat God van jou onthou elke keer dat jy om vergifnis vra wanneer jy sonde gedoen het.

Gee jou oor aan die Gees om eerlik en opreg voor God te kan leef.

Die kuns van kommunikasie

Vuil taal moet daar nooit uit julle mond kom nie; praat net wat goed en opbouend is volgens die eis van omstandighede, sodat dit julle hoorders ten goede kan kom (Ef 4:29).

Om mens te wees is om te kommunikeer. Die mens is die enigste skepsel wat woorde kan gebruik. Deur kommunikasie leer ons mekaar verstaan, vertrou, beïnvloed en liefkry. Deur swak kommunikasie skep ons verwarring, negatiewe ervarings en wantroue, en beëindig ons verhoudings.

Die vraag is nie óf jy kommunikeer nie. Dít doen ons almal. Nee, wat die heel belangrikste is, is hóé jy kommunikeer. As sender kan jy effektiewe kommunikasie blokkeer deur nie die persoon met wie jy kommunikeer se gevoelens in ag te neem of hom of haar kans te gee om te antwoord nie. Negatiewe uitlatings en aggressiewe lyftaal versteur 'n verhouding.

Paulus gee 'n belangrike opdrag wat dit duidelik maak dat jou gesindheid teenoor die persoon met wie jy kommunikeer, opbouend en positief moet wees. Juis omdat jy 'n Christen is, wil jy iets van Christus se styl kommunikeer. Jou gesindheid blyk reeds uit die taal wat jy gebruik en die manier waarop jy jou sinne aanmekaarsit.

Praat net wat goed en opbouend is.

Om moed in te praat

Praat die kleinmoediges moed in ...
(1 Tess 5:14b).

As jy al onder die sweep van afbrekende teregwysing deurgeloop het, sal jy weet dat dit nie 'n kuns is om iemand af te breek nie. Talle mense loop nou nog met onsigbare maar diep emosionele letsels omdat hulle in hulle lewe aanhoudend afgekraak is. Dit veroorsaak dat hulle ander mense dikwels verkeerd hoor, omdat hulle na woorde luister deur die filter van hulle negatiewe ondervinding. Dit neem tyd om 'n vertrouensverhouding op te bou met iemand wat so seergekry het. Sielkundiges beweer dat hierdie emosionele verwonding wat deur woorde en houdings veroorsaak is, meestal moeiliker is om te herstel as fisieke wonde.

Wees jy anders. Bou ander op deur jou kommunikasie. As iemand moed kort, praat hom moed in. As iemand opbeuring kort, beur haar op. Jy kan mense nie laat groei deur ongevoelig te wees nie. Nee, groei word gestimuleer deur mekaar te onderskraag. Jou eie groei word ook nie aangehelp deur iemand anders af te druk nie. Soos jy ander help groei, groei jy self ook.

Stel jou daarop in om mense te laat groei.

Eers luister

Wie antwoord voor hy die vraag gehoor het, is dwaas en kom in die skande (Spr 18:13).

Sommige mense gee jou nie eens kans om klaar te praat nie. Hulle val jou in die rede met 'n heel ander onderwerp. Dit skep die indruk dat hulle glad nie geluister het na wat jy sê nie. Dit laat jou voel jy is nie belangrik genoeg om na te luister nie. Maar soms kom jy agter dat jy self in hierdie slagyster trap wanneer jy met ander haastig en ongeduldig is.

Misverstande ontstaan wanneer jy dink jy verstaan reeds wat die ander persoon vir jou wil sê. Dikwels bedoel hy of sy iets heeltemal anders as wat jy gedink het. Veral in konfliksituasies hoor die strydende partye mekaar nie reg nie omdat hulle nie na mekaar luister nie. Hulle probeer mekaar intimideer met opmerkings en aantygings. En die verhouding loop skeef ...

Die Spreukeskrywer herinner jou om nie te antwoord voor jy die vraag gehoor het nie. Want dan loop jy die gevaar om dwaas voor te kom.

Maak 'n punt daarvan om te luister voor jy antwoord.

Op die regte tyd

> 'n Mens vind vreugde daarin as hy die antwoord het; wat is beter as die regte woord op die regte tyd? (Spr 15:23.)

Kenners beveel aan dat 'n mens ek-boodskappe gebruik om 'n gesprek openhartig te maak. Jy-boodskappe kom aanvallend oor, sodat die hoorder dadelik tot die verdediging of aanval oorgaan. Sê dus eerder: "Ek voel beledig," in plaas daarvan om aanvallend te sê: "Jy beledig my altyd." Die effektiefste kommunikasie gebeur wanneer jy jou in jou gespreksmaat se posisie probeer plaas. Dit help jou om groter begrip te kry én te wys.

Wanneer jy luister en só werklik jou gespreksgenoot se belange op die hart dra, is die kans goed dat jy die regte woord op die regte tyd sal sê. Dit is bevredigend vir albei partye en albei voel goed ná die gesprek. Ongelukkig ly party mense aan tonnelvisie en het dus net oë en begrip vir hulle eie belange. Dit dien nie die saak van effektiewe kommunikasie nie en pas ook nie by die gesindheid van 'n Christen nie. Christene het 'n liefdesvisie wat hulle oë open vir die behoeftes van ander.

Plaas jouself in die posisie van jou gespreksgenoot.

Seënwense bring seën

Moenie kwaad met kwaad vergeld of belediging met belediging nie. Inteendeel, antwoord met 'n seënwens, want daartoe is julle geroep, sodat julle die seën van God kan verkry (1 Pet 3:9).

Dis 'n natuurlike reaksie by mense om terug te kap wanneer hulle beledig word. Wanneer iemand jou beledig, voel jy te na gekom en dat jy verwerp word. Jy voel jy word nie na waarde geskat nie en dat jy gedruk word in 'n situasie waar jy nie wil wees nie. Dié beledigings gaan nie goed af nie. Daarom probeer jy jou bes om jou gekrenkte gevoelens te wys.

Wat natuurlik is, is egter nie altyd reg nie. Dis natuurlik om iets te wil hê, maar om dit van iemand anders te steel, is nie reg nie. Dis natuurlik om te wil beledig in selfverdediging, maar vir die Christen is dit onvanpas. Christene is weergebore en dit laat hulle bo hulle sondige natuur uitstyg omdat hulle soos Christus optree.

Petrus raai jou aan om aan iemand wat jou te na kom eerder 'n seënwens te gee. God seën mense wat seënwense uitdeel, want hulle is mense na God se hart.

Sluk die belediging terug en antwoord met 'n seënwens.

174

Vuil praatjies?

Growwe, ligsinnige of vuil praatjies pas nie by julle nie; nee, dank aan God pas by julle (Ef 5:4).

Tydens 'n selbyeenkoms merk een van die lede op dat groepdruk dit vir hom moeilik maak om sy getuienis as 'n Christen uit te leef. Toe vertel hy dat hy dikwels in situasies kom waar mense die Here se Naam as 'n stopwoord of vloekwoord gebruik en aan vuil praatjies deelneem. Omdat hy nie graag "uit" wil voel nie en dit bowendien belangrik vir sy onderneming is, bly hy liewer stil en lag soms saam.

Nadat ons daaroor gesels het, het die sellede tot die slotsom gekom dat jy jou getuienis oral as Christen moet lewer, ten spyte van groepdruk. Een lid het gesê sy loop liewer weg en 'n ander het gesê dat hy meer daarop sal let om die ander mense tot beter gedrag te vermaan. Paulus sê vir ons om nie toe te gee aan hierdie dinge nie, maar eerder dank aan God te bring. Dit kan 'n heel ander atmosfeer in 'n groep indra wanneer jy begin met: "Weet jy wat die Here vandag gedoen het?"

Verander praatjies wat nie by 'n Jesus-mens pas nie in praatjies wat dank aan God bring.

Hanteer kritiek konstruktief

Wees goedgesind en hartlik teenoor mekaar, en vergewe mekaar soos God julle ook in Christus vergewe het (Ef 4:32).

Naas die dood kan jy van nog net een ander feit seker wees: In jou lewe sal jy kritiek kry wat nie altyd taktvol en konstruktief sal wees nie. Kritiek is dikwels vyandig en snedig, en kan verwond. Wanneer kleinlike kritiek teen jou geslinger word, vra dit baie selfbeheersing om te keer dat jou emosies op loop gaan. Juis daarom moet jy jou hart en siel nie vergiftig met aggressie en emosionele oorreaksie nie.

Dit is nie maklik om jou emosies te beheer nie, maar dit is moontlik. Hoewel jy nie die bitsige aanslag van kritiek kan keer nie, kan jy keer dat dit bitterheid in jou hart bring. Jy kan jou emosionele reaksie op snedige kritiek beheer wanneer jy Christus se lewenstyl kies en jou doelbewus daarvolgens instel. Dié styl vind jy in Paulus se aanbeveling dat jy goedgesind en hartlik sal optree en ook sal vergewe. God het jou in Christus vergewe. Juis daarom kan jy dieselfde vir ander doen.

Hanteer kritiek deur goedgesind te bly en te vergewe.

Saadjie van waarheid

My liewe broers, dít moet julle in gedagte hou: elke mens moet maar te gewillig wees om te luister, nie te gou praat nie en nie te gou kwaad word nie (Jak 1:19).

Christus het die kruis van kritiek vir jou en my gedra. Hy het ons vergewe. Wanneer jy dít onthou, skep dit in jou diepste innerlike 'n kalm plek waarheen jy kan gaan wanneer die kritiek te kwaai word. Jy moet besef dat, as jy lewenskrag vertoon en bepaalde doelwitte nastreef, daar altyd mense sal wees wat jou kritiseer. Jy kan daarop reken. Moet jou egter nie steur aan die opinie van die minderheid en dink dat álmal so sê nie. Moenie die waarde van kritiek grond op die mening van 'n minderheid of 'n meerderheid nie. Besluit saam met die Here wat reg is en doen dit, ongeag die kritiek.

Dikwels sal jy jou moet dwing om, soos Jakobus sê, eers te luister en nie te gou praat nie en nie te gou kwaad word nie. Dit sal jou in staat stel om kritiek te sif en te soek na die saadjie van waarheid daarin. Leer uit die kritiek, en gaan aan met jou lewe.

Luister na en sif die kritiek, maar steur jou slegs aan dit wat 'n opbouende verskil maak.

Moenie meedoen nie

Sonder hout bly 'n vuur nie brand nie; sonder 'n kwaadstoker hou 'n rusie nie aan nie (Spr 26:20).

Rusies, rou emosies en aggressiewe verwyte bly dikwels langer lewend as wat nodig is. Die rede is dat iemand altyd die laaste woord probeer inkry en 'n punt teenoor ander mense probeer maak. Spreuke noem iemand wat 'n rusie aan die gang hou 'n kwaadstoker. Kwaadstokers is daarop uit om kritiek te lewer, soms ook sommer ongegronde kritiek. Deur iemand anders te kritiseer probeer hulle hulleself verhef bo die een wat die teiken is, om só hulle eie gebreke weg te steek.

Moenie meedoen aan afbrekende kritiek, wat ander kan vernietig, nie. As jy met vuur speel, brand jy naderhand jou vingers. As jy nie saamstem met iets nie, verduidelik wat jou motivering is én probeer 'n moontlike oplossing aan die hand doen. Dis nie moeilik om te kritiseer nie. Selfs 'n kat kan sy neus optrek vir sekere kos. Maar om 'n beter oplossing voor te stel is 'n uitdaging. Word eerder deel van die oplossing as die probleem. Die Here roep jou immers om op te bou en te help.

Maak jou kritiek deel van die oplossing.

KRITIEK

Splinter of balk?

Waarom sien jy die splinter raak wat in jou broer se oog is, maar die balk in jou eie oog merk jy nie op nie? (Matt 7:3.)

Hoekom staan ander mense se foute so duidelik uit vir 'n mens? En heel dikwels is dit nie eens foute nie, maar in jou eie oë lyk dit eenvoudig nie reg nie.

Miskien sien ons iets so maklik raak omdat dit 'n eienskap is wat ons irriteer. Dit is dalk iets waaroor jy as kind altyd raas gekry het en nou pla dit jou wanneer iemand anders dit doen. Miskien loop jy rond met die vae idee dat jy iets beter kan doen as 'n ander persoon. Daarom hou jy nie van die manier waarop hy of sy dit doen nie. Soms kan die kleinste dingetjie 'n mens ontsettend pla.

Jesus herinner ons daaraan dat nie een van ons volmaak is nie. Begin by jouself voordat jy kritiek oor iemand anders laat spoel. Dis tog 'n feit: Hoe meer kritiek jy uitdeel, hoe ongelukkiger word jy self. En hoe ongelukkiger jy word, hoe meer kritiek sal jy lewer.

Breek die bose kringloop van kritiek deur eerder jouself te ondersoek.

Vinger voor die mond

Sit 'n wag voor my mond, Here, hou tog wag oor wat ek sê (Ps 141:3).

Dit gebeur dikwels dat die Here ons van onsself moet bewaar. Ons is dikwels ons eie grootste vyand. Dit gebeur wanneer jy toelaat dat jou kop vol negatiewe en verkeerde gedagtes word, sodat jou hoop begin kwyn. Dit gebeur ook wanneer jy jou mond oopmaak en dinge sê wat veel eerder ongesê moes gebly het. Die gevolg van sulke optrede is dat jy jouself intense skade berokken. Dawid vra juis dat die Here hom moet help met die regte woorde en die regte gedagtes.

Ek het 'n vriend wat letterlik met sy arms gevou sit met sy regterhand se wysvinger voor sy lippe. Hy sal eers goed dink voordat hy praat en wanneer hy homself betrap dat hy te gou wil praat, sit hy sy vinger voor sy lippe.

Voordat jy kritiek wil uitspreek, vra die Here om jou te help en sit jou vinger voor jou mond. Leer aan om dit fisiek te doen as jy iemand is wat gou is om te kritiseer.

Vra die Here om jou te help met wat jy moet sê.

KRITIEK

Gedagtes op die regte plek

Hou my gedagtes weg van verkeerde dinge, dat ek nie in sonde verval saam met manne wat onreg doen nie ... (Ps 141:4).

Dis maklik om terug te kritiseer wanneer jy aan die ontvangkant staan. Tog val jy dan in presies dieselfde slaggat as die persoon wat jou afbrekend gekritiseer het.

Vul eerder elke dag jou gedagtes met die besef dat jy aan Jesus Christus behoort en dat niemand hierdie verhouding van jou kan wegneem nie. Saam met Jesus kan jy enige kritiek hanteer, want Hy is die maatstaf waaraan jy jouself en enige kritiek meet. Daarom moet jy oppas om nie jou gedagtes te vul met hoe jy die ander persoon terug gaan seermaak nie.

Omdat Jesus by jou is, kan jy eerlik vir die een wat jou kritiseer, vra: "Wat pla jou regtig?" Dan kan jy hom of haar antwoord en sê hoe jý oor die saak voel. Vind uit wat 'n werkbare oplossing sal wees. En vra wat die een wat jou kritiseer bereid is om by te dra tot die oplossing. So rig jy jou gedagtes op die positiewe hantering van kritiek.

Vul jou gedagtes met positiewe strategieë om jou kritikus deel van die oplossing te maak.

Wees 'n opregte vriend

Maar Ek sê vir julle: Julle moet julle vyande liefhê, en julle moet bid vir dié wat vir julle vervolg, sodat julle kinders kan wees van julle Vader in die hemel ... (Matt 5:44-45).

Elke mens het die diepgesetelde behoefte dat ander van hom of haar moet hou. Advertensies buit hierdie behoefte behoorlik uit. Daarom verkoop tandepasta en parfuum en selfs klere so goed met die belofte dat jy mense sal aantrek, veral mense van die teenoorgestelde geslag.

Daar is baie maniere om die guns van ander te wen en daarmee 'n sleutel te kry tot sake- en sosiale sukses. Die belangrikste is egter: As jy wil hê ander moet van jou hou, moet jy eerste van hulle hou. Dit verg 'n wilsbesluit om elke mens wat jou pad kruis met vriendelikheid en goedgunstigheid te benader. Moet egter nie tou opgooi nie. Hou net aan om vriendelik en goedgunstig op te tree. Jy sal weldra die vrug van jou pogings pluk.

Laat jou hele lewenshouding teenoor ander positief en liefdevol wees. Jesus vra dat jy selfs jou vyande sal liefhê. Hierdie soort liefde vorm die basis van opregte vriendskap.

Wees lief vir jou medemens,
want elke vyand is 'n potensiële vriend.

Medelye maak vriende

Wie sy naaste verag, doen sonde; wie medelye het met die mens in nood, met hom gaan dit goed (Spr 14:21).

Jy het die reg om jou vriende te kies, veral jou intieme vriende. Maar dit gee jou glad nie die reg om dié mense buite jou vriendekring ongeskik te behandel nie. Die lewe het my al te dikwels geleer dat dieselfde persoon wat jy so ongeskik behandel, die een of ander tyd weer jou pad kruis. Die verskil is dan gewoonlik dat jý die verleë een is.

Die Spreukeskrywer stel dit nog ernstiger: As jy neusoptrekkerig is vir jou naaste en op ander neersien, doen jy sonde. Dit is nie die houding wat God van sy kinders verwag nie. Spreuke gee egter ook 'n belofte: As jy omgee vir die mense in nood, sal hierdie optrede jou lewe seën. Mense wat omgee vir en uitreik na ander in nood, ontdek dat hulle eie probleme sommer kleiner voel.

Mense is geneig om jou te behandel soos jy hulle behandel. As jy soos 'n buffel optree, gaan jy buffels vir vriende hê. As jy omgee, sal jy omgee-vriende maak.

Wees 'n omgee-vriend.

Vriende is rigtingwysers

Die regverdige laat sy pad vir hom wys deur 'n vriend; die goddeloses verdwaal op die pad wat hulle self kies (Spr 12:26).

Die regverdige word in die Bybel beskryf as dié een wat 'n eerlike pad met God loop en na Hom luister. Die goddeloses steur hulle nie aan God nie en sal uit hulle pad gaan om niks met God te doen te hê nie. Die regverdiges, oftewel gelowiges in Christus, besef dat God deur vriende vir hulle die regte koers kan aandui. Weliswaar kan vriende die verkeerde pad ook vir jou aandui, maar omdat jy in 'n intieme verhouding met die Here is, sal jou gewete jou waarsku wanneer jou vriende jou verkeerd lei.

Die verkeerde pad is immers in stryd met wat die Bybel sê God se wil is. Goeie vriende dra jou beste belange op die hart en sal bereid wees om ook oor dinge te bid.

Voordat jy 'n lewensveranderende besluit neem, vra die mening van 'n goeie vriend. Wanneer jy jou goeie vriende raadpleeg, sal hulle ervaar dat hulle mening en ook hulle self vir jou belangrik is.

Luister na die raad van 'n goeie vriend.

Geskenkvriende

Almal soek die goedgesindheid van 'n man met mag, elkeen is die vriend van iemand wat geskenke uitdeel (Spr 19:6).

Dit is nou maar net so dat dit makliker is om vriende te word met mense wat gereeld vir jou geskenke gee. Dalk voel jy daardie mense waardeer jou en gee aan jou erkenning wanneer jy geskenke van hulle ontvang. Dis maklik om in die rigting van 'n vriendskap te groei met mense wat wys dat hulle vir jou omgee. Die vraag is hoe diep daardie vriendskap werklik is.

Dikwels sterf so 'n vriendskap sodra die geskenke opdroog. Want wanneer daardie geskenke opdroog, word dit dikwels verkeerd geïnterpreteer as dat die erkenning en belangstelling ook opgedroog het. Opregte vriende sal dit aanvaar wanneer geskenke opdroog, want hulle sal weet dat daar finansiële probleme opgeduik het. Dikwels hou die geskenke op omdat jy daarop aandring dat die persoon nie so baie moet gee nie, en hy of sy dan net doen wat jy vra.

Gee jouself in 'n vriendskap, soos Jesus sy lewe vir sy vriende afgelê het. Toets die kwaliteit van die vriendskap aan die liefde wat gegee word.

Gee jouself as 'n geskenk vir 'n vriend.

Koningsvriende

Wie daarop prys stel om opreg te wees en vriendelik te praat, het selfs die koning tot vriend (Spr 22:11).

In hierdie Bybelvers het jy die ware sleutel tot vriendskap. Vriendskap groei nie deur te vra wie jou vriende is nie, maar deur te kyk vir wie jy 'n vriend kan wees. Daar is mense wat kla dat hulle nie vriende het nie en daarom ontsettend alleen is. Begin jy egter met hulle gesels, ontdek jy dat hulle so ingestel is op hulleself en hulle eie dinge dat daar eintlik nie plek vir vriende in hulle klein wêreldjie is nie. Die boodskap wat hulle uitstuur, is dat mense vir hulle vriende moet wees sonder om iets terug te verwag. Mense voel aan dat hulle misbruik gaan word en sien daarom nie kans vir so 'n soort vriendskap nie.

Opregtheid kom van binne. Vriendelikheid ook. Wanneer jy opreg en vriendelik is, vertel die wyse Spreukeskrywer, het jy vriende in alle klasse van die samelewing. Ook die koning sal dan jou vriend wees, omdat hy ervaar dat jy nie net kyk wat jy alles uit hom kan kry nie.

Wees van jou kant af 'n opregte vriend, soos Jesus.

Jesusvriende

Ek noem julle nie meer ondergeskiktes nie, want 'n ondergeskikte weet nie wat sy baas doen nie. Nee, Ek noem julle vriende ...
(Joh 15:15).

Dis nie aldag dat 'n mens dit kry dat iemand onder op die ranglys van 'n maatskappy vriende maak met die hoof of bestuurder nie. Gewoonlik lê die status- en inkomsteverskille sulke vriendskappe aan bande. Jesus steur Hom egter nie aan hierdie mensgemaakte standverskille wat ons samelewing kenmerk nie. Vir Hom is die heel belangrikste of jy aan Hom behoort, en of jy jou rug op sy koninkryk draai of nie.

Jesus noem sy koninkryksmense sy vriende omdat hulle presies weet waarom Hy hier op die aarde was. Hy het sy Vader se wil baie duidelik aan ons bekend gemaak en dit beteken dat ons, soos Hy, aan sy Vader verantwoordelikheid verskuldig is. Jesus het ook die gehalte van sy vriendskap laat blyk toe Hy in ons plek gesterf het. Is jy bereid om dieselfde vir Hom te doen?

Om 'n ware vriend van Jesus te wees vra dat jy jou lewe vir Hom sal gee. Jy hoef net te sê: "Hier is ek, Here." En jy het 'n Vriend vir ewig.

Jesus is vir ewig jou Vriend.

187

Versoekings, versoekings

Gelukkig is die mens wat in versoeking standvastig bly. As hy die toets deurstaan het, sal hy as oorwinningsprys die lewe ontvang wat die Here belowe het aan dié wat Hom liefhet (Jak 1:12).

Hoekom kan versoekings nie in 'n lelike gedaante na 'n mens toe kom, soos nagmerries, nie? Dan sou jy dit baie makliker kon weerstaan, of hoe? Ongelukkig is versoekings die uitsoekproduk van die duiwel se reklameafdeling. Hy ontsien geen moeite om die gifangel van die versoeking te verberg agter die asemrowendste aantrekking nie. Hy maak sy versoekings op in 'n pragtige pakkie – onweerstaanbaar, totdat jy die sellofaan afskeur …

Jakobus beskou mense wat versoekings weerstaan as gelukkig. Hulle kyk verder as die onmiddellike bevrediging van die behoefte wat die versoeking probeer uitbuit. Hulle kyk met 'n ewigheidsperspektief en sien raak dat die Here 'n oorwinningsprys het vir dié wat die versoeking teenstaan. Die prys? Die ewige lewe saam met God, die Koning van die heelal.

Moenie kortsigtig wees nie. Onthou wat in die toekoms op jou wag. Weerstaan nou daardie versoeking met die wete dat iets veel groters en beters jou deel is.

Draai jou rug op die versoeking wat jou teister.

Jesus verstaan die aanslae

Omdat Hy self versoek is en gely het, kan Hy dié help wat versoek word (Heb 2:18).

Al jou sintuie word meegesleur deur die sug om dít wat so mooi vir jou aangebied word, tot elke prys te bekom. Geen wonder dat mag, seks en geld sulke kragtige versoekings is nie: Dit spreek al jou primitiewe drange aan. Mense sal selfs hulle lewe en gesonde verhoudings daarvoor opoffer.

Wanneer jy *versoek* word, beteken dit nie dat jy Christus hoef te *versaak* nie. Jy kan nie keer dat versoekings oor jou pad gesaai word nie, maar jy kan wel seker maak dat dit nie by jou wortelskiet nie. Jy hóéf nie aan versoekings toe te gee en Christus te verloën nie. Besluit dat jy aan Hom getrou wil bly, en moenie voor die versoekings swig nie.

Dankie tog dat Jesus sy Gees na ons toe gestuur het. Hy sal ons altyd help om bedag te wees op elke aanslag van die Bose. Jesus ken elke soort versoeking wat daar is, want toe Hy op aarde was, is Hy self versoek. Hy het ook gely. Daarom kan Hy jou help.

Soek weerstand teen versoekings by Jesus –
Hy was daar, en verstaan.

Meer as wat jy kan hanteer?

Geen versoeking wat meer is as wat 'n mens kan weerstaan, het julle oorval nie. God is getrou. Hy sal nie toelaat dat julle bo julle kragte versoek word nie; as die versoeking kom, sal Hy ook die uitkoms gee, sodat julle dit kan weerstaan (1 Kor 10:13).

Die keuse oor versoekings is nie so eenvoudig soos wat dit op die oog af lyk nie. Dit het 'n veel dieper en ernstiger implikasie. Versoekings is wesenlik 'n keuse tussen die lewe en die dood. Kies jy vir die versoeking, kies jy die ewige dood. Kies jy teen die versoeking, kies jy die ewige lewe.

Maar wat dan wanneer 'n versoeking meer is as wat jy kan hanteer? Dink gou terug aan al die versoekings wat al oor jou pad gekom het. Daar was in elke situasie vir jou 'n uitkomkans.

Ongelukkig gebeur dit soms dat iets in ons verstand uitsny. En gee ons, teen alle logiese rede en vrese in, steeds toe aan die versoeking en doen ons die verkeerde. Paulus wil ons daarvoor sensitief maak en ons herinner dat geen versoeking sterker is as ons God en ons vertroue in Hom nie.

*Weerstaan die versoeking en beleef
hoe God jou help.*

Versoek God jou?

Iemand wat in versoeking kom, moet nooit sê: "Ek word deur God versoek" nie; want God kan nie verlei word nie, en self verlei Hy niemand nie (Jak 1:13).

Die mens is van die begin van sy bestaan af geneig om altyd die skuld vir iets buite homself te soek. Die omgewing, toeval, die natuur en selfs God kry die skuld wanneer daar iets skeef loop. Inherent aan ons geaardheid is die neiging om verantwoordelikheid te ontduik. Ons wil graag die eer ontvang wanneer iets wonderliks gebeur, maar ons vermy aanspreeklikheid vir dit wat verkeerd loop.

Jy kan die skuld vir versoekings nie voor God se deur lê nie. Jy moet dit self hanteer. Jy moet self kies of jy die versoeking gaan aangryp of ignoreer. God stuur nie eens die versoeking na jou toe nie. Moet dus nie die listigheid van die duiwel ontken nie. Hy sal jou altyd help om jou te verontskuldig, maar so word die probleem nooit gehanteer nie. Erken eerder dat jy die een is wat toegee aan die versoekings, gee jou oor aan die Gees en begin 'n nuwe lewe. Jy kan jou sonde immers nie verklaar nie, maar jy kan dit wel bely.

Moenie God die skuld gee vir versoekings nie; aanvaar self verantwoordelikheid daarvoor met sy hulp.

Oppas vir val

Daarom, wie meen dat hy staan, moet oppas dat hy nie val nie (1 Kor 10:12).

Wanneer jy gesond en vol lewenslus is, dink jy maklik dat daar niks is wat jou kan keer om sukses te behaal in die lewe nie. Selfs versoekings kan jy weerstaan, vertel jy vir almal. Dis egter nie net mense wat siek en afgemat is wat swig voor versoekings nie. Alle mense kan maklik swig, en swig inderdaad. Daarom waarsku Paulus dat jy nooit so baie van jouself moet dink dat jy reken jy kan nie val nie.

Ook indrukwekkende Christenleiers het al gefaal en voor versoekings geswig. Dit is nie asof ons op vaste grond beweeg wanneer ons tussen versoekings is nie. Ons is veel eerder soos groentjies op 'n ysskaatsbaan wat enige oomblik ons balans totaal kan verloor. Onthou dit en sien Jesus se hand raak wat jou stewig sal vashou en wat sal help om jou in die regte rigting te stuur. Die feit dat jy sekere versoekings suksesvol weerstaan, vrywaar jou nie daarvan dat verdere versoekings jou onkant kan vang nie. En jy kan net staande bly wanneer Jesus jou vashou.

Oppas vir val! Hou aan Jesus vas.

Wie verlei vir wie?

Maar 'n mens word verlei deur sy eie begeertes wat hom aanlok en saamsleep (Jak 1:14).

Om buite jouself te gaan soek na wie vir wie verlei, is 'n futiele poging. Jy sou die skuld kon pak op die duiwel, jou omgewing of sekere mense, maar dit is nog geen rede om te swig voor versoekings nie. Al wat jy doen wanneer jy buite jouself gaan soek na 'n oorsaak vir jou val voor 'n versoeking, is om die blaam van jouself af te probeer skuif. Die punt is: Jy het die keuse om nee te sê.

Jakobus verklaar onomwonde dat jou ja vir versoekings op net een plek begin – by jouself. Jý is die een wat swig voor die verleiding van jou begeertes. Wees maar eerlik: Jou begeertes begin die oulikste redes uitdink hoekom jy aan 'n versoeking moet toegee. En dan gee jy toe. Net om later baie seer te kry of die slegte gevolge te moet dra. Wie aan versoekings toegee, gee altyd toe aan iets wat nie die wil van God is nie. Tem dus jou begeertes deur dit diensbaar aan God te maak.

Pasop vir jou eie begeertes.

193

Waak teen woede

As julle kwaad word, moenie sondig nie, en moenie 'n dag kwaad afsluit nie (Ef 4:26).

Dit is nie moeilik om kwaad te word nie. Selfs babas trek soms hulle lyfies saam in een spierebondel, terwyl hulle gesiggies bloedrooi en vol plooie word soos hulle hulle frustrasies luidkeels uitskree. En wie van ons het nog nie lus gevoel om iets in woede te breek nie? 'n Mens is nie altyd in staat om jou humeur te beteuel nie. Ongebreidelde woede laat egter letsels op jou selfbeeld.

Toe ek eenkeer aan 'n egpaar wat al vyftig jaar getroud was, vra hoe hulle dit reggekry het om so lank met mekaar uit te hou, het hulle hierdie teksvers van Paulus aangehaal. Wanneer hulle kwaad word, probeer hulle om mekaar nie af te kraak nie en om nie kwaad te gaan slaap nie. Hulle het geleer om vir mekaar ruimte te gee wanneer een van hulle kwaad word. Hulle het ook geleer dat God 'n mens help wanneer jy regtig gehelp wil word.

Erken dat jy woedend is en vra die Here om jou te help om dit effektief te hanteer.

Waak daarteen om nie sonde te doen wanneer jy kwaad word nie.

Ellende is jou voorland

Moenie kwaad word nie, laat staan die woede, moet jou nie ontstel nie: dit bring net ellende (Ps 37:8).

As daar nou een ding is wat my sommer baie vies maak, is dit iemand wat onregverdig optree. Dit is veral erg wanneer mense skelm dinge doen en daarmee wegkom. Dit voel mos soms asof die goddeloses meer voorspoed beleef as dié mense wat probeer leef soos die Here van hulle verwag. Sommige mense word so ontstel hierdeur dat hulle in 'n woedebui uitbars.

Woede verander nie 'n situasie nie. Dit is net 'n manier waarop jy uiting gee aan jou frustrasie. Die persoon of insident waarop jy reageer, is dalk nie eens geïnteresseerd in jou gevoelens nie. Daarom skryf die psalmdigter dat woede jou net ontstel. Dit beroof jou van die innerlike kalmte wat jy nodig het om met selfbeheersing op te tree. Gee jy toe aan woede, is die kans goed dat jy emosioneel en selfs fisiek handuit sal ruk. En dit bring meestal net ellende in die vorm van skuldgevoelens, seergemaakte gevoelens, wangedrag en beskuldigings.

Vra die Heilige Gees om jou humeur te temper, sodat jy die afbrekende emosies en die onregverdigheid kan hanteer.

195

Woede en selfsug

Toe vra die Here vir hom: "Het jy rede om kwaad te word?" (Jona 4:4.)

God het Jona gestuur om die groot stad Nineve te gaan waarsku dat hulle verwoes sou word. Die mense van Nineve het hulle toe bekeer van hulle verkeerde dade. God was hulle genadig en het nie die ramp gestuur nie.

En raai wie is toe vies? Jona. 'n Mens sou dink dat hy bly sou wees omdat die mense nie omgekom het nie. Maar Jona is kwaad. Miskien het hy gereken sy naam is op die spel – dat as die stad nie verwoes word nie, niemand hom weer sou glo nie. Bowendien was Nineve Israel se vyand – en toe begenadig Israel se God hulle. Jona se selfsug wou hê God moes optree soos hý wou hê, en nie volgens God se genade nie.

Ons word ook kwaad wanneer God iets anders laat uitwerk as wat ons gewens het. Maar God is die Almagtige en Hy kan besluit hoe Hy dinge wil laat uitwerk tot almal se beswil. Daarom is my en jou wil ondergeskik aan syne.

Vra jou af:
Het ek regtig rede om kwaad te wees?
Of is dit my selfsug wat dit veroorsaak?

Afbrekend of opbouend?

'n Mens wat kwaad word, doen nie wat voor God reg is nie (Jak 1:20).

Woede is dikwels 'n uiting van frustrasie omdat 'n situasie of verhouding in jou lewe anders verloop as waarop jy gehoop het. Deur aggressief en negatief op te tree, probeer jy om jou verpletterde wense en drome te verwerk. Hierdeur verloor jy jou selfbeheersing en loop jou woede maklik oor in geweld met al die gepaardgaande aaklige gevolge.

Agter woede lê die behoefte aan erkenning en om jouself te handhaaf. Wanneer sake nie reg uitwerk nie of mense na jou mening nie reg teenoor jou optree nie, voel jy jou posisie word aangetas. Daarom wil jy dit tot elke prys herstel.

Die vraag wat jy aan jouself moet vra in die hantering van jou woede, is of jou woede afbrekend of opbouend gaan wees. Gaan dit jou motiveer om 'n saak reg te stel en te verbeter, of gaan jy maar net jou woede uithaal op ander mense, en verhoudings kneus? Die probleem is nie die woede nie, maar of jy gaan doen wat voor God reg is.

Moenie toelaat dat jou woede oorgaan in afbrekend optrede nie.

Wat van wraak?

Moenie self wraak neem nie, geliefdes, maar laat dit oor aan die oordeel van God ...
(Rom 12:19).

Jou gesonde oordeel kan maklik verblind word deur jou woedebuie. Dan is jy geneig om uiters onoordeelkundig te dink en op te tree. Hierdie woede gaan dikwels oor in allerhande wraakgedagtes en soms neem jy dan ook regtig wraak. Ongelukkig het wraak die neiging om weerwraak uit te lok, sodat daar 'n bose kringloop van woede en pyn en wraak ontstaan.

Om te keer dat woede in wraak ontaard, is dit belangrik om nie jou woede te onderdruk nie. Gaan blaas stoom af op jou eie of gaan draf 'n ent. Sê vir die persoon dat jy só ontsteld voel dat jy nou eers tot verhaal gaan kom. Gesels die saak met die Here uit en gee enige wraakgedagtes wat jy het aan Hom oor. Weet dat Hy regverdig is en jou kant van die saak aanhoor. Sorteer dan die saak kalm en beheers uit met die bron van jou woede. En onthou dat God by jou is. Wanneer jy eers weer kalm is, sal jy sien wat Hy wil hê jy moet doen.

Gee jou wraakgedagtes vir die Here.

Wat van 'n sagte antwoord?

**'n Sagte antwoord laat woede bedaar;
'n krenkende woord laat woede ontvlam
(Spr 15:1).**

Hoe hanteer jy iemand wat kwaad is vir jou? 'n Mens se natuurlike neiging is om óf te veg óf te vlug. As jy terugveg, gooi dit net olie op die vuur. As jy wegloop, is die persoon dalk éérs kwaad vir jou, want dan versterk jy sy of haar vermoede dat jy hom of haar gering ag.

Die Spreukeskrywer beveel aan dat jy 'n sagte antwoord gee. 'n Hoë stemtoon kan klink soos 'n aggressiewe teenaanval, al bedoel jy dit nie. Let ook op watter woorde jy gebruik, sodat jy die persoon nie te na kom nie.

As Christen moet jy altyd die eer van God handhaaf. Daarom moet jy jou daarop toespits om bedaard en vriendelik net die nodigste te sê, sodat jy die ander een tot bedaring kan bring. Om die argument te wen, raak nie van die woede ontslae nie. Om saam te soek na die oplossing is 'n beter pad. Laat die een wat vir jou kwaad is, verstaan dat jy weet hy of sy is kwaad, maar dat julle saam moet soek na 'n antwoord.

Reageer deur sag en met omgee-woorde te praat.

Die mag van die gewoonte

Soos sy gewoonte altyd was, het Daniël voortgegaan om drie maal per dag voor sy God te kniel en Hom te prys, te aanbid en te dank (Dan 6:11b).

Gewoontes speel 'n groot rol in 'n mens se lewe. Al die bewegings en vermoëns wat jy as vanselfsprekend aanvaar, is die resultaat van gewoontes. Jou hele lewe is 'n netwerk van gewoontes – goeies én slegtes.

George Santayana het al in 1900 beweer dat gewoontes sterker is as die rede. Daarom bied die mens gewoonlik verset teen verandering. As jy al lank 'n gewoonte het, dink jy maklik die gewoonte is reg, al is dit nie noodwendig so nie.

Dit is belangrik om gewoontes positief aan te wend in jou verhouding met die Here. Wanneer jy gereeld met die Here gesels en sy Woord bestudeer, vorm dit 'n gewoonte wat jou lewe altyd sal verryk. Stiltetyd en gebed is 'n konstruktiewe gewoonte wat jou sal help om koers te hou, al lyk dit asof die hele wêreld rondom jou uitmekaarval. Daniël het juis in moeilike tye nie afgewyk van sy gewoonte nie – en God het hom daarvoor geseën.

Kweek die goeie gewoonte aan om gereeld God te prys, te aanbid en te dank.

Die vergifnis-gewoonte

Maar as julle ander mense nie vergewe nie, sal julle Vader julle ook nie julle oortredings vergewe nie (Matt 6:15).

Party mense kweek baie gou die gewoonte aan om 'n wrok teenoor ander mense te koester. Dit word 'n lewenswyse waarmee dit moeilik is om te breek. Om ander nie te vergewe nie is om aan die gewoonte van liefdeloosheid te bou. En wanneer jy liefdeloosheid toelaat om van jou besit te neem, vergiftig jy jouself. Jou lewenskragtige persoonlikheid verskrompel weens die bitterheid wat jou siel aantas. Ook jou verhoudings word hierdeur geraak.

Leer eerder die gewoonte aan om te vergewe. Hierdie opbouende gewoonte gee jou kans om die genesende krag te ervaar van vergifnis wat jou wonde reinig. Om te vergewe beteken nie dat jy dadelik moet vergeet nie. Soms moet jy juis nie vergeet nie, sodat jy nie weer in dieselfde slagyster trap nie. Maar dit beteken nie dat jy in die slegte gewoonte moet verval om aanhoudend ou koeie uit die sloot te grawe nie. Jesus belowe dat God jou vergewe – daarom moet jy ook ander vergewe.

Leer om te vergewe, tot eer van God.

Nogtans ...

Al sou die vyeboom nie bot nie ... nogtans sal ek in die Here jubel, sal ek juig in God, my Redder (Hab 3:17-18).

Dit is normaal dat mense ontredder voel wanneer alles rondom hulle verkrummel. Amerika moes byvoorbeeld die skok beleef van die gekaapte vliegtuie wat met passasiers en al in die torings van die Wêreldhandelsentrum en die Pentagon vasgevlieg het. Nog 'n ander vliegtuig het neergestort op pad na 'n sleutelbestemming.

Hoe verwerk 'n mens dit wanneer sulke verskriklike dinge gebeur? Baie gelowiges hanteer hierdie gebeure konstruktief juis omdat hulle die gewoonte ingeoefen het om elke dag in die teenwoordigheid van God te lewe. Te midde van 'n krisis kom die krag van hulle vertroue in God na vore, sodat hulle ten spyte van enige teenspoed nogtans aan God kan vashou. Ja, selfs hulle vreugde in Hom kan vind.

Saam met God kan jy vir enige krisis sê: *Nogtans sal ek in die Here jubel ...* Omdat jy getrou jou pad saam met Hom loop, verval jy nie in die nare gewoonte van vertwyfeling wanneer dinge lelik skeef loop nie.

Raak gewoond aan die besef dat jy in God se teenwoordigheid en sorg lewe.

202

Geloofsgemeenskap

Hy het ook in Nasaret gekom, waar Hy grootgeword het, en soos sy gewoonte was, het Hy op die sabbatdag na die sinagoge toe gegaan (Luk 4:16).

Daar is mense wat beweer dat hulle nie veel kan onthou van wat in die eredienste gepreek word nie. Daarom sien hulle nie in hoekom hulle kerk toe moet gaan nie. Iemand het hierop geantwoord: "Ek eet elke dag gemiddeld drie maaltye en kan nie meer presies onthou wat ek verlede jaar hierdie tyd geëet het nie. Ek kan ook nie onthou wat ek ses maande gelede geëet het of selfs 'n maand gelede nie. Tog weet ek dat as ek sonder kos sou bly, ek gewis sou sterf. Ek kan ook nie onthou wat verlede jaar in die kerk gepreek is nie, selfs nie eens 'n maand gelede nie. Maar ek weet ook hierin dat as ek sonder die erediens sou bly, ek geestelik sou sterf."

Om kerk toe te gaan is 'n gewoonte wat noodsaaklik is vir jou geestelike lewe. Jesus self het die gewoonte gehad om gereeld te gaan. Doen soos Hy gedoen het.

Bly in die gewoonte om gereeld kerk toe te gaan.

Kompromieë met die verkeerde

Jy mag nie hulle gode aanbid of dien nie. Jy mag nie daardie nasies se gewoontes oorneem nie. Jy moet hulle klippilare afbreek en stukkend slaan (Eks 23:24).

Mark Twain het beweer: "Gewoonte is gewoonte en moet deur niemand by die venster uitgeslinger word nie, maar moet trap vir trap na benede gepamperlang word." Sy opmerking mag vir sommige gewoontes geld, maar daar is sekere gewoontes waarvan jy nie stukkie vir stukkie ontslae kan raak nie. Jy moet skerp daarmee breek, anders bly daardie slegte gewoonte volstoom voortstoom. Alkoholiste en dwelmverslaafdes sal weet waarvan ek praat. Net 'n klein sopie of 'n enkele bedwelming is genoeg om van voor af totaal verslaaf te wees. Daar is geen kompromieë met die verkeerde moontlik nie, want die verkeerde neem te maklik oor.

In jou geestelike lewe geld dieselfde waarheid. As jy die gewoonte aanleer om nie gereeld jou Bybel te lees nie, nie gereeld te bid nie, nie gereeld die byeenkomste van gelowiges by te woon nie en by al die verkeerde plekke en mense op te daag, beland jy sommer gou in die moeilikheid.

Breek met alles wat nie reg is nie.

Nuwe gewoontes

> Julle het met die ou, sondige mens en sy gewoontes gebreek en leef nou die lewe van die nuwe mens, wat al hoe meer vernuwe word na die beeld van sy Skepper en tot die volle kennis van God (Kol 3:9b-10).

Jy kan 'n gewoonte slegs afleer wanneer jy leer om op iets anders te fokus, op 'n positiewe eienskap of gewoonte. Anders konsentreer jy dalk só op die slegte gewoonte wat jy wil afleer dat jy dit glad nie uit jou gedagtes kan kry nie. En so versterk jy die gewoonte net.

Paulus wys in Kolossense 3:8 op al die slegte gewoontes wat die ou, sondige mens het: woede, haat, nyd, gevloek, vuil taal en leuens, om maar net 'n paar te noem. Die fokuspunt van die gelowige is nie meer hierdie sondige dinge nie, maar die beeld van God. En hoe meer jy daarop fokus om volgens God se beeld in hierdie wêreld te leef, hoe meer sal jy die gewoontes aanleer wat by sy beeld pas.

Hoe weet 'n mens hoe die beeld van God lyk? Kyk na Jesus. Hy is die foto van God en van hoe God wil hê sy nuwe mense moet lyk.

Leer die gewoontes van die nuwe mens aan.

Gebed kán jou verander

Kom na My toe, almal wat uitgeput en oorlaai is, en Ek sal julle rus gee (Matt 11:28).

Geen mens kan werklik effektief funksioneer wanneer negatiewe gedagtes, 'n afbrekende houding en sondige, selfsugtige waardes hom of haar voortdryf nie. As jy die lewe só aanpak, sal jy jouself uiteindelik vernietig.

Hierteenoor kan positiewe gedagtes, 'n kreatiewe en opbouende houding en liefdeswaardes aan jou lewensbevrediging gee. Jy sal hou van die lewe en dit takel as 'n uitdaging tot groei. Tog sal baie mense vir jou kan sê dat hierdie groei nie vanself kom nie. Daarom is dit lewensnoodsaaklik dat jy van jouself af sal wegkyk en sal uitreik na dié Een wat die groei aan jou skenk deur sy Heilige Gees. Jesus Christus nooi jou om na Hom toe te kom en al jou sorge, negatiwiteit en pyn aan Hom oor te gee. Hy sal inbuk onder jou las en jou help dra, en soms sal jy selfs agterkom dat Hy dit alleen dra.

Gebed is die hand wat jy uitsteek na Jesus en waardeur jy nederig sê: "Hier is ek!" Hy sal jou nie verjaag of ignoreer nie.

Gesels dadelik met Jesus, gee jou laste vir Hom en ontdek die rus wat Hy jou gee.

'n Oplossing vir swaarkry

As daar iemand onder julle is wat swaar kry, moet hy bid ... (Jak 5:13).

Gebed is om met Jesus en die Vader en die Heilige Gees te gesels, om jou hart werklik oop te maak voor Hulle. Dis jou kans om jou planne voor God oop te sprei en saam met Hom daaroor te droom. God is jou Vriend. Jy kan Hom alles vertel. Maar onthou ook om Hom in dankbaarheid te eer vir wie Hy is. Hy is nie sommer enige vriend nie, Hy is jou Verlosser, jou God.

Vanuit hierdie intieme gebeds*verhouding* groei die regte *houding*: Ek kan, want Gód kan. Só kry jy die vermoë om nie onder te gaan in jou swaarkry nie, maar om met God se hulp in jou gees uit te styg bó jou swaarkry. Gebed gee aan jou die kans om hulp te soek, om uitkoms te vra en dan afhanklik te wag op die verlossing.

Daarom is gebed geen papegaairympie wat jy oor en oor opsê nie. Gebed is om jou lewe aan God bloot te stel en te ervaar hoe Hy 'n verskil daarin maak.

Moenie skaam wees om te bid wanneer jy swaar kry nie.

207

Kry jy alles?

GEBED

Wat julle ook al in my Naam vra, sal Ek doen, sodat die Vader deur die Seun verheerlik kan word (Joh 14:13).

Ons is deskundiges op die gebied van vra. Dikwels lyk ons gebede eerder na 'n inkopielysie as na 'n gesprek met God. Dit beteken nie dat ons niks van Hom mag vra nie. Inteendeel, Jesus self nooi ons om ons behoeftes aan God bekend te maak.

Al weet God reeds wat ons nodig het, is gebed die manier waarop ons vir Hom sê dat ons afhanklik van Hom is. Alles wat ons het, kom van Hom af.

Dit geld ook vir die kleinste besonderhede van ons lewe. Jy mag God vra vir jou kind se studiegeld, vir jou broodgeld. Jy kan vir Hom raad vra oor jou sakebesluite en oor jou vriendskappe en verhoudings. Jy sal agterkom dat dié dinge wat jy nie in Jesus se Naam kan vra nie, verkeerde dinge is. Jesus beantwoord jou gebede om een rede: sodat God daardeur grootgemaak kan word en alle eer kan ontvang. As jy iets nie kry nie, is dit omdat dit nie by God se planne vir jou inpas nie.

In Jesus se Naam, vra vir God.

Die hele nag

In daardie tyd het Jesus uitgegaan na die berg toe om te bid en die hele nag deurgebring in gebed tot God (Luk 6:12).

Alhoewel Jesus die Seun van God en dus self God is, het Hy Hom nooit as los van sy verhouding met sy Vader beskou nie. Telkens voordat Hy groot besluite moes neem, het Jesus 'n punt daarvan gemaak om Hom af te sonder en te bid.

Elke gelowige het 'n vaste en intieme gebedstyd met God nodig. Dit is ons voedingsbron om uitdagings kalm die hoof te kan bied. Hoe groter die besluit of krisis, hoe meer tyd kan jy in gebed deurbring. Ons is dikwels so besig om rond te skarrel in tye van groot besluite of krisisse, in plaas daarvan om die saak uit te spook saam met die Een in wie se hand elke krisis in 'n geleentheid verander word.

Samuel Chadwick het gesê: "Satan vrees slegs een ding: gebed. Die duiwel het geen vrees vir biddelose studie, biddelose werk, biddelose godsdiens nie. Hy lag oor ons geswoeg en spot met ons wysheid, maar hy bewe wanneer ons bid."

Maak tyd om voor besluite genoeg tyd saam met God deur te bring.

Kragtige uitwerking

Die gebed van 'n gelowige het 'n kragtige uitwerking (Jak 5:16b).

Dit is nie net die gebede van uitsonderlike mense wat verhoor word nie. Jy hoef nie aan te meld by die elitespan van jou gemeente om te kan bid nie. Jy hoef nie 'n drie jaar lange kursus in gebed te volg nie. Jy kan maar net met God praat en jou hart eerlik voor Hom oopmaak.

Huisvroue, ingenieurs, dokters, sakemense, klerke, sekretaresses, boemelaars, ja, almal se gebede word verhoor. En dis nie net groot wonderwerke wat 'n verskil in menselewens maak nie. Wanneer God ingryp en stilte in jou onrustige gemoed bring, is dit reeds 'n kragtige gevolg van gebed. Wanneer God jou nog 'n kans gee, wanneer jy weer die lewe in die oë kan kyk, wanneer jy 'n aaklige gewoonte kon laat staan, is dit alles tekens dat gebed 'n kragtige uitwerking het. Maar eintlik is dit nie die gebed wat die krag het nie. Dis *God* wat die verskil maak. Moet dus nie bang wees om groot te droom, groot te dink, groot te vra nie. Jy is mos in gesprek met die almagtige Skepper!

Bid, en kyk watter wonderlike dinge God doen.

Maak reg!

En wanneer julle staan om te bid, en julle het iets teen iemand, vergewe hom; dan sal julle Vader wat in die hemel is, julle ook julle oortredings vergewe (Mark 11:25).

Gebed beteken geensins om ons wil op God af te dwing nie. Tog probeer ons dit so graag. Ons vra dat God se wil sal geskied, maar eintlik wil ons hê dat Hy aan ons wil sal voldoen op die manier wat ons wil hê Hy dit moet doen. Wanneer ons besef dat ons hierdie neiging tot selfsug het, kan ons eerlik met God oor ons behoeftes gesels en Hom opreg vra om ons versoeke ernstig te oorweeg.

Jesus probeer juis ons selfsug uitskakel met die opdrag dat ons mense moet vergewe wanneer ons iets teen hulle het. Op 'n ander plek sê Hy selfs dat wanneer iemand iets teen jóú het, jy die persoon om vergifnis moet gaan vra. Stel jou kant van die saak reg en weet verseker dat God jou ook sal vergewe.

Al skenk God jou niks anders nie, is vergifnis van sonde reeds die grootste geskenk, want dit maak jou God se kind. En God sal sy kind nie gebrek laat ly nie.

Vergewe iemand wat jou seergemaak het en vra om vergifnis as dit jy was wat iemand anders seergemaak het.

Dankbaarheid bring geluk

Wees altyd dankbaar (Kol 3:15c).

Wanneer jy in selfbeheptheid en kommer verval, is daar min dinge in die lewe wat jou plesier sal gee. Dis asof jou gemoed begin teer op alles wat negatief is. Jou woorde, gedagtes, gesindheid en gedrag getuig dan van 'n diep ongelukkigheid wat jy op ander wil uithaal.

Om uit hierdie put van negatiwiteit te klim vra dat jy 'n ander perspektief op die lewe sal ontwikkel. In plaas daarvan om te dink dat die lewe en almal jou iets skuld, begin liewer om dankie te sê vir die positiewe wat wel daar is. Dank God vir die feit dat jy leef en dat Hy daar is vir jou. Hoe miserabel jy ook al voel, moenie jou lewe as vanselfsprekend aanvaar nie. Dit is danksy die genade van God dat jy leef.

'n Gesindheid van dankbaarheid gee jou weer beheer oor jou gemoed en gedagtes. Fokus doelbewus op alles wat jou lewe positief kan verander. Sommer gou sal jy weer lus voel om te glimlag en om jou hand in opregtheid en in warm medemenslikheid uit te steek na ander.

Maak dit jou lewensgesindheid om dankbaar te wees.

Vervul met dankbaarheid

Aangesien julle dan Christus Jesus as Here aangeneem het, moet julle in verbondenheid met Hom lewe ... en met dankbaarheid vervul (Kol 2:6-7b).

Oral hoor ek mense kla. Hulle kla oor die ekonomie, oor hulle kinders, oor hulle swak werkomstandighede, oor hulle ouers, oor hulle karige inkomste, oor alles. As jy deesdae "in" wil wees, moet jy net kla. As jy "uit" en ongewild wil wees, moet jy die klaers stilmaak en hulle aandag begin vestig op dit waarvoor hulle dankbaar kan wees. Die klaers hou nie daarvan nie, want hulle put hulle lewensgeluk uit swartgalligheid.

Vir Paulus is dit duidelik dat, wanneer jy Christus Jesus as jou Here aangeneem het, jy in 'n intieme verhouding met Hom leef – en dán leef jy dankbaar. Jy kan nie aan Jesus behoort en nie dankbaar wees nie, want dan het jy Hom nog nie regtig leer ken en vertrou nie. Jesus gee aan jou 'n ander uitkyk op die lewe, wat maak dat aardse dinge hulle belangrikheid verloor. Dan is net Jesus vir jou belangrik. En saam met Hom word die lewe 'n dankbare pelgrimsreis op pad na die ewigheid.

Groei in jou verhouding met Jesus –
én in dankbaarheid.

Wat jy reeds het

Ek wil die Here loof en nie een van sy weldade vergeet nie (Ps 103:2).

Dankbaarheid is een van die vernaamste kenmerke van geestelike volwassenheid. Dankbaarheid getuig dat jy weet Wie alles in sy hand vashou.

So dikwels voel mense ongelukkig en ontevrede omdat hulle kyk na wat hulle verloor het of na wat hulle nie het nie. Dikwels is hulle ongelukkig omdat hulle dink aan wat hulle alles kon gehad het. Soms is mense afgunstig en word hulle deur jaloesie opgevreet omdat hulle reken hulle moes iets gehad het wat iemand anders gekry het. Maar hulle het dit nie gekry nie – dit is nie eens van hulle af weggeneem nie.

Om dankbaar te wees is om te fokus op wat jy rééds het. Dawid loof die Here vir wie Hy is en wat Hy doen. Dít is iets wat jy reeds het. Dit is *Iemand* wat jy reeds het en wat in die toekoms ook 'n verskil aan jou omstandighede kan maak. Doen vandag moeite om te dink wat God reeds vir jou gedoen het. En sê vir Hom dankie daarvoor.

Begin om vir God dankie sê vir wat Hy reeds alles vir jou gedoen het.

214

Fokus wyer en verder

Prys die Here! Loof die Here, want Hy is goed, aan sy liefde is daar geen einde nie! (Ps 106:1.)

Daar kom tye in elke mens se lewe wanneer dit voel asof die Here nie goed is vir jou nie. Wanneer die teenspoed jou soos 'n swerm bye bestorm, voel jy eerder lus om moed te verloor. In sulke tye is jou fokus beperk tot dit wat jy op daardie oomblik beleef.

Om in alle omstandighede dankbaar te leef is om wyer en verder te fokus as jou onmiddellike omstandighede. Alhoewel dit op hierdie oomblik mag voel asof die Here nie goed is vir jou nie en asof sy liefde vir jou opgeraak het, is dit nie die waarheid nie. Die waarheid is dít: God het in Jesus vir jou sondes gesterf; Jesus het opgestaan uit die dood. Hierdie lewe is slegs 'n op-pad-wees na die ewige lewe. Jy ontvang reeds nou in Jesus die ewige lewe. Niemand kan die ewige lewe by Jesus van jou afwegneem nie.

Fokus op hierdie waarheid en wees dankbaar oor alles wat nog vir jou voorlê.

God het jou in die verlede gehelp, Hy sal jou nou help en ook in die toekoms – dankie, Here!

215

Oefen jou in

Dank God die Vader altyd oor alles in die Naam van ons Here Jesus Christus (Ef 5:20).

Dit verg 'n sterk wilsbesluit om 'n lewe van dankbaarheid te leef. Tog is die vrug daarvan dat jy elke dag positiewer hanteer, dat jy kans sien vir die lewe en gelukkiger voel. Moenie wag op die regte omstandighede voordat jy dankbaar begin leef nie. Begin nóú om dankbaar te wees, ongeag jou omstandighede. Waag dit selfs om vir die Here dankie te sê vir die slegte dinge wat vandag met jou gebeur het – en dank Hom dat Hy ook daardeur 'n positiewe verskil in jou lewe gaan maak.

Oefen vandag om, in plaas daarvan om aanhoudend te vra, vir God net dankie te sê: vir die wind, die reën, die son, 'n glimlag, 'n vriend, elke asemteug, die gevoel in jou vingerpunte, geluide, 'n blom ... Sê elke dag minstens 'n paar dankies vir die Here – en bedoel dit.

Die geleerdes beweer dat, as jy iets twee en twintig dae lank aaneen doen, jy 'n vaste gewoonte sal gevestig het. Begin vandag hierdie gewoonte vestig.

Oefen vandag om vir God net dankie te sê.

DANKBAARHEID

Sing?

Ek wil tot eer van die Here sing so lank ek lewe, ek wil die lof van my God besing so lank ek daar is (Ps 104:33).

Musiek het die vermoë om emosies op te vang wat jy nie met woorde tot uitdrukking kan bring nie. Daar word deesdae baie bemarking gedoen vir musiek wat jou sal help om te ontspan, om te studeer en om energiek te voel. Musiek is die taal van jou innerlike. Mense gebruik selfs musiek om hulle te help om hartseer en vrees te hanteer.

Die psalmdigter wil musiek en woorde saambind in 'n lied tot eer van die Here. Hy is so dankbaar oor God se sorg en almag dat hy nie wil ophou om lof aan God te bring nie. Hy wil aanhou om liedere van dankbaarheid tot eer van die Here sing.

Jy weet self hoe musiek help om jou gemoed te verander. Kies dus vir jou 'n lied wat jy gereeld kan sing of in jou gedagtes kan neurie om daarmee vir God te sê hoe dankbaar jy is. En gebruik ook jou stiltetyd om van die bekende lof- en dankliedere te neurie of sing.

Begin jubel jou dankbaarheid tot God uit –
en beleef hoe dit jou emosies laat sweef.

Vreugde onbeperk

Wees altyd bly in die Here! Ek herhaal: Wees bly! (Fil 4:4.)

Sommige mense slaag uitmuntend daarin om hulleself ongelukkig te maak. Hulle is foutvinderig, krities, dink net aan die negatiewe en frons voortdurend. Hulle floreer op slegte nuus.

Die geheim van geluk lê in 'n keuse. Jy kan *kies* of jy die lewe met vreugde gaan aanpak en of jy wil krepeer van ongelukkigheid. Jy kan so ongelukkig wees soos jy wil, maar jy kán en mág ook so gelukkig wees soos jy wil.

Paulus het die allerellendigste situasies beleef. Tog skryf hy dat 'n mens altyd bly moet wees in die Here. Hy herhaal dié woorde om dit nog meer te beklemtoon. Vreugde en geluk is dus ten diepste te vind in 'n intieme verhouding met Jesus Christus. As jy Hom afskeep, sal jy minder vreugde in die lewe vind. As jy tyd en ook van jouself in jou verhouding met Hom belê, sal jy onbeperkte vreugde ervaar. Jesus skenk aan jou onbeperkte vreugde, want Hy is jou Vriend. En jy? Jy as sy vriend skuld Hom vreugde. Moenie jou vreugde inperk nie.

Bou aan jou verhouding met Jesus en ervaar egte vreugde.

Vreugde in status?

Julle weet dit nou; gelukkig is julle as julle dit ook doen (Joh 13:17).

Vreugde is nie 'n doel op sigself nie. Jy gaan tevergeefs daarna soek. Nee, vreugde is 'n neweproduk van dankbaarheid en gehoorsaamheid. Vreugde is die blye opwelling van jou emosies wanneer jy besef dat jy so baie het om voor dankbaar te wees. Vreugde is die glimlag wat onbewustelik op jou lippe vorm en wat jou verander wanneer jy getrou die opdragte van die Here uitvoer.

Gehoorsaamheid slaan eers oor in vreugde wanneer jy weet aan Wie jy gehoorsaam is. As jy net vreugde vind in dinge soos status, gaan jy teleurgestel word, want binnekort sal iemand anders 'n hoër status as jy geniet. Jesus het sy dissipels se voete gewas om te wys wat Hy as Leermeester van hulle verwag. Hy wil nie hê jy moet dink jy is belangriker as ander nie. Wees bereid om ook nederige werk te doen. As jy iets vir iemand doen, moenie iets terug verwag nie. Geniet dit net om van jouself te gee. Vind jou vreugde daarin om soos Jesus te wees.

Soek jou vreugde in onbaatsugtige diens en opoffering soos Jesus.

Waarmee is jy gevul?

Wees veral versigtig met wat in jou hart omgaan, want dit bepaal jou hele lewe (Spr 4:23).

Soms vul mense hulle gedagtes met allerlei gruwelike en wraaksugtige idees, jaloesiemonsters, vrese en negatiwiteit. Kan sulke mense verwag dat daar iets positiefs uit hierdie gedagtes sal voortvloei? Nee, want hierdie soort gedagtes vorm 'n bose kringloop wat oorgaan tot wangedrag, en dit lei weer tot seerkry, wat aanleiding gee tot verdere ongelukkige gedagtes.

Daar is net een manier om met hierdie gedagtes te breek en vreugde te ervaar, en dit is om te vra dat die Heilige Gees jou sal vul met sy teenwoordigheid. Dan bedink jy opbouende gedagtes en positiewe ideale, en benader jy die lewe positief en met afwagting op wat God vandag oor jou pad sal bring. Jy weet Hy sal jou help om enigiets te hanteer en Hy is besig om jou te leer om in sy teenwoordigheid te leef.

Wat in jou innerlike gebeur, bepaal jou hele lewe. Sorg dus dat jy nie toegee aan die verleiding van Satan dat jy aanhou om negatiewe en sondige dinge te bedink nie.

Gee elke slegte gedagte in jou aan Jesus en bedink slegs opbouende dinge.

220

Dis 'n lekker vrug!

Maar iemand wat hom verdiep in die volmaakte wet wat 'n mens vry maak, en hom daaraan hou en nie vergeet wat hy hoor nie, maar dit doen, hy sal gelukkig wees in wat hy doen (Jak 1:25).

Jakobus herinner jou daaraan dat 'n mens al die feite kan hê en alles kan weet, maar as iets nie 'n lewenspraktyk vir jou word nie, pluk jy nie die vrug wat jy gehoop het om te pluk nie. Jy moet lewensveranderende feite vir jou toe-eien. Dit moet deel van jou word, sodat jy dit kan uitleef en die groei-effek daarvan kan beleef.

Een van die feite waarop die Bybel en die Christelike geloof gebou is, is die volmaakte wet wat Jesus vir ons gegee het, naamlik dat jy vir God én vir jou naaste lief moet wees en dit moet wys.

Wanneer is jy ongelukkig? Wanneer jou liefde vir God en vir jou naaste verflou. En wanneer vind jy vreugde in die lewe? Wanneer jy jou liefde vir God en vir jou naaste uitstort sonder enige voorbehoud. Die Bybel sê dat die Heilige Gees jou sal help – en die vrug van die Gees is vreugde (Gal 5:22). Bewys vandag liefdesdade en ervaar vreugde.

Volg die volmaakte wet in jou lewe.

221

Genot in nabyheid

Ek het die Here altyd by my: omdat Hy by my is, sal ek nie struikel nie. Daarom is ek bly en juig ek en voel ek my veilig (Ps 16:8-9).

Dit help 'n mens om in jou geloofslewe soos 'n kind te dink en op te tree. 'n Kind kan baie ontberings hanteer – solank hy of sy weet Pappa of Mamma is naby. 'n Kind sal die waaghalsigste dinge aanvang wanneer hy of sy weet Pappa of Mamma is daar om hom of haar te vang. 'n Kind kan al sy of haar vrese hanteer deur net op Pappa of Mamma se skoot te gaan klim.

Jy het jou God die hele tyd by jou. Deur die Heilige Gees is God ín jou. Wanneer vrese en benoudheid en bekommernis jou bedreig, soek soos 'n kind skuiling by God. Want soos 'n kind nie werklik sal val wanneer jy sy of haar hand vashou nie, so sal jy ook nie regtig val nie, want God hou jou hand ook vas. Jy kan in sy teenwoordigheid jou vrese en kommer besweer, want Hy is groter as al daardie dinge. Sluit 'n oomblik lank jou oë en word net bewus daarvan dat Hy by jou is. Dis mos nou lekker!

Vind jou vreugde in die nabyheid van God.

VREUGDE EN BLYDSKAP

Wat 'n geskenk!

Met blydskap moet julle die Vader dank wat julle geskik gemaak het om deel te hê aan die erfenis wat vir die gelowiges wag in die ryk van die lig (Kol 1:12).

Dis vir my 'n heerlike genot om die geskenkpapier om 'n geskenk los te maak en te loer wat binne-in is. In daardie geskenk lê die vreugdevolle ontdekking dat iemand aan my gedink het. Wanneer ek 'n geskenk ontvang, verlig dit my gemoed. Ek glimlag van oor tot oor en die vreugde borrel in my. En ek glo elke mens geniet dit om 'n geskenk te kry.

Die grootste geskenk wat 'n mens kan kry, is toegang tot die hemel. Dit is die geskenk om vir altyd by God te wees, om die ewige lewe by Hom deur te bring. God maak dit vir jou moontlik. Of, nog beter gestel, God skenk dit aan jou in Jesus Christus. Die oomblik wanneer jy Jesus Christus in jou lewe innooi en jouself aan Hom oorgee, is hierdie geskenk joune. Dit is nie 'n goedkoop geskenk nie, want Jesus het met sy lewe daarvoor betaal. Ontvang hierdie geskenk en wees bly daaroor.

Die grootste vreugde is om te weet dat jy nou reeds vir altyd by God is.

'n Eie identiteit

God het die mens geskep as sy verteenwoordiger, as beeld van God het Hy die mens geskep, man en vrou het Hy hulle geskep (Gen 1:27).

Die mens is in sekere opsigte soos 'n kuddedier wat by sy eie groep bly en graag wil deel in groepbelange. Daarom soek ons ander se goedkeuring, aanvaarding en hulle bystand. Wanneer die groep egter só belangrik word dat jy jou identiteit inboet en jou uniekheid en andersheid verloor, gaan gevaarligte dadelik aan. Dalk is jy bang om verwerp te word en neem daarom die groep se identiteit aan ten koste van jou eie oortuigings.

Jy hoef nie altyd saam met die massa te gaan nie, veral nie wanneer hulle verkeerd is nie. Die Here het jou as 'n unieke skepsel gemaak met jou eie vingerafdrukke en 'n eiesoortige temperament en persoonlikheid. Veral wanneer jou wesenlike en wenslike waardes in gedrang kom, moet jy jou kan distansieer van die groep. Jy verteenwoordig God soos Hy jou geskep het in hierdie wêreld. En dit maak jou klaar anders. Iemand anders verteenwoordig weer deur sy of haar unieke persoonlikheid 'n ander kant van God. Behou dus jou identiteit.

Jy is God se verteenwoordiger op jou unieke manier.

224

Jy is oorspronklik

Ons het genadegawes wat van mekaar verskil volgens die genade wat God aan elkeen van ons gegee het ... (Rom 12:6).

Mense kan tog so gou met mekaar baklei oor wie se *gawe* nou eintlik die beste is. En wanneer almal dieselfde gawe het, baklei hulle weer oor die manier waarop die gawe beoefen moet word om te kyk wie se *weergawe* die beste is.

Die vraag is nie óf jy 'n gawe het nie. Die vraag is eerder of jy die gawe wel aanwend in diens van die Here. Want die gawe wat God aan jou gegee het, kan net jy volgens jou eie styl beoefen. Jou eie persoonlikheid, warmte en integriteit sal deurslaan in die manier waarop jy jou gawe gebruik.

God het jou nie 'n afdruk van iemand anders gemaak nie. Hy het jou as 'n oorspronklike, eenmalige *jy* geskep. Leer by ander, ja, maar moenie dat jou werk en gawe net soos hulle s'n word nie. Soek na jou eie styl en beklemtoon dit volgens jou indrukke tot eer van God. Leef jou identiteit uit deur die gawe wat God aan jou gegee het.

Wees 'n Goddelike oorspronklike,
nie 'n wêreldse afdruk nie.

Deel van 'n geheel

Die verskillende liggaamsdele pas by mekaar en vorm saam 'n eenheid. Elkeen van hulle vervul sy funksie, en so bou die liggaam homself op in liefde (Ef 4:16b).

Jy het nie net talente wat jy in jou alledaagse lewe gebruik nie, maar ook gawes wat die Here aan jou geskenk het met die oog op die opbou van die geloofsgemeenskap. Wat die geloofsgemeenskap of gemeente van Christus uniek maak, is dat Christus self die Hoof daarvan is. Ek en jy is die liggaamsdele in diens van die Hoof en ons gebruik ons gawes ook in sy diens.

Geen mens vind sy of haar identiteit los van ander mense nie. Dit beteken nie dat jy afhanklik is van ander nie, maar dat jou identiteit interafhanklik gevorm word. Jy het ander mense nodig om jou aan te vul, en terselfdertyd vul jy hulle ook aan. Geen mens het alle gawes nie. En wanneer jy dan onthou dat iemand anders iets het wat jy nodig het, lewe jy makliker saam met so iemand en word jy selfs lief vir hom of haar. Onthou, jy kan altyd iets by iemand anders leer.

Stel jou gawes in diens van ander en bou so die liggaam van Christus op.

Wie s'n?

U het my gevorm, my aanmekaargeweef in die skoot van my moeder (Ps 139:13).

Meet jy jou waarde aan die opinies van ander mense? Ons is dikwels geneig om die opinie van ander mense as baie belangrik te beskou, maar dit is ongelukkig 'n uiters wisselvallige maatstaf. Gestel die persoon wat iets oor jou te sê het, is 'n negatiewe en pessimistiese mens. Hierdie eienskappe sal daardie een se opinie negatief kleur. En so 'n skewe opinie van jou kan jou heeltemal van balans gooi, terwyl dit nie 'n ware weergawe van die feite is nie.

Feit is dat God jou ken en dat Hy jou gemaak het. Hieraan herinner Dawid ons. God is die enigste Een wie se opinie van jou regtig tel. Meet jou identiteit en waarde as mens aan wat Hy van jou dink en aan hoeveel Hy vir jou omgee. Daarom is dit nie net belangrik *wie* jy is nie, maar ook *Wie s'n* jy is. Jy is God s'n en dit gee reeds waarde aan jou. Jy is vir God so waardevol dat Hy Jesus in jou plek laat sterf het. Jy is Jesus se lewe werd.

As jy twyfel aan jou identiteit, onthou dat jy God s'n is.

Herkoms én toekoms

U het my al gesien toe ek nog ongebore was, al my lewensdae was in u boek opgeskrywe nog voordat ek gebore is (Ps 139:16).

Wanneer mense mekaar vir die eerste keer ontmoet, is dit nie lank nie voordat hulle vra: "Waar kom jy vandaan?" Dit is asof hierdie vraag vir ons 'n leidraad gee na wat die persoon beïnvloed het om te wees soos hy of sy is.

Tog sê 'n mens se verlede nie alles oor jou nie. Daar is mense wat hulle juis in die lewe onderskei ómdat hulle uit swak omstandighede kom en bo dié omstandighede wil uitstyg. Al kan jy niks ordentliks van jou verlede sê nie, kan jy volgens Dawid weet dat God tóé al met jou 'n plan gehad het, selfs nog voordat jy gebore is.

Vra dus ook aan ander, en aan jouself: "Waarheen is jy op pad?" Want die toekoms wat jy nastreef, sê iets van jou waarde en doel én dus van wie jy is. Die feit dat God reeds voor jou geboorte by jou betrokke was sê dat Hy 'n unieke bestemming en roeping vir jou het. Gesels met Hom daaroor.

God is van jou verlede tot in jou toekoms by jou betrokke.

'n Ander identiteit

Hier is dit nie van belang of iemand Griek of Jood is nie, besny of nie besny nie, andertalig, onbeskaaf, slaaf of vry nie. Hier is Christus alles en in almal (Kol 3:11).

In ons samelewing is dit nogal belangrik wie jy is en wie jy ken. Dit bepaal jou plek in die rangorde wat die samelewing daarstel. Normaalweg sal mense uit 'n hoë inkomstegroep nie sommer vriende wees met iemand uit die laagste inkomstegroep nie. Hulle sal so 'n persoon eerder sien as benede hulle stand.

Tog gebeur iets merkwaardigs wanneer mense Jesus Christus as hulle Verlosser aanvaar. Dan is dit nie meer belangrik aan watter klas of ras iemand behoort of watter status hy of sy het nie. Die norm is eerder: Behoort hierdie mens aan Jesus? Die ander samelewingsordes raak van sekondêre belang, want almal fokus op Jesus en om sy liefde uit te leef. Hierdie nuwe gesindheid veroorsaak dat Christene 'n ander identiteit kry wat op ander waardes gebaseer is en uitstyg bo die normale samelewingsverbande. Met die liefdestaal van Christus reik Christene uit selfs na wildvreemdes en kan hulle hulle vereenselwig met vreemde mede-Christene.

Christus se groep, Christus se klas,
Christus se mense oorskry alle ander grense.

Aanvaar Christus, aanvaar jouself

Maar aan almal wat Hom aangeneem het, dié wat in Hom glo, het Hy die reg gegee om kinders van God te word (Joh 1:12).

Die Franse dramaturg Jean Anouilh beweer dat ons hele lewe, met ons fyn morele kodes en ons kosbare vryheid, uiteindelik daaruit bestaan om onsself te aanvaar soos ons is. As jy jouself nie kan aanvaar nie, sal jy 'n swak selfbeeld hê. Jy sal jouself selfs minag.

Party mense soek die oplossing vir hierdie probleem daarin om al hoe beter te presteer. Prestasie kan jou help om beter te voel, maar dit plaas jou telkens onder druk om nog beter te presteer. En dit kan ook jou sinvolle verhoudings met ander mense verongeluk. Hoe gaan jy immers bepaal wanneer jy genoeg gepresteer het en nou goed kan voel oor jouself?

Dankie tog dat Jesus Christus aan die kruis goed genoeg gepresteer het sodat God ons met ons sondeskuld en al aanvaar. In Jesus Christus is jy vir God só aanvaarbaar dat Hy jou aanneem as sy kind. Neem Hom ook aan as jou Vader.

God het jou aanvaar. Aanvaar dus nou ook jouself. Jy is dit aan God én jouself verskuldig.

God aanvaar jou en neem jou aan as sy kind.

230

Ambassadeur vir Christus

Dit is my vurige verlange, en daarna sien ek uit, dat ek niks sal doen waaroor ek my sal hoef te skaam nie. Ek wil ook nou, soos nog altyd, met alle vrymoedigheid deur my hele wese Christus verheerlik in lewe en in sterwe (Fil 1:20).

Wanneer jy aanvaar dat God 'n roeping vir jou lewe het en wanneer jy daardie roeping uitleef, is dit vir jou nie 'n hoofprioriteit dat ander mense in hierdie lewe jou sal aanvaar nie.

Paulus het dit as sy roeping in die lewe gesien om Jesus Christus oral te gaan verkondig. Daarom het hy vrede gemaak met die feit dat hy dalk selfs vir Christus sou sterf. Hy het sy hele lewe daaraan toegewy om Christus te verheerlik in wat hy ook al gedink of gedoen het. Op hierdie manier was hy Christus se ambassadeur in hierdie wêreld.

Wy jou loopbaan aan Christus toe. Wy ook jou hele lewe aan Hom toe. Dan sal jy met vrymoedigheid as Christus se ambassadeur kan optree, oral. Aanvaar dat Christus jou aangeraak het om vir Hom te leef. Jy durf jouself daarom nie verwerp nie. Jy is immers geroep tot diens vir Christus deur Christus.

Aanvaar jou roeping as ambassadeur vir Christus.

Om nie te aanvaar nie, is selfkastyding

Uit die dieptes roep ek na U, Here, luister tog na my, Here, hoor tog my hulpgeroep (Ps 130:1-2).

Wanneer jy in die dieptes van ongelukkigheid is, is dit moeilik om jouself en jou omstandighede te aanvaar. Iets in jou kom in opstand teen alles. En dan begin jy jou omstandighede, ander mense, jouself en selfs vir God blameer vir wat in jou lewe gebeur en vir die omstandighede waarin jy verkeer.

Hoewel hierdie wrokke deel van die verwerkingsproses van 'n slegte situasie is, moet jy waak dat jy nie daarby gaan stilstaan nie. Selfverwyt en selfkastyding kan jou van jou lewensvreugde beroof. Skep die draaipunt na vreugde deur tot God te roep en Hom om hulp en aanvaarding te smeek. Hy help jou om die feite te aanvaar en aan te gaan met jou lewe.

Om te aanvaar beteken nie passiewe berusting nie, maar om jou situasie aktief te verwerk as deel van God se koers met jou lewe. Om te aanvaar beteken nie dat jy in jou situasie moet bly nie. Aanvaarding is 'n gesindheid van: "Dit hét gebeur, kom ek leer hieruit en gaan aan met die lewe."

---

*Aanvaar dat jou situasie en jy self deel van
'n groter plan is, God se plan.*

Reeds belangrik

Die Seun van die mens het immers gekom om te soek en te red wat verlore is (Luk 19:10).

Saggeus het 'n klomp dinge gehad wat teen hom getel het. Hy was nie baie gewild nie, want hy was 'n belastinggaarder. Toe Jesus in Jerigo aankom, wou Saggeus ook hierdie Man sien, maar hy was te kort. Toe klim Saggeus in 'n wildevyeboom en, sowaar! Jesus sien hóm raak. Jesus sê boonop vir Saggeus dat Hy 'n afspraak met hom het. Met blydskap het Saggeus Jesus ontvang en dit het sy hele lewe verander. Want Saggeus het die helfte van sy rykdom aan die armes uitgedeel en die mense wat hy ingeloop het, vergoed.

Saggeus het ervaar dat geld en goed nie die belangrikste is nie, en dat alles verander wanneer Jesus jou aanvaar en jy Hom aanvaar. Jy is rééds vir God belangrik. Daarom het Jesus in jou plek kom sterf. Al wat Jesus vra, is dat jy Hom sal volg en al hoe nader aan Hom sal groei. Moenie so wanhopig en moedeloos wees oor jouself en die lewe nie. Jesus het jou lief!

Aanvaar dat jy reeds vir Jesus belangrik is,
want Hy het in jou plek gesterf.

Amper 'n engel

U het hom net 'n bietjie minder as 'n hemelse wese gemaak en hom met aansien en eer gekroon, U laat hom heers oor die werk van u hande ... (Ps 8:6-7).

Dawid is in verwondering daaroor dat God aan ons as mense bly dink en vir ons omgee. God skep 'n hele heelal én Hy skep mense om in hierdie heelal te bly. Hierdie skepping is boonop fantasties aanmekaargesit met natuurwette wat alles volgens wetmatighede laat verloop. En die mens? Ons is net so fantasties geskep. En tog vang ons die verskriklikste dinge aan wat God diep teleurstel.

God kon ons al lankal afskryf het as 'n slegte belegging. Tog doen Hy dit nie. Hy skep ons as skaars minder as engele en ander hemelwesens. Hy gee aan ons aansien en eer. Hy vertrou ons genoeg om ook aan ons die werk van sy hande toe te vertrou sodat ons dit kan bestuur.

Aanvaar dus dat God jou besonders gemaak het. Wanneer jy daaraan twyfel, kyk net na die natuur en onthou dat jy vir God aanvaarbaar is. Jy is skaars minder as 'n hemelwese. Aanvaar jouself!

Moenie dink jy beteken niks nie –
jy is geskape as skaars minder as 'n engel.

Vry gemaak

Christus het ons vry gemaak om werklik vry te wees. Staan dan vas in hierdie vryheid en moet julle nie weer onder 'n slawejuk laat indwing nie (Gal 5:1).

As jy jouself nie aanvaar nie is jy geneig om allerlei ongesonde wette oor jou te laat heers, soos om jouself voortdurend af te kraak en te verkleineer. Natuurlik moet jy sonde in jou lewe nie aanvaar nie. God hou nie van die sonde nie. Maar Hy hou van jou. Daarom wil Hy nie hê dat jy verder in 'n gemors sal wegsink omdat jy jouself nie aanvaar nie.

Paulus het in sy tyd al gewaarsku dat gelowiges nie moet vashou aan dinge wat nie noodsaaklik is vir God nie. Hulle as Christene is uit genade gered en deur God aanvaar. Daarom hoef hulle nie besny te word soos die ou gebruike vereis het nie.

Christus aanvaar jou in genade. Moet dus nie swig voor die versoeking om jouself te verkleineer of gering te skat nie. Dan is jy nie vry soos Jesus jou vry gemaak het nie. Jesus het jou vry gemaak om deur sy oë na jouself te kyk.

Jesus maak jou vry om jouself te aanvaar.

Glo in jouself

Jesus kom toe nader en sê vir hulle: "Aan My is alle mag gegee in die hemel en op die aarde" (Matt 28:18).

Kinders wat leer loop, gaan stadig en met weifelende treë vorentoe en val dikwels, maar staan altyd op en probeer weer. Gaandeweg groei hulle vermoë om te kan loop én hulle selfvertroue neem toe. Die heel belangrikste is dat elke kind moet aanhou probeer.

Mense wat vooruitgaan in die lewe is dié wat in hulleself glo. As jy op een lewensterrein nie suksesvol is nie, hoef dit nie jou selfvertroue te kelder nie. Daar is mos baie ander gebiede waar jy sukses kan behaal. Neem net die eerste babatree in daardie rigting en, siedaar! Jy het jou selfvertroue terug.

Bou jou selfvertroue op jou Godsvertroue. Jesus het vir sy dissipels gesê dat Hy alle mag het. Hulle het Hom geglo en kon daarna wondertekens verrig. Hulle het hulle vrese opsy geskuif en die wêreld inbeweeg met die blye boodskap van verlossing. Hulle het ontdek dat, as hulle nie kan nie, Gód kan. Vandag nog ontdek gelowiges dieselfde waarheid wanneer hulle in Jesus glo.

---

*Glo in jouself, want God kan deur jou
'n verskil maak.*

Liefde bou selfvertroue

Al deel ek al wat ek het aan ander uit, en al gee ek my liggaam prys om my daarop te kan beroem, maar ek het geen liefde nie, baat dit my niks (1 Kor 13:3).

Gewoonlik verloor jy jou selfvertroue wanneer jy jou met iemand anders vergelyk wat na jou mening beter as jy is. Dan voel jy gou dat jy te kort skiet. Ander se kritiek kan jou seermaak en jou selfvertroue ondermyn, maar daar is geen kritiek so fel soos neerhalende selfkritiek nie. Dis soos om jouself in die voet te skiet.

Bou jou selfvertroue op die vermoë wat God jou gee om lief te hê, eerder as op allerhande ander vaardighede. Hoewel jou ander vaardighede en talente ook 'n groot rol speel in jou lewe, sal jou vermoë om lief te hê mense se harte vir jou laat oopgaan. Mense waardeer liefde en sal jou daarvoor erkenning gee.

Mense beweer dat die grootste sukses nie soseer gebou word op die take wat jy verrig nie, maar op jou verhouding met ander mense. Liefde laat jou onbevrees jou ander gawes geniet.

Bou jou selfvertroue deur lief te hê en liefde uit te straal.

In God se hande

Ek is by jou en Ek sal jou beskerm waar jy ook al gaan ... Ek sal jou nie in die steek laat nie. Ek sal doen wat Ek jou beloof het (Gen 28:15).

Jakob moes die vreemde in om vir hom 'n vrou te gaan soek wat by sy geloof en sy waardes en beginsels sou inpas. In 'n droom het God vir Jakob gewys dat Hy by hom sou wees en hom sou beskerm.

Sal jy nie ook die toekoms met vertroue binnegaan wanneer jy weet God is by jou nie?

Ons is in die gelukkige posisie dat die Heilige Gees uitgestort is en nou in elke gelowige woon. Sodra jy jou lewe aan Jesus Christus toewy, lewe jy onder die beheer van die Heilige Gees. Daarom hoef jy nie terug te deins vir wat môre en oormôre op jou mag wag nie, want God is deur sy Gees by jou. En hierdie God wat by jou is, is dieselfde God wat vir Jakob beskerm en versorg het.

Gee jou oor in God se hande. Wanneer jy jou selfvertroue begin verloor, is God se trou jou grootste bate. Want selfvertroue sonder Godsvertroue is slegs ydele wensdenkery, 'n illusie.

Met God se hande om jou kan jy die toekoms met vertroue aanpak.

Eie insigte?

Vertrou volkome op die Here en moenie op jou eie insigte staat maak nie. Ken Hom in alles wat jy doen en Hy sal jou die regte pad laat loop (Spr 3:5-6).

Selfvertroue beteken nie dat jy nié ander se hulp nodig het nie. Vanselfsprekend moet jy ook jou verstand en die kundigheid wat jy ontwikkel het, inspan wanneer jy besluite neem. Dis deel van God se ontwerp vir jou as mens. Jy kan nie maar net soos 'n robot sit en wag op die druk van die regte knoppie nie.

Waarteen die Spreukeskrywer waarsku, is dat jy jou insigte bó die besluite van God verhef. Jy moet jou insigte altyd voor die Here bring en vra dat sy wil sal geskied. Lê jou planne in sy hande en wys só aan Hom dat jy gewillig is dat jou planne sal inpas by sy groter plan. Jou bereidheid om jou insigte aan God voor te lê, dui daarop dat jy erken dat God altyd beter weet wat jy nodig het. Jy weet immers nie wat in die toekoms op jou wag nie, maar God weet hoe die toekoms moet lyk.

Lê jou insigte en planne aan God voor.

'n Tyd soos hierdie

Wie weet, miskien is dit juis met die oog op 'n tyd soos hierdie dat jy koningin geword het!
(Est 4:14b.)

Daar is situasies waarin dit vir 'n mens onmoontlik lyk om vorentoe te gaan. Om terug te gaan lyk net so onmoontlik. En dit is vir jou ook onmoontlik om te bly waar jy is.

Ester was in die moeilike posisie dat, as sy niks sou doen om haar volk te red nie, hulle sou dink sy is aan die kant van die heidense koning en haar sou doodmaak. Maar as sy dit sou waag om die koning te nader, kon hy dalk besluit dat hy haar nie wou sien nie en sou sy ook doodgemaak word. Dit was in hierdie tyd dat Mordegai haar herinner het dat God 'n mens soms op die regte plek plaas om Hom te gehoorsaam, al lyk dit asof jou lewe in die slag gaan bly.

Al hoe 'n mens by so 'n kruispad die regte weg kan kies, is om só vas in God te glo dat jy weet jy het 'n roeping en dat Hy die uitkoms sal stuur. Hier word jou selfvertroue slegs deur jou Godsvertroue gedra.

Sien jouself as iemand wat hier en nou met Godsvertroue jou roeping uitleef.

SELFVERTROUE EN GODSVERTROUE

In harmonie met die Gees

Dit is die Gees wat iemand lewend maak; die mens self kan dit nie doen nie ...
(Joh 6:63).

As jy jou selfvertroue baseer op uiterlike dinge sal dit nooit verdiep nie. Een na die ander modegier sal jou meesleur sodat jy altyd die nuutste, die vinnigste en die beste sal wil hê. Die ergste is dat, sodra jy dan iets nuuts vir jou koop, dit die volgende dag al verouder is en iemand reeds weer met iets beters vorendag kom. Dit bly maar 'n bose kringloop waarin jy aan die kortste ent gaan trek.

Kies om in harmonie met die Gees van God te leef. Luister na die influistering van die Gees in jou. Dalk praat Hy met jou deur 'n Bybelteks of dalk deur die nood van ander wat Hy op jou hart lê. Miskien praat die Gees so duidelik dat jy jou opnuut moet toewy aan die Here. Word net bewus van sy teenwoordigheid in jou lewe, want Hy maak lewend. Hy sal jou help om elke dag met selfvertroue aan te pak omdat jy weet jy is deurdrenk met die Heilige Gees se teenwoordigheid.

Voed jou selfvertroue deur in harmonie
met die Gees te leef.

241

Ouer, maar nog nie kouer

Selfs in hulle ouderdom sal hulle nog toeneem in krag. Hulle sal fris en lewenskragtig wees (Ps 92:15).

Die vrees om ouer te word kan jou van jou lewensvreugde beroof. Dit is vanselfsprekend dat ons almal se kragte sal afneem met die ouderdom, maar jy sal vinniger energie verloor as jy jou verknies oor die verouderingsproses – waaraan jy in elk geval niks kan doen nie. Salwe en rome en pille mag die uiterlike tekens van ouderdom verberg, maar die proses van ouerword gaan meedoënloos voort. Die enigste manier om ouerword te hanteer is om jou betyds daarop voor te berei.

Dawid vind sy sekuriteit in die feit dat hy saam met God enigiets kan hanteer. Daarom bring hy lof aan God en is dit vir hom duidelik dat elke gelowige sy of haar krag by God vind.

Wat gebeur wanneer jy so 'n vertroue in God het? Dit help jou om jou bekommernisse beter te hanteer. En wanneer jy jou bekommernisse effektief kan hanteer, voel jy fris en lewenskragtig. Miskien moet jy minder dinge najaag, en meer na die God van die dinge draai.

Groei in jou verhouding met God,
want Hy help jou ook wanneer jy ouer word.

God se drakrag

Ook tot in julle ouderdom is Ek die Here, tot in julle grysheid sal Ek julle dra ... (Jes 46:4).

Eendag gesels ek met 'n baie bejaarde persoon oor hoe dit voel om ouer te word. Sy antwoord was: "Jannie, die ouderdom is nie so sleg nie, maar die klomp pelle wat dit saambring, maak my klaar."

Hierdie ongevraagde vriende wat die ouderdom saambring – swak gesondheid, onvervulde drome, hartseer en eensaamheid – kan jou depressief stem wanneer jy nét daarop fokus. Daarom is dit so noodsaaklik om jou aandag te konsentreer op die opbouende aspekte van die lewe.

Die Here belowe dat Hy regdeur jou lewe saam met jou sal wees. Hy is nie 'n God wat jou in die steek sal laat wanneer jy grys word en nie meer by alles kan uitkom nie.

Ek self het op 'n jong ouderdom reeds grys geword en my vriende spot my gereeld daaroor. Maar dit het niks aan my ouderdom of my innerlike verander nie. En dit het ook niks aan die Here in my lewe verander nie. Hy is immers regdeur ons hele lewe dieselfde God.

Die Here sal jou regdeur jou lewe dra.
En dít is die beste sekuriteit wat daar is.

Opstanding en lewe

Toe sê Jesus vir haar: "Ek is die opstanding en die lewe. Wie in My glo, sal lewe, al sterwe hy ook; en elkeen wat lewe en in My glo, sal in alle ewigheid nooit sterwe nie. Glo jy dit?"
(Joh 11:25-26.)

Soos jy ouer word, word jy gekonfronteer met die afsterwe van jou geliefdes en ook met jou eie naderende dood. Die wonderlike nuus is dat die opstanding van Jesus Christus aan hierdie natuurlike proses 'n verskil kom maak het.

Hoewel jy fisiek gaan sterf, bly jy geestelik vir altyd lewe. Die dood kan jou nie geestelik aantas nie, want Jesus het opgestaan uit die dood en Hy belowe dat, omdat jy in Hom glo, jy sal bly lewe. Jesus Christus is die waarborg dat jy sal bly lewe saam met Hom. Omdat jy glo, is jy deel van hulle wat waarlik lewe en wat die lewe by God self ervaar.

Glo jy in Jesus? Glo jy dat Hy vir jou sondes gesterf het? Glo jy dat Jesus uit die dood opgestaan het? Dan kan jy nou sê: "Ek hét die ewige lewe, danksy Jesus Christus." En hierdie ewige lewe is glad nie aan ouderdom gekoppel nie.

Glo, en jy het nou reeds die ewige lewe.

Nie so gou "oor die muur" nie

Maar, of ons hier woon of daar woon, ons het net een wens, en dit is om te lewe soos Hy dit wil (2 Kor 5:9).

Daar is mense wat op 'n jeugdige ouderdom reeds gesterf het, maar wie se liggame steeds met ons is. Het jy hulle ook al teëgekom? Dis dié mense wat lewensmoeg is, wat vir niks kans sien nie, wat die verrukking van die lewe miskyk. Hulle is reeds "oor die muur", al lê 'n pragtige lewe nog voor hulle oop.

Moenie net wag op jou aftrede en dink dat jy jou lewe dan eers sal geniet nie. Begin reeds nou met 'n stokperdjie wat jy kan geniet. Hierdie stokperdjie kan dan na jou aftrede nog ure se genot aan jou verskaf en dalk ook nog 'n bron van inkomste word.

Paulus bely dat dit vir hom 'n fees sal wees om in die hemel te wees. Tog besef hy dat die belangrikste nie is waar hy is nie, maar of hy lewe soos die Here dit wil hê.

Maak jou lewensuitkyk een van: "Ek is nou hier omdat dit God se wil is. Daarom leef ek voluit."

Leef voluit volgens God se wil –
jy is nog nie "oor die muur" nie.

Nou is die tyd

**Dawid het vir sy seun Salomo gesê:
"Wees sterk, staan vas, begin die werk!"
(1 Kron 28:20.)**

Geen mens is onvervangbaar wat sy of haar beroep betref nie. Hoewel niemand jou as méns kan vervang nie, skep elke vakante pos weer nuwe geleenthede vir die persoon wat in jou plek kom. Moet dus nie aan die illusie ly dat mense nie sonder jou sal regkom nie. Dit beteken nie dat jy nou moet ophou om jou beste te lewer of dat jy in 'n depressiewe toestand moet verval nie. Inteendeel! Dit beteken dat jy jou lewe só sal instel dat kennis en kundigheid deur jou sal vloei na ander mense toe. Sien jouself as 'n kanaal van beïnvloeding, nie as 'n prop wat vooruitgang stuit nie.

Dawid moes plek maak vir sy seun, maar hy het hom nie daaroor verknies nie. Hy het eerder sy seun moed ingepraat en hom toegelaat om sy rol oor te neem. Daar kom 'n tyd dat jy moet begin om die jonger geslag 'n kans te gee om hulle talente in te span. Maak jou bystand aan hulle *onvergeetlik* eerder as om *onversetlik* vas te klou aan wat jy het.

---

*Moedig jongmense aan en gee aan hulle die
geleentheid om hulle Godgegewe gawes te ontwikkel.*

Let op die innerlike

Om hierdie rede word ons nie moedeloos nie. Al is ons uiterlik besig om te vergaan, innerlik word ons van dag tot dag vernuwe (2 Kor 4:16).

Besluit om die hele proses van ouerword as 'n uitdaging te hanteer. Begin vandag met 'n stokperdjie wat jy in jou later jare steeds kan beoefen. Hou jou brein fluks deur in te skryf vir 'n nuwe, interessante kursus of deur baie te lees. Gee jou oor aan die verrukking wat die kuns- en musiekwêreld optower. Bou vriendskapsverhoudings wat jou in moeilike tye sal dra.

Jou liggaam mag jou soms in die steek laat, maar dit hoef nie jou gees te demp nie. Solank jy vir jou 'n doel stel, solank jy besef dat God 'n doel met jou lewe het en solank jy jou met entoesiasme aan elke dag oorgee, is daar sin in jou lewe.

Dis wonderlik om te weet dat, al word ons uiterlik ouer en al kan ons fisiek baie dinge nie meer doen nie, ons in ons verhouding met God steeds vernuwe word. Moenie jou tyd saam met God afskeep nie. Dit is Hy wat die ewige vernuwing bring.

Moenie ophou om innerlik te groei nie.

Word jouself

Hy moet meer word en ek minder (Joh 3:30).

Elke mens word gebore met 'n skat van vermoëns en potensiaal wat wag om ontdek en ontwikkel te word. Tog is mense geneig om hulle omgewing of omstandighede die skuld te gee vir hulle eie onvermoë om te groei en hulle potensiaal te verwesenlik. Die omgewing waarin jy groei asook die verhoudings waarin jy staan, kan jou beïnvloed, maar dit hoef jou nie te oorheers of in te perk nie. Jy het immers van God die vermoë gekry om te kan kies of jy wil uitstyg bo hierdie omstandighede en of jy 'n slagoffer daarvan wil wees.

Die doel van jou bestaan is nie soseer *selfrealisering* – soos die sielkundiges beweer – nie, maar *Christusrealisering* ín jou. Wanneer jy besef dat alles in hierdie lewe nie net om sukses draai nie, begin jy betekenis vind in die feit dat Christus 'n doel met jou lewe het. Daardie doel is om deur jou persoonlikheid en gawes en potensiaal vir Christus aan ander mense bekend te stel. Hoe meer Christus in jou word, hoe meer sin vind jy in die lewe.

Maak Johannes se wens joune: Christus al meer, ek al minder.

Weergebore potensiaal

Hiéraan weet ons dat ons in Hom bly en Hy in ons: Hy het ons sy Gees gegee (1 Joh 4:13).

As jy 'n slagofferhouding teenoor die lewe het, gaan jy sit en wag vir iemand anders om jou te kom help of jy gaan bly wens dat jou omstandighede sal verander. Ongelukkig gaan die hulp van ander of selfs ander omstandighede nie jou ingesteldheid van slagofferwees verander nie. Sodra jy 'n volgende dilemma ervaar, gaan jy weer in die slagoffermentaliteit verval.

Daar is wel één verandering wat hierdie negatiewe denkwyse sal genees – en dit is om dié Een wat namens jou 'n slagoffer geword het in jou lewe in te nooi. Sodra jy Jesus in jou lewe innooi, gee Hy sy Gees aan jou wat jou help om jou gawes en potensiaal te ontwikkel sodat jy lewenskrisisse die hoof kan bied. Dan werk jy nie meer net met *aangebore* potensiaal nie, maar ook met *weergebore* potensiaal: die genadegawes van die Gees. Deur getroue Bybelstudie, gebed en gemeenskap met Jesus en medegelowiges sal jy al hoe meer bewus word van die Heilige Gees se teenwoordigheid in jou lewe.

Ontgin die weergebore potensiaal wat die Gees jou bied.

249

Geestelike potensiaal

Die stem het vir my gesê: "Mens, staan regop, Ek wil met jou praat." Terwyl Hy met my praat, kom die Gees in my en laat my regop staan. Ek het die stem met my hoor praat (Eseg 2:1-2).

Wanneer jy aan Jesus Christus behoort, gee jy jou vrywillig oor aan die beheer van sy Heilige Gees. En die Gees van God sal jou altyd lei in die rigting van Jesus Christus se wil. Sodra jy iets doen wat nie ooreenstem met wat Christus sou doen nie, is dit nie die stem van die Gees wat jy gehoorsaam nie, maar jou eie behoeftes wat helder roep in jou gedagtes en jou lei om die verkeerde te doen.

Soos jy jou al hoe meer oopstel vir die leiding van die Gees, ontwikkel Hy geestelike potensiaal in jou: die genadegawes wat Hy gee. Jy kan nie alles uit eie krag of wysheid bereik nie, maar jy kan dit wel bereik deur die krag van die Gees. So word jy die mens wat God bedoel het jy moet wees. Hoe meer jy jou bewustelik daaraan herinner dat die Gees by jou is, hoe meer sal jy agterkom hoe Hy jou gedagtes en wil beïnvloed om, soos Esegiël, te kan doen wat Hy vra.

Laat die Gees sy potensiaal in jou ontwikkel.

250

Sondige potensiaal?

Nee, julle moet lewe soos volgelinge van die Here Jesus Christus en nie voortdurend daarop uit wees om julle sondige begeertes te bevredig nie (Rom 13:14).

Volgens die Bybel is daar nie een mens wat sonder sonde is nie. Slegs Jesus Christus het as sondelose mens onder ons kom woon. Maar ons? Ons sondig elke dag in woord, gedagte en daad. Ferdinand Deist het sonde só beskryf: "Om te doen wat gelaat moes gewees het, en te laat wat gedoen moes gewees het."

Sonde is om jou Goddelike doel te mis. Dis om ander doelstellings na te streef as wat jou Skepper vir jou beoog. In elkeen van ons is die sondige potensiaal onbegrens. Tensy ... Tensy jy jou sondige natuur bely, jou aan Jesus Christus oorgee, Hom nooi om in jou lewe die Koning te wees en daarna streef om in die krag van die Heilige Gees nie te sondig nie.

En wanneer jy dan wel sondig? God se genade is so groot dat, wanneer jy jou sonde bely, Hy jou om Jesus se ontwil vergewe. Dan kan jy weer daarna streef om nie jou sondige potensiaal te ontgin nie.

Vermy jou potensiaal vir die sonde.

Nuwe potensiaal

Iemand wat aan Christus behoort, is 'n nuwe mens. Die oue is verby, die nuwe het gekom (2 Kor 5:17).

Die wonder van bekering is dat jou verlede dan net *herinneringe* is en nie meer 'n *hindernis* nie. Bekering beteken om jou rug te draai op jou verlede omdat Jesus Christus vir jou sondes gesterf het. Jy is vergewe, daarom hoef jy nie meer so swaar te dra aan die verlede nie. Jy hoef nie in die truspieël te loer om te kan bestuur nie. Jy kan maar net deur die vooruit kyk om vorentoe te gaan.

Wanneer jy aan Christus behoort, ontsluit dit nuwe potensiaal in jou, want jy is in Hom 'n nuwe mens. Jou belemmerings en vrese word stuk-stuk afgegooi soos die Heilige Gees jou help om dit te identifiseer en daarvan ontslae te raak. Die Gees maak jou bewus van nuwe leerareas sodat jy groei in die proses van heiligmaking. Só word jy al hoe meer die mens wat God bedoel het jy sal wees. Moenie bekommerd wees as dit vir jou voel jy kom nog kundigheid en kennis kort nie. God sal dit vir jou gee soos jy groei. Jy kan Hom daarom vra. Geniet jou nuutheid!

Jy is nuut – leef ook nuut.

Liefdespotensiaal

Hy antwoord: "Jy moet die Here jou God liefhê met jou hele hart en met jou hele siel en met al jou krag en met jou hele verstand, en jou naaste soos jouself" (Luk 10:27).

Jy kan net volledig jouself wees en jou potensiaal tot volheid laat ontwikkel as jou innerlike en jou uiterlike lewe ooreenstem. Wanneer jou uiterlike en innerlike lewe nie ooreenstem nie, is daar tweespalt en angstigheid in jou, en dit strem jou ontwikkeling.

Party mense sê hulle het die Here lief, maar betoon dan geen liefde aan hulle naaste nie. Naasteliefde is die uiterlike bewys dat jy innerlik in 'n betekenisvolle verhouding met God staan. Baie mense se liefde is onvolkome; hulle mis die krag van liefdespotensiaal. Om jou liefdespotensiaal te ontgin, moet jy jou oorgee aan God deur jou besittings en tyd en geld en diens aan jou naaste te wy.

Beleef die bevryding wat jy ervaar wanneer jy só gee. Verskeie mense het al ontdek dat, hoe meer hulle gee, hoe meer hulle God se seëninge ervaar. Leef wat jy bely, en bely dan wat jy leef. Dan begin innerlike en uiterlike uit een mond praat.

Doen moeite om jou liefdespotensiaal te ontdek deur jouself te gee.

'n Sinvolle lewe

God is liefde; wie in die liefde bly, bly in God en God bly in hom (1 Joh 4:16b).

Is die lewe werklik so ellendig? Of voel dit maar net vir jou so omdat jy die sin van jou bestaan kwytgeraak het? Jy voel dalk verveeld en verdwaal, hulpeloos en hooploos. Jy gaan aan met die lewe, maar weet nie eintlik waarom nie. Ongemerk het jou geestelike lewe in 'n doodloopstraat beland en jy het jou visie vir die toekoms verloor.

Die geheim van 'n sinvolle lewe is dat dit begin by jou verhouding met God. Wanneer jy hierdie God ontmoet wat jou liefdevol kom opsoek in sy Seun, leer jy weldra dat die lewe sinvol kán wees. Waarom? Omdat God jou liefhet. Jesus het sy lewe vir jou afgelê. Só lief het Hy jou.

Wanneer jy in liefde bly, bly jy in God en God in jou, verseker Johannes jou. Wie liefde ontvang, borrel self oor van liefde. Liefde stel jou in staat om uit te reik na iemand anders en te ontdek dat jou lewe sin en betekenis het.

'n Sinvolle lewe begin en eindig by God en die verhouding wat jy met Hom het.

Soos in 'n dowwe spieël

Nou kyk ons nog in 'n dowwe spieël en sien 'n raaiselagtige beeld, maar eendag sal ons alles sien soos dit werklik is ... (1 Kor 13:12).

In hierdie lewe is baie dinge vir ons onduidelik. Hoekom laat God toe dat kindertjies verkrag word, dat 'n ouer sterf voordat kinders groot is, dat slegte dinge met goeie mense gebeur? Tog is dit nie so dat God van ons vergeet nie. God kom van sy kant af in Jesus Christus na ons toe en wys aan ons dat Hy Hom intens bemoei met ons lewe.

God werk met 'n realiteit wat anders en groter is as die alledaagse wat ons ken. Dit is die realiteit van sy liefde wat ons dra wanneer ons swaar kry en ons hoop laat opvlam. Al sien ons die lewe nou asof ons onsself in 'n toegewasemde spieël probeer herken, het God die volle prentjie.

Moenie toelaat dat jou soeke na sin beperk word tot jou eie interpretasie van die lewe nie. Ontdek in die Bybel ook God se kant en soek na sy beloftes om aan vas te hou totdat jy eendag saam met Hom is.

God se beloftes help om betekenis
aan die lewe te gee.

Binne bereik

Hiervan is ek oortuig: geen dood of lewe of engele of bose magte of teenswoordige of toekomstige dinge of kragte of hoogte of diepte of enigiets anders in die skepping kan ons van die liefde van God skei nie, die liefde wat daar is in Christus Jesus ons Here (Rom 8:38-39).

Wanneer mense voel hulle verloor hulle greep op die lewe, begin die vraag na die sin of betekenis van die lewe ook dikwels aan hulle knaag. Hulle begin wonder hoekom hulle hier is, hoekom sekere dinge met hulle gebeur, hoekom God sekere dinge toelaat. Party mense word so ontredder dat hulle selfs hulle geloofsverhouding met die Here verbreek. Dan raak hulle so desperaat dat hulle in allerhande susmiddels soos drank en dwelms gaan troos soek.

Tussen al hierdie onsinnighede en onverstaanbaarhede van die lewe is daar egter tog iets wat sin aan ons bestaan gee. Nee, ons moet dit anders sê: Daar is *Iemand* wat sin aan ons bestaan gee. En dit is die Een wat nooit sy greep op jou verloor nie.

Al voel dit dalk vir jou asof alle ander dinge buite beheer en bereik is, is God nog altyd binne bereik. En Hy reik telkens uit na jou om vir jou om te gee.

Niks kan jou van die liefde van God skei nie.

Jou lewe verloor?

Wat sal dit 'n mens help as hy die hele wêreld as wins verkry maar sy lewe verloor, of wat sal 'n mens gee in ruil vir sy lewe? (Matt 16:26.)

Dis verbasend waarvoor mense bereid is om hulle lewe op te offer. Sommige mense waag hulle lewe deur met hulle vingerpunte teen die hoogste berghange uit te klouter. Ander durf die hoogste snelhede denkbaar aan. Al sterf hoeveel ander mense in hulle pogings om dieselfde dinge te doen, skrik dit hierdie mense geensins af nie. Dis asof almal by hulleself reken dat dit tog nie met hulle sal gebeur nie.

In hierdie lewe is daar egter net een Iemand vir wie jy werklik jou lewe kan verloor – en dit is vir Jesus. Dit is slegs wanneer jy jou lewe vir Hom aflê dat dit sin maak. Want die ander dinge waarvoor mense hulle lewe aflê, is maar tydelik van aard. Binne 'n dag is daar weer ander nuus in die koerant.

Daarom is dit belangrik dat jy jou sal afvra of jy genoeg tyd aan jou verhouding met God afstaan. Al die ander dinge waarvoor jy jou tyd gee, gaan immers verby.

Gee jou lewe daar waar dit regtig saak maak – vir die Here.

Met die daad

Liewe kinders, ons liefde moenie net woorde en lippetaal wees nie, maar moet met die daad bewys word, en dan in opregtheid (1 Joh 3:18).

Dikwels wag mense vir die antwoorde op hulle lewensvrae om eensklaps uit die hemel in hulle skoot te val. Hulle sit as 't ware handjies gevou en wil nie beweeg of aangaan met hulle lewe voordat hulle nie weer die gevoel van sinvolheid gekry het nie.

Daar is wel tye in jou lewe nodig wanneer jy peinsend met die Here oor die sin van alles moet gesels en jou sal afsonder deur te vas en te bid. Jy het sulke stilte en stilhoutye nodig. Maar dan moet jy weer opstaan en 'n liefdesdaad gaan verrig. Deur die doen van liefdesdade kom genesing en word die vraag na die sin van alles omgedraai na: Watter sin kan ék aan die lewe en ander mense se lewe gee?

Opregte liefdesdade bring ongemerk weer betekenis in jou lewe. In die omgee vir ander leer jy om op God se hulp staat te maak. Jy leer Hom vertrou met dinge wat jy self nie kan oplos nie. En dít bring sin.

Vind sin in jou bestaan deur dadelik
opregte liefdesdade te doen.

Soos vir die Here

Wat julle ook al doen, doen dit van harte soos vir die Here en nie vir mense nie, omdat julle weet dat julle van die Here as beloning sal kry wat Hy belowe het. Christus is die Here in wie se diens julle staan (Kol 3:23-24).

Iemand wat pessimisties is, sien swarigheid in elke dag en gaan die toekoms mismoedig in met 'n onvergenoegde trek om die mondhoeke. Sulke mense swig voor die versoeking om lank by die negatiewe te vertoef. En dan maak die lewe later glad nie meer vir hulle sin nie.

Optimiste, aan die ander kant, hanteer die lewenseise emosioneel baie makliker as pessimiste. Optimiste soek opgewonde na die positiewe in die lewe en staan nie lank stil by die negatiewe wat hulle tref nie. In sowel die pessimis as in die optimis se geval gaan dit oor die keuse hoe jy die lewe wil sien en hanteer. Anders gestel: Jy kan kies om sin uit die lewe te kry en om sin daaraan te gee.

Gelowiges hanteer die moeilikste omstandighede met hierdie houding: "Ek doen dit soos vir die Here." Wanneer jy alles doen soos vir die Here, gee jy sin aan jou lewe en dan maak jou lewe ook sin.

Doen alles soos vir die Here.

Dís nou lewe!

Wie die Seun het, het die lewe; wie nie die Seun van God het nie, het ook nie die lewe nie (1 Joh 5:12).

Die rekenaarwêreld ontsluit vir ons fantastiese moontlikhede. Enkele jare gelede het jy lomp toerusting nodig gehad om wiskundige berekenings te kon doen. Deesdae bemeester jou tuisrekenaar of 'n handpalmgrootte rekenaar binne 'n oogwink die gesofistikeerde berekenings. Fassinerende programme, verbeeldingryke gedrogte en idilliese wêrelde verskyn driedimensioneel op die skerm voor jou. As honger of iets anders jou nie wegskeur nie, is jy gou ure lank deel van die lewe wat op die skerm voor jou geskep word. Maar dit alles is die produk van mense se verbeelding wat 'n nuwe wêreld ontsluit.

En God? Hy betrek jou hele menswees en gee vir jou die werklike nuwe lewe. Neem jou lewe 'n stap verder as die lewe op die rekenaarskerm. Gee jouself aan die Een wat jou wil *beskerm* tot in alle ewigheid. Johannes beveel aan dat jy Jesus in jou lewe sal hê, want eers dan het jy werklik lewe. Hoekom wil jy dan met net hierdie lewe tevrede wees? Glo in Jesus en kry lewe – die ewige lewe!

Gradeer op – deur jou lewe aan Jesus toe te wy.

260

Leef vir hiérdie toekoms

Moenie afgunstig wees op sondaars nie; wees altyd ywerig om die Here te dien; dan sal jy 'n toekoms hê en jou hoop sal jou nie ontneem word nie (Spr 23:17-18).

In hulle sug na 'n geriefliker lewe en meer ontspanning begin mense rondkyk om te sien wat ander doen en het. Gou begin gelowiges kriewelrig raak wanneer hulle opmerk dat party sondaars geseën word met duur huise, luukse motors, oorsese vakansies en meer as genoeg geld om na hartelus te kan koop.

Wanneer dit vir jou voel jou lewe is niks werd nie en al jou lewenslus het weggedreineer, hou op om te kyk na wat ander mense het. Die Spreukeskrywer beveel aan dat jy eerder sal leef vir wat jy vir die Here kan doen en hoe jy Hom oral kan volg. Dan sal jy regtig 'n toekoms hê om na uit te sien en daarop kan jy ook bly hoop. Want *alle* sondaars gaan nie die ewigheid saam met Jesus binne nie, net *geredde* sondaars!

Ware lewe is om te weet jy het ook 'n lewe ná hierdie aardse bestaan, sodat jy verder as vandag sal kyk. God belowe jou dat jy nie gebrek sal ly nie.

Voel dat jy lééf deur die Here ywerig in alles te dien.

Soos klei

Soos klei in die pottebakker se hand, so is julle in my hand, Israel (Jer 18:6b).

Dis normaal om te stres voor 'n ernsitge operasie, want 'n operasie konfronteer jou met die moontlikheid dat jy dalk nie lewend anderkant gaan uitkom nie. Dit help jou om weer te kyk na wat regtig vir jou belangrik is. In die oomblikke voor die operasie neem jy in sekere sin afskeid van alles wat vir jou belangrik en kosbaar is. Jy gaan die teater binne met slegs jou vertroue in God – wat deur die teaterpersoneel vir jou sorg – en die hoop om te leef. En dis juis hier waar die moeilike deel inkom. Ons sukkel om beheer oor te gee.

Die oomblik wanneer jy die beheer van jou lewe in God se hande oorgee, reageer jy soos God wil hê jy moet. Dan is jy soos klei in die pottebakker se hand, wat telkens nuut gevorm kan word totdat die skepping voldoen aan die pottebakker se standaard.

'n Kwaliteitlewe beteken nie om tot elke prys in beheer te bly nie. Dit is juis om hierdie beheer in 'n groter Hand oor te gee en dan gehoorsaam te leef.

Gee jou soos klei oor in die hand van die hemelse Pottebakker.

Lof bring lewe

**Laat alles wat asem haal, die Here prys!
Prys die Here! (Ps 150:6.)**

Die 150 psalms sluit op 'n merkwaardige noot af: deur almal en alles op te roep om God te prys. In die vorige psalms word daar gekla, gehuil, gesing, om wraak geroep, skuld bely en oorgegaan tot aanbidding. Hierdie psalms omspan 'n mens se hele lewe met omtrent al die emosies wat jy kan beleef, omtrent elke lewensituasie. Dis daarom geen wonder nie dat Psalms so geliefd is, want op 'n manier verwoord dit telkens hoe jy voel en bring dit troos.

Die manier waarop hierdie laaste psalm eindig, wil jou herinner om nie toe te laat dat dinge soos seer, wraak, sonde of wat ook al die laaste woord in jou lewe spreek nie. Lof aan God bring lewe. Lof aan God help jou om die swarigheid in die lewe te oorkom, omdat jy op die vleuels van bewondering en waardering sweef in God se teenwoordigheid. En in sy teenwoordigheid ontvang jy die krag om alles te kan hanteer. Lof help 'n mens om te ervaar dat jy lééf, en nie geleef word nie.

Bring vandag lof aan die Here, prys Hom.

Begrawe die dooies

Toe sê die manne vir hulle: "Waarom soek julle die Lewende by die dooies? Hy is nie hier nie. Hy is uit die dood opgewek ..." (Luk 24:5b-6).

Dat 'n mens verskeie lesse uit die verlede kan leer, is waar. Dat ons hierdie lesse wat ons leer nie altyd in ons lewe toepas nie, is eweneens waar. Daar is mense wat voortdurend die verlede herleef. Dit is asof hulle net agteruit wil gaan en nie kans sien vir die veranderings en nuwe dinge wat elke dag aan hulle bied nie.

Om die lewe met al sy uitdagings te kan hanteer moet jy nie in die verlede bly vashaak nie. Begrawe die dooies en gaan aan met die lewe. Jy kán dit doen saam met dié *Lewende*, Jesus Christus.

Hy het uit die dood opgestaan en word nie teruggehou deur die bande van die dood en die verlede nie. Laat jou verlede en die dinge wat jou wil doodsmoor by Hom. Hy sal jou die bevryding van egte lewe laat proe. Hy sal jou die krag gee om die vernietigende mag van sonde, Satan en jou eie ek teen te staan.

Pak die lewe aan saam met die lewende,
opgestane Jesus Christus.

In elke behoefte voorsien

En my God sal in elke behoefte van julle ryklik voorsien volgens sy wonderbaarlike rykdom in Christus Jesus (Fil 4:19).

Wanneer mense voel dat die lewe uit hulle gewurg word, begin hulle vrees dat hulle armoede gaan beleef. Dit is juis hierdie vrees dat hulle te min gaan hê of die vrees dat hulle alles gaan verloor wat maak dat mense koorsagtig net al hoe meer bymekaarmaak. En dan verloor hulle alle balans in die lewe en spoedig verdwyn ook die genot van die lewe soos mis voor die son.

Paulus laat weet aan die gemeente dat hy bly is dat hulle vir hom iets gestuur het vir sy behoeftes. Hy glo dat God ook in hulle behoeftes sal voorsien. Dit gebeur telkens dat, wanneer jy iemand anders help, daar ook hulp na jou kant toe kom. Wanneer jy van jou gawes met ander deel, sorg die Here vir jou.

Dit beteken nie dat jy spandabelrig moet word nie, maar dat jy sal deel wat jy het. Moenie so krampagtig aan alles vashou dat jy die lewensvreugde verloor wat kom deur te gee nie. Werk met 'n oorvloedsmentaliteit, want God voorsien na behoefte.

God sal voorsien in jou behoeftes sodat jy waarlik kan leef.

Skoonmaaktyd

Hou dan op om te lewe soos julle vroeër gelewe het; breek met die ou, sondige mens in julle wat deur sondige begeertes verteer word (Ef 4:22).

"Maak skoon." Dit is 'n goeie slagspreuk om elke dag mee te begin. Ek het die gewoonte om elke oggend te klik op my rekenaar se "restart"-knoppie as ek dit nie oornag afgeskakel het nie. Party programme wat ek die vorige dag gebruik het, laat miskien verdwaalde reste op die geheue van die rekenaar wat sommige bewerkings vertraag. Deur die rekenaar weer van voor af te laat begin, maak ek sy geheue skoon en kan ek die dag nuut begin.

Dit is ook goed om dit met jou eie lewe te doen. Breek elke dag met die ou, sondige mens wat jou soveel verkeerde dinge laat doen en soveel hartseer besorg. Wanneer jy met te veel skuld en sonde in jou geheue rondloop, begin dit jou funksionering belemmer. En dan verdwyn die genot uit jou lewe. Breek elke dag met hierdie ou, sondige mens in jou deur jou onder die beheer van die Heilige Gees te stel. Só stel jy jou oop vir nuwe gewaarwordings en nuwe groei.

Is daar iets wat jy wegsteek? Maak skoon!

Los die oordeel

Moenie oordeel nie, sodat oor julle nie geoordeel word nie (Matt 7:1).

Iets wat jou groei baie kan belemmer, is die gesindheid om ander mense gedurig te veroordeel. Dit is die gewoonte om gedurig fout by ander te vind sodat jy hulle kan afkraak en in die proses beter as hulle kan vertoon. Laasgenoemde gebeur egter net in die gedagtes van die een wat veroordeel.

Laat staan die veroordelende gesindheid wat altyd negatief en krities teenoor alles is. Wanneer jy wel jou mening oor iets wil lug, doen dit op 'n positiewe en opbouende manier. Dan bou jy jouself én ander mense op en almal sal in die proses kan groei.

Ondersoek ook jouself en jou motiewe waarom jy ander wil oordeel. Onthou, soos jy oordeel, sal jy ook geoordeel word. Sal jy die toets kan deurstaan? Volgens Jesus sal God jou ook oordeel. En Hy kyk dieper in jou hart as jy self. Hy ken jou diepste bedoelings. Om 'n kwaliteitlewe te lei, bid om wysheid voordat jy kritiek uitspreek en vra die Here om jou op die regte koers te lei.

Vermy 'n negatiewe en afbrekende gesindheid.

Vra net ...

Vra, en vir julle sal gegee word ... (Matt 7:7).

Wanneer jy skoon maak, is dit belangrik om jou lewe weer met die regte dinge te vul. Dikwels maak mense hulle lewe skoon, maar omdat hulle nie opbouende gewoontes aanleer en hulle gedagtes met positiewe dinge vul nie, sluip die afbrekende gewoontes en slegte gedagtes weer terug in hulle lewe.

Jesus nooi jou om te vra. God is beter as enige aardse pa en Hy sal vir jou gee wat jy nodig het. Vra Hom om vir jou te wys waar jy nog moet skoon maak sodat jy kan groei. Erken jou afhanklikheid van Hom. Sy Heilige Gees sal jou help om jou gawes só uit te bou dat jy nie tyd het om jou te steur aan jou tekortkomings nie. Party mense fokus so op hulle tekortkomings dat hulle eintlik hulle negatiewe gedrag en gedagtes bly versterk. Maar die Heilige Gees sal jou sensitief maak vir groei-areas waarop jy kan en moet fokus. Gebruik jou tyd en energie om aan hierdie groei-areas te werk en word verras deur nuwe lewensenergie.

Vra God wat nodig is sodat jy kan groei.

Herstel jou prioriteite

Waar jou skat is, daar sal jou hart ook wees (Matt 6:21).

Slegte tye, soos wanneer siekte of dood of ongeluk in jou lewe inkom, laat jou opnuut kyk na jou prioriteite. Sulke onaangename ervarings konfronteer jou met die vraag of die sekuriteite waarop jy bou jou regtig kan help. Positief gesien, help sulke tye jou om jou prioriteite te herrangskik sodat dit in die regte volgorde sal wees.

Jesus het reguit gesê dat jou hart, jou belange en jou aandag dáár sal wees waar dié dinge is wat jy as belangrik beskou. Jou skat mag besittings of geld of status wees. Nie een van hierdie dinge is onbelangrik nie, maar dit is nie die belangrik*ste* nie.

Die belangrikste is wat ook in die hemel – by God – geld. Maak 'n slag goed skoon en ken 'n laer prioriteit toe aan dié dinge wat nie ewigheidswaarde het nie. Dien Jesus met jou geld en jou besittings en jou tyd, en jy sal vind dat jou prioriteite in die regte plek sal wees. Dan sal jy geluk ervaar, en ook besef dat jou lewe 'n roeping het.

Gee voorkeur aan prioriteite
waarmee jy vir Jesus dien.

Besoek 'n oogarts

Die lamp van die liggaam is die oog. As jou oog goed is, sal jou hele liggaam lig hê (Matt 6:22).

Ek was so pas by ons apteker vir 'n inspuiting om hooikoors te beheer. Toe hy die botteltjie entstof oplig om die spuitnaald daarin te druk, merk hy op: "Ja, 'n paar jaar gelede kon ek maklik sien waar om die naald in te druk. Soos ek ouer word, moet ek elke keer 'n ander bril kry." Gelukkig is hy in die posisie dat 'n bril hom kan help om nog goed te sien. Want wanneer 'n mens sleg sien, kan jy slegte dinge oorkom.

Geestelik werk dit ook so. Wanneer jou geestelike sig belemmer word deur kwade gedagtes en slegte begeertes, kom jy slegte dinge oor. Om geestelik goeie sig en insig te hê, moet jy jou gedagtes en begeertes skoon maak. Dan sien jy dinge anders, want jy kyk deur hierdie bril: Is dít wat God wil hê?

Hoe goed is jou geestelike sig? Vra die Heilige Gees om jou sensitief te maak vir dinge wat jou geestelike sig vertroebel, sodat jy helder op God kan fokus.

Kry goeie sig deur die Heilige Gees.

Begin naby

As iemand sê: "Ek het God lief," en hy haat sy broer, is hy 'n leuenaar; want wie sy broer, wat hy kan sien, nie liefhet nie, kan onmoontlik vir God liefhê, wat hy nie kan sien nie (1 Joh 4:20).

Ek het eenmaal gehoor dat iemand sê: "Karakter is die mens wat jy is wanneer niemand kyk nie." Kyk 'n oomblik na jouself en waag 'n mening oor jou karakter. Dink jy jou karakter voldoen aan die standaarde wat God van sy skepsels verwag?

Johannes maak iets anders duidelik wat ook alles met jou karakter te doen het. Jy kan mooi vertoon in die kerk en tussen medegelowiges, sodat mense dink jy het God baie lief. Maar die maatstaf of jou karakter voor God reg is, is nie net of jy God liefhet nie. Die standaard is: Het jy ook jou medemens lief? Liefde vir God en liefde vir jou medemens is twee kante van dieselfde muntstuk. Albei kante is nodig.

As jy jou medemens nie liefhet nie, is jou karakter bevlek. Begin naby aan jou om dit reg te stel, sommer baie naby – by jou medemens.

Werk aan jou karakter deur jou medemens lief te hê.

Geestelik volwasse

Dan sal ons, sy kerk, soos 'n volgroeide mens wees, so volmaak en volwasse soos Christus (Ef 4:13b).

Wat sou jy graag as 'n opskrif op jou grafsteen wou sien? Dink 'n oomblik na oor waarvoor jy onthou *sal* word. Gebruik dan nog 'n minuut om neer te skryf waarvoor jy onthou *wil* word.

Soms kom 'n mens met 'n skok agter dat jy dalk nie onthou sal word vir dít waarvoor jy graag onthou wil word nie. Maar hierdie oefening gee jou 'n goeie aanduiding in watter rigting jy nog moet groei. Waaroor jy moet besin, is of dié dinge waarvoor jy onthou wil word regtig van waarde is. Dit mag wees dat daardie dinge net jou ego streel.

Volgens die Bybel is dit van wesenlike belang om geestelik volwasse te word. Die toets vir geestelike groei is of jy al hoe meer soos Jesus lyk en optree. Aan die gelowiges gee die Here selfs verskillende funksies, soos dié van apostels en leraars, waardeur die gemeente homself opbou om al hoe meer soos Jesus te wees.

Rig jou lewe só in dat jy onthou sal word as iemand wat geestelik volwasse was.

Streef na geestelike volwassenheid.

Ligtoring

Dit gaan goed met dié wat onberispelik lewe, dié wat wandel volgens die woord van die Here (Ps 119:1).

Ek staan onlangs en kyk na die ligtoring by Mosselbaai en wonder hoeveel skepe al deur daardie ligtoring gered is. Sonder ligtorings loop skepe die gevaar om as gevolg van verraderlike seestrome op die rotse te loop, met tragiese gevolge vir die skip, die personeel en die seelewe. Ongeag die weersomstandighede, sein die ligtoring elke aand getrou sy waarskuwingsboodskap uit.

Die Bybel as die Woord van God werk ook so. Dit maak nie saak hoe jy vandag voel nie, dit verander nie aan die waarheid van die Bybel nie. Om geestelik volwasse te word beteken dat jy jou nie deur jou temperament of omstandighede sal laat lei nie, maar jou sal instel volgens die *ligtoring van God*. Dis ál getroue baken en basis wat jy het. Jou temperament en gevoelens en omstandighede is te wisselvallig om daarop peil te trek. Voed jou dus voortdurend met die Woord sodat jy veilig kan vaar en die rotse kan vermy. Dan sal jy in alle situasies getrou bly aan die koers wat God vir jou beplan het.

Lees en oordink die Woord van God en maak dit deel van jou lewe.

Reg en geregtigheid

Mens, die Here het jou bekend gemaak wat goed is: Hy vra van jou dat jy reg sal laat geskied ... (Miga 6:8).

Een van my vriende is 'n regter. Ek vra hom toe onlangs wat die eenvoudigste manier is waarop hy na enige saak kyk. Sy antwoord was: "Ek vra my af of dit regverdig, reg en billik is." Met hierdie maatstaf kan jy enige saak beoordeel.

Die probleem met onvolwasse gedrag is gewoonlik dat jy jou sterk deur jou emosies en die omstandighede laat lei, en nie deur jou beginsels nie. Gewoonlik wil 'n mens ter wille van die vrede liewer draaie loop om 'n klomp netelige kwessies. Ongelukkig skep hierdie optrede later veel groter probleme wat nie altyd so maklik hanteerbaar is nie. God vra van jou om reg te laat geskied. Hierdie beginsel sorg dat alle mense billik en regverdig behandel sal word. En jy self wil mos ook só behandel word.

Pas hierdie beginsel vandag toe in jou transaksies, verhoudings en werk. So groei jy in geestelike volwassenheid en vermy jy die wispelturigheid van emosionele en selfsugtige besluite.

Vra jouself telkens af:
Is dit reg? Sal God dit so verkies?

274

Liefde en trou

Mens, die Here het aan jou bekend gemaak wat goed is: Hy vra van jou ... dat jy liefde en trou sal bewys ... (Miga 6:8).

Ons wêreld is só ingestel op prestasie dat mense dikwels die vernaamste elemente van 'n volwasse en gesonde lewe vergeet – intimiteit en integriteit. In die naam van prestasie sal mense mekaar te na kom en hulle beloftes maklik verbreek.

Sonder intimiteit kom daar afstand. En wanneer die afstand tussen jou en iemand anders al hoe groter word, groei die onmin welig. Dis hoekom verskillende bevolkingsgroepe mekaar so maklik beswadder en selfs haat as hulle nie leefruimtes en intimiteit deel nie. Geestelik volwasse mense gee liefde en daarmee saam is hulle bereid om hulle oop te stel vir ander mense.

Hierdie liefde moet egter gebalanseer word met integriteit, want liefde sonder trou is net selfsug. Integriteit vereis dat jy sal staan by jou beloftes en dat jy sal wees wie jy sê jy is. Geestelike volwassenheid vereis dat jy, soos Jesus, tot die dood toe getrou sal wees, want daarin word ook die opstanding tot 'n nuwe lewe ontsluit.

Streef na al hoe meer liefde en trou in jou lewe.

Bedagsaam?

Mens, die Here het jou bekend gemaak wat goed is: Hy vra van jou ... dat jy bedagsaam sal lewe voor jou God (Miga 6:8).

Om altyd te onthou waar alles vandaan kom en aan Wie jy alles te danke het, is die kuns van geestelike groei. Dit is om voortdurend met God in jou gedagtes te leef. Dit is om, soos die Israeliete gesê het, voor die aangesig van God te lewe. Miga omskryf dit as om bedagsaam te lewe voor God. *The Living Bible* noem dit *to walk humbly with your God*.

'n Geestelik volwasse persoon leef in die teenwoordigheid van God. Jy herinner jouself voortdurend daaraan dat God hier by jou is. Dan is jy die hele tyd bewus daarvan dat God met jou, by jou, in jou is. Jy gesels met Hom, want jy weet dat Hy jou hoor, al voel dit soms vir jou asof Hy ver weg van jou staan. Jy gebruik jou gewete as 'n innerlike oor om te hoor of jy nog op koers is.

Moenie wag vir sogenaamde ideale omstandighede om só te leef nie. Herinner jouself daaraan dat God nóú hier by jou is. Dank Hom daarvoor en gesels met Hom.

Leer om in die teenwoordigheid van God te leef.

Dieselfde gesindheid

Dieselfde gesindheid moet in julle wees wat daar ook in Christus Jesus was ... Hy was gehoorsaam tot in die dood, ja, die dood aan die kruis (Fil 2:5, 8).

Een opvallende kenmerk van Jesus se lewe op aarde was dat Hy wat Koning is, Hom nie gedistansieer het van gewone mense en die alledaagse stryd van die lewe nie. Hy was midde-in die omstandighede van die mense vir wie Hy sou sterf. Hy het saam met hulle gelag, gehuil, seergekry en vreugde beleef.

Normaalweg meet ons sukses aan die status en roem en rykdom wat 'n persoon besit. Toe Hy op die aarde was, het Jesus nie in hierdie kategorieë ingepas nie. Tog het Hy die status van God en is Hy wêreldwyd beroemd en besit Hy die heelal. Wanneer jy Hom aanneem, gee Hy aan jou die status van kind-van-God. Dan word jy geassosieer met Hom as beroemde en deel jy in sy hemelse skatte.

Hierdie hemelse skatte laat jou egter nie grootkop kry nie, want 'n geestelik volwasse mens weet aan Wie hy of sy alles te danke het. 'n Geestelik volwasse persoon het net een wens en dit is om gehoorsaam te wees aan die Gees van God.

Wees Gees-telik volwasse, gehoorsaam aan die Gees van Christus.

Namens God

Toe het God gesê: "Kom Ons maak die mens as ons verteenwoordiger, ons beeld, sodat hy kan heers ..." (Gen 1:26).

Kyk na jouself. Jy is dalk jonk en fier, reg vir uitdagings. Of miskien voel jy onvolkome, krom getrek deur 'n skeet, vermink deur 'n ongeluk of die ouderdom. Tog is jy nie sonder rede hier nie. God het jou geskep om namens Hom te heers. Jy neem verantwoordelikheid vir die wêreld rondom jou.

Dis so maklik om net die skouers op te trek en te sê ander mense moet iets reg maak. Met hierdie soort redenasie en traak-my-nieagtige gesindheid word die natuur en mense verwoes. Elke verandering en vernuwing wat gekom het, het begin by een persoon wat raakgesien het dat hy of sy 'n verskil moet en kan maak. Dis nie mense wat oornag groot dinge reggekry het nie. Elke groot verandering en verbetering het gekom deur iets kleins weer reg te stel. Soos om 'n papier wat rondlê op te tel. Want wanneer God jou laat heers, mag jy maar jou hande vuil maak en só ander rondom jou ook leer om verantwoordelik op te tree.

Neem verantwoordelikheid vir jouself
en jou omgewing.

Terug na die lewe

"Hierdie seun van my was dood, en hy lewe weer; hy was verlore, en ek het hom teruggekry." Toe het hulle begin feesvier (Luk 15:24).

Het jy onlangs opnuut besef hoe fantasties God is? Om te dink, met een swaai van sy hand kleur Hy die hemelruim in met 'n vlammende sonsopkoms, met die rooi gloed van 'n sonsondergang, met reënboogkleure, onheilspellende donker wolke en helder sonskyn. Die heelal is vol skitterende sterre en planete, amper asof Hy dit soos waterdruppels van sy hand teen 'n spieël afgeskud het. Dan weer vee Hy alles weg in nagdonkerte, sodat jy stil word voor die nagskaduwees.

Dit is hierdie God wat juig elke keer as 'n afgedwaalde kind van Hom terugkeer na Hom toe. Want dis niks minder nie as 'n terugkeer na die lewe. God vier fees wanneer seuns en dogters wat dood was omdat hulle sy teenwoordigheid verlaat het, terugkeer na die Lewe. Hy gesel jou nie met verwyte nie, maar omhels jou in liefde. As jy ver van God af wegbeweeg het, moenie bang wees om terug te keer nie – Hy wag op jou om fees te vier oor jou terugkeer.

Keer altyd terug na God, na die Lewe.

Goed versorg

Kyk na die wilde voëls: hulle saai nie en hulle oes nie en hulle maak nie in skure bymekaar nie; julle hemelse Vader sorg vir hulle. Is julle nie baie meer werd as hulle nie? (Matt 6:26.)

Jy is baie meer werd as seemeeue en kraaie, as lelies en madeliefies. God dink só baie van jou dat Hy selfs sy Seun as mens na die aarde toe gestuur het om jou te oortuig van sy liefde vir jou. God kom tree menslik op om jou liefde te wen.

En die wonder gebeur: God maak jou sy medewerker om saam met Hom na hierdie wonderlike skepping om te sien en dit liefdevol te koester. Jy is God se vennoot en dáárom met aansien en eer gekroon.

Wanneer bekommernisse en vrees jou visie versper, jou kreatiwiteit belemmer of jou moontlikhede laat stol, kyk rondom jou na 'n blom of boom, 'n voël of 'n dier. Onthou dan dat al hierdie dinge vir God kosbaar is, maar dat jy vir Hom nóg kosbaarder is. Hy versorg alles in sy skepping baie goed, en Hy sal ook vir jou goed versorg. God, jou Vennoot, is daarop uit om na jou beste belange om te sien.

Jou hemelse Vennoot sien na jou om.

280

Saam met ander

Ons is medewerkers in diens van God ...
(1 Kor 3:9).

Blykbaar het sommige van die gemeentelede in Korinte besluit dat hulle meer van Paulus hou, en ander het Apollos verkies. Wanneer Paulus hierdie stryery aanspreek, laat hy die gemeente besef dat dit gaan om 'n saak groter as hy en Apollos. Dit gaan om God se eer, want dit is God wat laat groei. Elkeen doen sy of haar deel, maar uiteindelik kan jy nie al die eer vir jou neem en maak asof jy alleen verantwoordelik is vir groei nie. God laat groei.

God kies jou nie net om saam met Hóm as sy vennoot te werk nie, maar ook om 'n medewerker saam met ander gelowiges te wees. Saam dra elkeen sy of haar deel by om God se koninkryk te laat kom en die getal gelowiges te laat groei. Moenie iemand anders as 'n bedreiging sien nie, maar kyk hoe julle mekaar kan aanvul as God se verteenwoordigers. Dan werk julle nie teen mekaar en só ook teen die saak van God nie, maar saam met mekaar vír God se saak.

Jy werk saam met ander in diens van God.
Respekteer hulle.

Nie tevergeefs nie

> Daarom, liewe broers, wees standvastig, onwankelbaar, altyd oorvloedig in die werk van die Here, omdat julle weet dat julle inspanning in diens van die Here nie tevergeefs is nie (1 Kor 15:58).

Gee God aan jou net wat jy verdien? Wanneer jy die voorafgaande Skrifgedeelte lees, kom jy agter dat die opstanding een van die mees fantastiese dinge is wat met jou kan gebeur. Die verganklike word dan verander in die onverganklike, die natuurlike word verander in die geestelike en die sterflike verander in die onsterflike. Waar die dood vantevore 'n absoluut vernietigende mag oor die mens gehad het, word dit deur God verbreek sodat Jesus én ons kan opstaan uit die dood. God gee dus aan ons baie meer as wat ons verdien. Hy gee aan ons die ewige lewe en verander ons in mense wat vir ewig in sy teenwoordigheid sal lewe.

As God jou dan so oorvloedig seën en versorg, hoekom gee jy nie meer as wat nodig is in diens van die Here nie? Geen inspanning vir Hom sal tevergeefs wees nie, want dit is die manier waarop jy dankie sê vir alles wat Hy vir jou doen.

Moenie bang wees om jou in te span in diens aan die Here nie.

282

Groter as die duiwel

Julle behoort aan God, liewe kinders, en het die vals profete klaar oorwin omdat Hy wat in julle is, groter is as die duiwel, wat in die wêreld is (1 Joh 4:4).

Jy het 'n keuse wie in jou woon en van jou en jou lewe besit neem. God kom oorrompel jou nie met sy liefde asof jy 'n willose robot is nie. Hy gee aan jou die keuse en nooi jou uit om Hom in jou lewe in te nooi. Op dieselfde manier het jy die kans om vir die Bose te kies. Dit is ook 'n keuse wat jy uit vrye wil maak.

Wanneer jy vir God kies, sal Hy jou help om die daaglikse stryd teen die Bose aan te pak en te oorwin in die besef dat God groter as die duiwel is. Die duiwel mag wel magtig wees, maar God is *al*magtig en sit die duiwel gereeld op sy plek.

Met God aan jou kant en met die Gees van God in jou, kan die duiwel jou nie sommer net oorrompel nie. Moet dus ook nie bang wees vir mense wat allerlei onwaarhede verkondig nie. Hulle kan nie teen God stand hou nie.

God is groter as die duiwel en Hy is aan jóú kant teen die Bose.

Wees vrolik

Ek het tot die insig gekom dat daar vir 'n mens niks beter is nie as om vrolik te wees en die goeie van die lewe te geniet (Pred 3:12).

Dit is tog eienaardig dat 'n mens graag iemand of iets anders kwalik wil neem vir jou eie ongelukkigheid, maar dat jy nooit iemand anders die krediet gee vir jou geluk nie. Geluk hang af van jouself, het die bekende Griekse wysgeer Aristoteles beweer. Daarom is dit so belangrik dat jy sal waak oor wat in jou binneste gebeur, want dit bepaal jou graad van geluk.

Daar is so baie om oor vrolik te wees – jy moet net jou oë daarvoor oopmaak. Die prettige lag van 'n baba laat 'n mens se mondhoeke byna vanself optrek in 'n glimlag. Die dankbaarheid wanneer iemand of die lewe onverwags iets goeds na jou kant toe laat kom, laat jou jubel. Wanneer jy iets regkry wat vir jou onmoontlik gelyk het, wil jy bokspring van vreugde.

Die Here wil jou net opnuut laat besef dat dit lekker is om vrolik te wees. Hy skenk aan jou die goeie van die lewe sodat jy dit kan geniet.

Kies om vrolik te wees, want dit is goed vir jou.

Bron van vrolikheid

**Oor U wil ek my verbly en vrolik wees,
u Naam wil ek besing, o Allerhoogste
(Ps 9:3).**

Vrolikheid kan soms kunsmatig en aangeplak voorkom. Dit gebeur wanneer dit oppervlakkige vrolikheid is wat gebou is op onseker fondamente soos geld of besittings of die goedkeuring van ander. Hierdie dinge is belangrik en ons geniet dit, maar dit bring net 'n kortstondige vrolikheid. Netnou soek jy nóg geld en wil jy wéér iets koop en soek jy wéér na goedkeuring.

Ten diepste is vrolikheid geanker in die liefde wat God vir jou het. Om te weet dat die God van die heelal jou liefhet, is 'n fees. Jy is skaars 'n stofspikkeltjie in die heelal, tog het Hy jou lief. Dawid herinner homself aan hoe goed God in die verlede vir hom was. Daarom kan hy ook in die hede sing en vrolik wees. Jy kan waarskynlik ook terugdink aan insidente in jou lewe wat jy nie sonder God se ingrype sou kon hanteer of oorleef het nie.

Herleef hierdie oomblikke in jou gedagtes. En begin glimlag, want dieselfde God wat jou toe gehelp het, is nog steeds God.

Glimlag, want God is steeds God.

Die uitkoms is hier

Jubel, hemel! Juig, aarde! Sing vrolik, berge! Die Here het vir sy volk uitkoms gegee, Hy het Hom ontferm oor sy volk wat in nood was (Jes 49:13).

Vrolikheid smelt vinnig weg soos ys in die son wanneer jy fokus net op die slegte dinge wat gebeur. Geen mens kan vermy dat slegte goed met hom of haar gebeur nie. Dit is deel van hierdie lewe en van ons menswees. Om aanhoudend "Hoekom?" te vra, bring ook nie 'n antwoord nie. Dit lei net tot verdere vrae. Die vraag is eerder: Hoe kan God se kinders die slegte wat oor hulle pad kom, hanteer?

'n Goeie manier om die slegte van die lewe te verwerk, is om vas te hou aan God se belofte dat Hy jou sal help. Hy het hierdie belofte dikwels in die haglikste omstandighede aan sy volk gegee. Dit het hulle gehelp om uit te hou totdat die uitkoms volledig aangebreek het.

Die uitkoms is reeds hier, en hierdie uitkoms se Naam is Jesus. Vra Hom om jou te help en jou sorge te dra. Gee alles wat jou hinder vir Hom en beleef hoe jou vrolikheid weer opvlam. Saam met Jesus kan jy enigiets hanteer.

Die Here ís hier – daarom kan jy vrolik wees.

Dit gaan goed

Dit gaan goed met die mens wat nie die raad van goddeloses volg nie, nie met sondaars omgaan en met ligsinniges saamspan nie, maar wat in die woord van die Here sy vreugde vind, dit dag en nag oordink (Ps 1:1-2).

Volgens die televisie, sommige musiek en advertensies is daar net een manier om vrolik te wees – en dit is om jou behoeftes dadelik te bevredig. Gewoonlik koppel dié advertensies dan 'n bepaalde produk aan hierdie belofte van vrolikheid en lewensgenot. Koop jy die produk, sal dit jou vrolikheid en genot waarborg.

Is dit waar?

Of dit nou waar is of nie, mense val daarvoor. Dit is hoekom die advertensiebedryf astronomiese bedrae geld oes. Die Bybel probeer egter nie vrolikheid met allerhande tierlantyntjies en mooi woorde opdis nie. Volgens die Bybel gaan dit eers goed met jou wanneer jy God se Woord jou eie maak en dit deurentyd oordink. Anders gestel, die regte *inhoud* is jou *behoud*. Vermy daarom situasies of die geselskap van mense wat jou vreugde kan belemmer. Voed jou diepste behoeftes aan God en sy teenwoordigheid. Maak tyd vir God. Dán gaan dit goed met jou.

Geniet God se Woord sodat jy vrolik kan bly.

Die hartseer lied van die sonde

**'n Mens se sonde is sy grootste gevaar.
Iemand wat reg doen, kan vrolik sing
(Spr 29:6).**

Wanneer jy verkeerd gedoen het, leef jy in die vrees dat jy uitgevang sal word. Wanneer jy regtig iets ergs gedoen het, is daar die moontlikheid dat iemand gaan wraak neem. En wraak kan selfs lei tot die dood. Die Bybel beweer dat, as jy in hierdie lewe nie jou saak met die Here regmaak nie en in sonde bly voortleef, die *ewige dood* jou lot is. Dit is maar 'n hartseer lied wat sonde bring.

Die Spreukeskrywer het opgemerk dat iemand wat reg doen niks hoef te vrees nie. Só iemand se gewete is skoon. Daarom kan hierdie mens vrolik sing. Wanneer jy die regte dinge doen, het jy niks om weg te steek nie. Jy hoef nie eens moeite te doen om te onthou watter leuen jy vir wie vertel het nie.

Moenie jou dag verswaar deur toe te gee aan die sonde nie. Doen wat reg is, sodat jy die hele tyd kan sing met 'n vrymoedige hart. En wanneer jy wel sondig, vra dadelik om vergifnis – sodat jy weer kan sing.

Doen reg sodat jy kan sing van vrolikheid.

Onmoontlik?

Ons word behandel as verleiers, en tog is ons betroubaar ... as bedroefdes, en tog is ons altyd opgeruimd ... (2 Kor 6:8b, 10).

Op 'n manier lig geloof in Christus jou na 'n ander vlak of dimensie. Dit haal nie oombliklik al jou probleme en slegte situasies weg nie, maar jou verhouding met Christus help jou om op 'n ander manier na dieselfde slegte dinge te kyk. Dit bring as 't ware 'n bietjie afstand tussen jou en alles wat jou pla en bekommer, sodat die pyn nie so erg en die seer nie so akuut is nie. Jou verhouding met Jesus help jou om uit te styg bo alles en met vrolikheid in jou hart daarna te kyk, al het jy menslik gesproke geen rede tot vrolikheid nie.

Paulus sien hierdie onmoontlike moontlikheid raak wanneer hy vertel dat gelowiges as bedroefdes behandel word, maar tog bly is. Daar was rede om die gelowiges jammer te kry, want hulle is gemartel en het gely vir hulle geloof. Tog het hulle 'n vrolikheid besit wat nie aardgebonde is nie. Dis 'n hemelse vrolikheid, want Jesus is hemels. Jou eintlike lewe lê by God.

Jy sal hemelse vrolikheid net by Jesus vind.

289

Soos 'n flitslig

**U woord is die lamp wat my die weg wys,
die lig op my pad (Ps 119:105).**

Onlangs het ons voertuig se enjin sommer so in die ry uitgesny en net daar gaan staan. Dit was amper halftwaalf in die nag. Ek het probeer kyk of daar nie iewers 'n draadjie los is nie, maar in die flou maanlig kon ek niks sien nie. As ek 'n flitslig by my gehad het, sou ek ten minste kon sien waar die fout lê.

Volgens die psalmdigter is dít die funksie wat die Woord van God vervul. Wanneer dit vir jou voel asof alles om jou donker raak en jy nie weet hoe om verder te loop nie, neem die Bybel en lees wat God se belofte en opdrag vir jou is. Neem die Bybel se woorde ter harte en leef daarvolgens, sodat dit in elke situasie vir jou soos 'n flitslig is. Jou gewete word dikwels beïnvloed deur groep- of kultuurdruk, maar wanneer jy die Woord deel van jou lewe maak, maak dit jou gewete vry om reg te funksioneer.

Hoekom in die nag en sonder hoop leef? Maak oop jou Bybel en lees!

---

*God sal deur die Bybel vir jou riglyne gee
vir elke situasie in jou lewe.*

Besonderse inspirasie

Die hele Skrif is deur God geïnspireer en het groot waarde om in die waarheid te onderrig, dwaling te bestry, verkeerdhede reg te stel en 'n regte lewenswyse te kweek (2 Tim 3:16).

Hoekom nog die Bybel lees? Sê die koerante nie meer as genoeg nie?

Op hierdie vraag kan jy 'n duisend verskillende antwoorde verwag. Gelowiges in Christus sal dit op een manier beantwoord. Maar ander gaan van hulle verskil en sê die Bybel het vir hulle geen betekenis nie. Hulle sal kopskuddend verskil met die Bybellesers.

Jou antwoord word bepaal deur waarna jy soek. As jy algemene, alledaagse nuus soek, gaan jy vanselfsprekend die koerante oopslaan. Maar wanneer jy die Een soek wat jou nood verstaan, wat jou sal troos deur sy beloftes, wat die koers vir jou lewe wil aandui, is die Bybel dié boek vir jou. Want hierdie Boek is geskryf omdat *God* mense daartoe geïnspireer het.

Daarom sal jy telkens God se stem hoor wanneer jy die Bybel lees. God sal deur sy Woord vir jou wys hoe Hy wil hê jy moet lewe. Die Woord van God sal jou lei na die hart van God.

God sal jóú ook inspireer deur die Bybel.

291

Dwaal en verdwaal

Maar Jesus antwoord hulle: "Julle dwaal omdat julle nie die Skrif en ook nie die krag van God ken nie" (Matt 22:29).

As 'n skip op die onstuimige see nie goed geanker is nie, kan dit maklik op die rotse loop. So gebeur dit ook met mense wat nie geanker is in die Bybel nie. Enige dwaalleer kan jou intrek in die seestroom wat jou op die rotse van vertwyfeling en moedeloosheid laat afstuur.

Jesus roep die Sadduseërs tot orde toe hulle met 'n vraag oor die opstanding na Hom toe kom. Hulle maak die vraag ook baie moeilik, maar Jesus wys hulle tereg deur hulle terug te neem na die Bybel. As jy die Bybel nie ken nie, dwaal jy nie net maklik nie, jy *verdwaal* later en weet nie meer herwaarts of derwaarts nie. Die Bybel is nie net geskryf om jou *in te lig* oor sekere gebeure nie. Dit wil jou *uitlig* uit die groef waarin jy beland het.

Op God se wonderbaarlike manier verander Hy nie net jou negatiewe gedagtes wanneer jy sy Woord lees nie – jy self verander ook en word 'n positiewe mens.

Leer ken jou Bybel deur dit van voor af deur te lees.

Reeds uitgespel

Dag vir dag was Ek by julle besig om die mense in die tempel te leer en julle het My nie gevange geneem nie. Maar die Skrif moet in vervulling gaan (Mark 14:49).

Toe die mense met swaarde en stokke gekom het om Jesus gevange te neem, was dit, ironies genoeg, Hy wat in beheer van die situasie was en nie hulle nie. Wat bring vir jou hierdie soort vrede waarmee jy 'n situasie kan hanteer?

Jesus gee die antwoord deur te sê dat dít wat reeds lank vantevore geprofeteer is, besig is om in vervulling te gaan. Sy stryd teen die werklikheid van die dood wat op Hom wag, is verby. Hy is besig om ja te sê vir God se wil. En daarom is Hy bereid om hierdie pad te loop. Hierdie besluit bring vir Hom kalmte en vrede.

Die pad wat God laat uitspel het deur sy profete is nog nie op 'n einde nie. Ek en jy is ook op daardie pad. Dieselfde Skrif wat vir ons die pad uitspel, gee ook aan ons die belofte dat Jesus *God-met-ons* is. Voed jouself elke dag met hierdie Skrif, sodat jy gehoorsaam kan inval by God se wil.

Vertrou op die beloftes wat die Bybel aan jou gee.

Dís die bewys

Daar aangekom, was hy tot groot hulp vir dié wat deur die genade van God gelowig geword het, want hy het die Jode in die openbaar kragtig weerlê en uit die Skrif bewys dat Jesus die Christus is (Hand 18:27b-28).

Apollos het Agaje toe gegaan en geweldig baie vir die gelowiges daar beteken. Hy het debatte gevoer teen enige opponent van die Christelike geloof. Sy sterk punt was juis die feit dat hy sy argumente op gegewens uit die Skrif gegrond het. Die Skrif was dus die basis van sy geloof en hy het dit ook gebruik om sy geloof te verdedig. Die bewys dat Jesus die Christus is, het hy ook in die Skrif teruggevind.

Jy kan na verskillende dinge uit die natuur en in die filosofie verwys om aan te dui dat jy in Jesus Christus glo en dat Hy die Here is. Maar daar is eintlik net één bron waaraan jy kan vashou en wat uiteindelik onweerlegbaar is – en dit is die Bybel. Die Bybel oortuig mense deur die werk van die Heilige Gees. Hy gebruik die gegewens van die Woord om hulle harte en gedagtes aan te raak.

Gaan dus terug na die bron van jou geloof – die Bybel.

Doen moeite om die Bybel te bestudeer.

294

Vol hoop

Alles wat vooraf in die Skrif opgeteken is, is tog opgeteken om ons te leer sodat ons deur die standvastigheid en bemoediging wat die Skrif ons gee, vol hoop kan wees (Rom 15:4).

Mense soek hulle hoop dikwels in dinge wat hulle kan koop. Hulle sien uit na 'n heerlike vakansie wat afwisseling sal bring vir die moedeloosheid wat hulle in hulle werk ervaar. 'n Vakansie is uitstekend, maar daarna is jy net weer terug in dieselfde omstandighede as voor jou vakansie.

Paulus soek veel eerder sy leiding in die Skrif. Deur vas te hou aan die beloftes en woorde wat God vir ons in die Bybel gee, sal jy staande kan bly in elke krisis wat jou tref. Wanneer jy die woorde van God aangryp as sy woorde vir jóú, bemoedig dit jou in die moeilikste situasies. Die Bybel help jou om vol hoop te bly. Daarom is dit noodsaaklik dat jy tekste sal memoriseer sodat jy dit in tye van benoudheid kan onthou en sodat dit jou daardéúr kan dra. Skryf hierdie tekste op klein kaartjies neer, dra dit in jou sak en lees dit gereeld hardop vir jouself. Só word dit deel van jou lewe.

Memoriseer gereeld 'n spesiale Bybelteks.

Moenie begeer nie

Jy mag nie iemand anders se huis begeer nie. Jy mag nie sy vrou begeer nie, ook nie 'n slaaf of slavin, 'n bees of 'n donkie, of enigiets anders wat aan hom behoort nie (Eks 20:17).

In die fabels van die Griek Aesopus beweer hy dat die begeerte na denkbeeldige voordele dikwels die verlies van jou huidige seëninge inhou. Jy kan so blind raak vir die seëninge wat jy op hierdie oomblik geniet dat jy begin hunker na iets wat vir jou beter lyk as wat jy het. Vandaar die spreekwoord wat sê: Die gras lyk altyd groener aan die ander kant van die draad.

Dit is opvallend dat een van die Tien Gebooie, wat die vreedsame naasbestaan van mense en 'n toegewyde bestaan voor God reël, juis oor begeertes handel. Deur die eeue heen hoor miljoene mense al hierdie laaste gebod: *Moenie begeer nie.* En baie van hierdie mense is ongelukkig omdat hulle hulle nie aan hierdie gebod steur nie.

Jou geluk gaan skipbreuk ly as jy voortdurend daarop uit is om te besit wat jou buurman of vriend het. Dis 'n maalkolk wat jou sal insuig. Klim uit die stroom uit – en fokus op wat jy reeds het.

Kyk na God en sê vir Hom dankie vir al die seëninge wat jy nou reeds het.

Dis 'n monster

Ons moet welvoeglik lewe soos dit in die daglig hoort. Daar moet geen ... jaloesie wees nie (Rom 13:13).

Die media buit die mens se ewige sug na alles wat beter is uit deur nuwe begeertes by ons te skep. Onsekerheid oor die toekoms skep ook by baie mense die begeerte om iets tasbaars te besit om aan vas te hou. Daarom versamel hulle maklik besittings en allerhande luukshede.

Ten diepste lê daar in elke begeerte die drang dat iemand anders tog nie beter as jy moet wees of meer en beter dinge as jy sal hê nie. Hierdie drang lei tot jaloesie. En jaloesie is die gesindheid om ontevrede te wees met wat jy het. Dit laat jou na ander se lewe en besittings kyk met 'n gevoel van dit-moes-aan-my-behoort-het.

Vir Paulus val jaloesie in dieselfde kategorie as 'n drinkery, uitspattigheid, ontug, onsedelikheid en rusie. Dit alles is dinge wat nie by Christene pas nie. Christene is mense wat by die daglig hoort. Daarom pas jaloesie nie by ons nie. Jaloesie is 'n monster wat in die nag skuil. Bly dus uit sy pad.

Hou op om jaloers te wees deur dit te erken en te kruisig.

297

Gedagtes in boeie

Ons neem elke gedagte gevange om dit aan Christus gehoorsaam te maak (2 Kor 10:5b).

'n Mens kry sommer maklik 'n rede om iets te doen as jy dit regtig graag wil doen. "Verskonings, verskonings," sê een van my vriende altyd. Dis maklik om jouself te regverdig deur allerlei argumente aan te voer. Maar dit beteken nie dat dít wat jy doen reg is nie. Die feit dat jy 'n logiese oorsaak en gevolg as rede kan aanvoer, heilig nog nie die saak nie.

Daarom is Paulus se wenk aan gelowiges om in die stryd teen die sonde elke gedagte as 't ware in boeie te sit. Ek sien die antivirusprogramme op my rekenaar plaas 'n rekenaarvirus in "kwarantyn". Dít is wat jy met jou gedagtes moet doen. Gedagtes is geformuleerde begeertes en daarom moet jy dit toets aan God se Woord. Kyk eers of dit goed en reg is voordat jy dit uit kwarantyn haal. Want as 'n slegte gedagte eers die oorhand oor jou kry, is dit soos 'n biochemiese bom wat ontplof en almal besmet. Laat jou gedagtes jou daarna laat streef om soos Christus te wees.

Plaas eers jou gedagtes in die kwarantyn van die Bybel en reinig dit.

Arm, maar eerlik

'n Mens wy sy lewe aan wat hy begeer, maar dit is beter om arm te bly as om te bedrieg (Spr 19:22).

Daar is gereeld berigte in die koerant van mense wat bedrog gepleeg het deur geld te gebruik wat hulle nie toekom nie. Hoekom doen mense so iets?

Ons almal wil iets in die lewe bereik. Dit lyk egter of nie almal op die paadjie van harde werk wil loop nie. Party kies kortpad deur te bedrieg, soos die een Comradesatleet wat later gediskwalifiseer is. Hy wou so graag wen dat hy gereël het dat iemand hom ver voor die ander atlete gaan aflaai sodat hy varser as hulle kon wees. Niemand sal hom ooit weer vertrou in 'n wedloop nie. Sy naam is daarmee heen. Daarom sê die Spreukeskrywer dat jy nie moet toelaat dat jou begeertes jou op 'n pad van bedrog laat afdraai nie. Jy is al een wat gaan verloor, want die waarheid kom die een of ander tyd uit. En jy kan in 'n leeftyd nie ongedaan maak wat in 'n oomblik se bedriegspul gebeur nie.

Hou net vas aan jou gesonde waardes wat kwaliteit aan jou lewe gee.

Bly weg van oneerlikheid en die versoeking om te bedrieg.

Nog nie die werklikheid nie

Wat die mens het, is beter as wat hy begeer ...
(Pred 6:9).

Begeertes is nie die werklikheid nie. Begeertes leef net in jou drome en gedagtes, en moet nog gestalte kry in die hede. Wat jy tans het, is egter wel reeds die werklikheid.

Party mense maak die fout om eienaardige en ondeurdagte dinge aan te vang onder die wanindruk dat hulle begeertes reeds vervul is. Dis soos iemand wat 'n loterykaartjie koop en so goed voel oor die moontlikheid om te kan wen dat hy die moed het om sy werkgewer te beledig. En dan wen hy nie ... Ander mense koop die duurste items op skuld terwyl hulle nie die geld daarvoor het nie en ook nog nie eens die eerste salaristjek van 'n nuwe werk ontvang het nie.

Moenie dit wat jy reeds het sommer net afskryf nie. Jy hét dit immers. Dit is wat God in jou besit geplaas het. En God sal wel vir jou op die regte tyd jou ander behoeftes ook gun indien dit binne sy wil vir jou val. En jy mag maar jou begeertes in gebed na Hom bring.

Waardeer wat jy het, want dit is wat God reeds aan jou geskenk het.

300

Dis 'n stryd

Wat ons sondige natuur begeer, is in stryd met wat die Gees wil, en wat die Gees wil, is in stryd met wat ons sondige natuur begeer ...
(Gal 5:17).

Daar is nie 'n tekort aan begeertes nie. Elke dag bring nuwes en skep so behoeftes wat vantevore nooit eens bestaan het nie. Wanneer 'n begeerte voor jou kom staan, moet jy vasstel uit watter oord dit kom. Want die rigting waaruit die begeerte kom, sal die rigting bepaal waarin jy sal gaan as jy op die begeerte sou reageer.

Uit die sondige oord kom begeertes wat jou tot 'n val sal lei. Dit is die soort begeertes wat jy met alle mag moet teenstaan en ignoreer. Dit is begeertes wat heeltemal teen die wil van God is.

Uit die Gees kom begeertes wat opbou, koester, omgee, ander se belange bevorder en jou soos Jesus laat wees. Hierdie begeertes kan nie versoen word met die begeertes uit die sondige oord nie, want die Geestelike begeertes is in stryd met die sondige begeertes.

Kies elke oomblik om die begeertes van die Gees te volg en ignoreer die sondige begeertes. Met die leiding van die Gees sal jy dit kan regkry.

Hou aan om te doen wat die Gees wil hê.

301

Jy kan groter dinge doen

Dít verseker Ek julle: Wie in My glo, sal ook die dinge doen wat Ek doen; en hy sal nog groter dinge as dit doen, omdat Ek na die Vader toe gaan (Joh 14:12).

Soms wag daar meer dinge op jou as waarvoor jy kans sien. Jou entoesiasme en moed kwyn vinnig weg en al wat oorbly, is die harde werk.

As jy net nie kans sien vir alles wat op jou wag nie, moenie by voorbaat moedeloos word en wegvlug van alles af nie. Jesus het sy dissipels verseker dat, omdat Hy na die Vader toe teruggaan, hulle nog groter dinge sal doen as wat Hy hier op aarde gedoen het. Dit het nie beteken dat hulle nog groter wonderwerke as Hy sou doen nie, want is die grootste wonderwerk nie juis om iemand uit die dood op te wek nie? Jesus het egter bedoel dat sy volgelinge in staat sou wees om al die wêrelddele te bereik wat Hy in sy liggaamlike gestalte nooit kon bereik nie.

Hierdie belofte aan sy dissipels gee Jesus ook vir jou. Saam met Hom sal jy groot dinge kan doen en die goeie nuus van verlossing verder kan dra.

Wees gereed om saam met Jesus groot dinge te doen.

302

In elke omstandigheid

Hy is die Vader wat Hom ontferm en die God wat in elke omstandigheid moed gee. In elke moeilikheid bemoedig Hy ons. Daarom kan ons ook weer ander help wat in allerlei moeilikhede verkeer ... (2 Kor 1:3b-4).

As 'n mens 'n taak alleen aandurf, is die versoeking groot om tou op te gooi wanneer die werk te veel of te moeilik word. Solank daar ander mense rondom jou is wat jou opbeur en saam met jou deur alles worstel, kan jy nog aangaan. Maar wanneer jy skielik alleen staan, stol jou moed en jou ywer.

Om in elke omstandigheid moed te hê moet jy glo dat God by jou teenwoordig is. Al voel dit nie vir jou so nie, vertrou op sy belofte dat Hy altyd by jou is, en tree in die geloof op. Paulus herinner ons daaraan dat God ons nie in die steek laat nie, maar Hom oor ons ontferm. Daarom is die Heilige Gees altyd by ons om ons te herinner aan God se goedheid en getrouheid.

Word bewus daarvan dat God nou by jou is. Verseker jouself daarvan. Soek Bybeltekste wat dit vir jou bevestig. En begin ook om ander mense wat moedeloos is, te bemoedig. Jy sal vind dat, wanneer jy ander bemoedig, jy self ook daardeur moed skep.

Hou moed, want God is besig met jou en Hy is by jou.

Om seker te wees

Om te glo, is om seker te wees van die dinge wat ons hoop, om oortuig te wees van die dinge wat ons nie sien nie (Heb 11:1).

Verskeie suksesvolle mense gebruik die tegniek van visualisering. Visualisering is om die toekoms waarop jy hoop so werklik moontlik in jou gedagtes te sien. Daarvoor gebruik jy al jou sintuie, sodat jy dít waarop jy hoop as 't ware kan voel, hoor, proe en ruik. Visualisering help jou om op 'n onbewuste vlak voortdurend te streef na jou doelwit en die regte keuses in daardie rigting te maak.

Die skrywer van die boek Hebreërs het lankal agtergekom dat dít is waaroor geloof gaan. Geloof is om op te tree asof iets alreeds 'n werklikheid is. Die verskil tussen geloof en visualisering is dat ons geloof *Christus* as die waarborg het dat daar 'n ander werklikheid gáán kom.

Gesels met God oor wat Hy vir jou lewe beplan. Sien in jou geestesoog waarvoor Hy jou wil gebruik. Glo dit en tree dan daarvolgens op. God sal vir jou wys watter aanpassings jy gereeld moet maak om op koers te bly.

In geloof kán jy God se wil doen.

304

Slap hande en lam knieë

> **Versterk daarom die slap hande en die lam knieë en loop die reguit pad. Dan sal wat lam is, nie uit lit raak nie, maar gesond word (Heb 12:12-13).**

Om te wag totdat jy in die regte luim is om iets aan te pak, werk eenvoudig nie. Die meeste mense wat uitstel om 'n taak te verrig, wag vir die regte gemoedstoestand. En dan voel hulle net nooit lus nie. As jy nie nou lus is om iets te doen nie, is die kanse baie goed dat jy later nog minder lus gaan wees om dit te doen. Gewoonlik doen 'n mens mos wat van jou verwag word omdat die druk om die taak te voltooi so sterk word.

Van nature is ons geneig om nie lus te wees om die goeie te doen nie. Ons is van nature selfsugtig en soek net ons eie belang. Maar jou verhouding met God verander alles. Al is jy dan lus om net vir jouself goeie dinge te doen, skuif jy hierdie selfgesentreerde behoefte opsy om te doen wat God van jou verwag. Hoe meer jy doen wat God van jou verwag, hoe meer gebalanseerd sal jy word en 'n geestelik volwasse mens wees.

Moenie wag vir die regte gevoel nie,
maar doen nóú wat reg is.

305

Karige oes?

Dink daaraan: wie karig saai, sal karig oes; en wie volop saai, sal volop oes (2 Kor 9:6).

As jy vanuit 'n armoedementaliteit na die lewe kyk, sal jy jou telkens vasloop in jou vrees vir armoede. Paulus herinner die gemeente van Korinte daaraan dat, as hulle min van hulle finansies vir die dankoffer gee, hulle daarop moet reken dat hulle min seën van God se kant gaan kry. Hy verduidelik hierdie woorde met 'n praktiese beeld. Almal wat destyds geleef het, het geweet dat, as jy min saad in die grond het, jy nie 'n groot oes kan verwag nie. Die wet van saai is eenvoudig: Wat jy saai, is wat jy oes.

Mense verloor maklik moed omdat hulle met 'n armoedementaliteit werk. Fokus eerder op God se versorging en ontwikkel 'n oorvloedmentaliteit. God, wat vir jou alles wat jy nou het, gegee het kan aan jou veel meer gee as dit waarvan jy ooit kan droom. Skep dus moed deur volop te gee van wat jy het: van jou besittings, jou geld, jou tyd, jou energie. Dis 'n geloofsdaad om te gee. Doen dit.

MOED

*Skep moed deur volop te gee,
want God gee meer as volop terug.*

Vol moed

Ek gee nuwe krag aan dié wat moeg is, Ek maak die moedelose weer vol moed (Jer 31:25).

Daar is sekere sake in hierdie lewe wat jy móét afhandel. Jy kan nie verwag dat iemand anders namens jou eksamen moet skryf of 'n bestuurderslisensie kry nie. Jy kan nie iemand anders stuur vir jou bloedtoets nie. Jy kan nie uitstel om te glo nie … nie sonder tragiese nagevolge nie.

As jy net nie meer kans sien vir alles wat jy in hierdie lewe moet doen nie, onthou dít: Jy kán stil word. Jy kán vir die Here al hierdie laste gee. Hy nooi jou in die Bybel om dit te doen. Jy kán God vra om jou te help om al jou take in volgorde van belangrikheid te rangskik. Jy kán staatmaak op sy krag wat Hy aan jou bied wanneer jy moeg word. Jy kán ervaar dat God jou moedeloosheid ombuig in moed. Jy kán nou met Hom oor alles gesels wat jou moedeloos maak. Jy kán reken op sy leiding en tree vir tree vorentoe beweeg in die wete dat God vir jou sal wys watter rigting die beste is.

Maak staat op hierdie God wat die moedelose weer vol moed kan maak.

Ai, die geld tog ...

Bring die volle tiende na die voorraadkamer toe ... Toets My of Ek nie die vensters van die hemel vir julle sal oopmaak en vir julle reën sal uitgiet, meer as wat julle kan gebruik nie (Mal 3:10).

"Ek sou kon doen met 'n miljoen ..." Só sing Lucas Maree. En miljoene sing saam met hom. Wat sou jy nie alles kon doen met 'n miljoen rand nie? Elke mens wil immers graag meer geld hê as waaroor hy of sy tans beskik.

Ongelukkig werk finansies by baie gelowiges op so 'n manier dat, sodra hulle finansieel begin swaar kry, hulle heel eerste begin afskaal by dié deel wat hulle gewoonlik vir die Here en sy werk beskikbaar stel. En dan is hulle baie verbaas as die seën van die Here nie na hulle kant toe kom nie.

In Maleagi wys die Here vir die gelowiges dat hulle juis nie dié deel van hulle geld wat hulle aan Hom gee, afhanklik moet maak van hulle persoonlike voorspoed en sukses nie. Om te gee hou direk verband met vertroue. Hoe meer jy die Here vertrou, hoe meer van jou geld is jy bereid om aan Hom beskikbaar te stel. "Toets My hierin," nooi God jou.

Gee jou volle deel en beleef hoe God jou seën.

308

Kan Hy jou vertrou?

As julle dan nie betroubaar is in die hantering van die oneerlike mammon nie, wie sal die ware rykdom aan julle toevertrou? (Luk 16:11.)

Ongelukkig raak sommige mense só vasgevang in die sug na al hoe meer aardse dinge dat hulle oneindige skuld aangaan of begin dobbel. Sekere maatskappye buit hierdie eienskap van mense natuurlik uit, want mense lees nie altyd die fynskrif van 'n kontrak nie. Jy word so verblind deur die drang om 'n spesifieke saak te besit dat jy nie omgee vir die langtermyn finansiële implikasies nie. Totdat al die skuld dadelik betaal moet word. Dan moet jy nóg skuld aangaan om daardie eerste skuld te betaal. Dit word 'n bose kringloop waarin jy nie net al jou besittings kan verloor nie, maar ook jou selfrespek.

Jesus herinner jou daaraan om in die kleinste dingetjies betroubaar te wees en om ook in jou hantering van finansies verantwoordelik te wees. Die vraag is nie of jy méér van God moet vra nie. Die vraag is eerder of God jou met meer kan vertrou. Kan jy die verantwoordelikheid van meer geld en besittings dra?

Hanteer jou geld en besittings volgens God se riglyne. Alles behoort immers aan Hom.

Watter hoof?

Niemand kan vir twee base tegelyk werk nie. Hy sal óf die een minder ag en die ander een hoër, óf vir die een meer oorhê en die ander een afskeep. Julle kan nie God én Mammon dien nie (Matt 6:24).

Besittings en geld waarborg nie 'n gelukkige lewe nie. Tog gun God aan elkeen die voorreg om te besit en om vir geld te werk. Ongelukkig besit mense nie altyd geld en goed nie, maar hulle wórd deur hulle geld en goed besit. Die sug en soeke na geld en besittings kan 'n mens se hele lewe só in beslag neem dat jy al jou waardes daaromheen bou. Dit getuig egter nie van 'n gebalanseerde lewe nie. 'n Lewe wat net op besittings en geld gerig is, is 'n lewe wat skeef getrek word deur dinge wat op aarde agterbly wanneer jy die dag sterf.

Jesus is radikaal. Hy vra dat jy moet kies tussen God, en jou geld en goed. Die feit dat jy vir God kies, beteken nie dat jy geen geld of besittings mag hê nie. Dit beteken wel dat jy van nou af jou besluite oor jou finansies met God sal deurgesels. Maak jou geld en jou besittings diensbaar aan God.

God is my Hoof en ek dien Hom alleen.

Rykdom en versoeking

Maar dié wat ryk wil word, val in versoeking. Hulle loop hulle vas in die strik van baie sinlose en skadelike begeertes waardeur mense in verderf en ondergang gestort word (1 Tim 6:9).

Die sug na meer kan 'n mens maklik verblind vir ewigdurende waardes. Dit kan by jou so 'n obsessie word om bo swak omstandighede uit te styg na die moontlikhede wat rykdom bied dat jou basiese prioriteite skeefgetrek word. Soms is mense selfs bereid om gesonde waardes opsy te skuif of te buig, net om al hoe ryker te kan word.

Daarom waarsku Paulus teen die sug na rykdom. Moenie toelaat dat dit by jou 'n obsessie word om net al hoe meer geld te wil hê nie. Dan word geld jou god en verdring dit die lewensvreugde wat 'n verhouding met die lewende God bring. Geld as sodanig is nie verkeerd nie. Maar geld is net 'n instrument, 'n ruilmiddel vir die waarde wat jy toevoeg. Moenie dink dat geld 'n aanduiding is van wat jý werd is nie. Baie mense verdien nie veel nie en is tog fantastiese mense. En onthou, God sal altyd ryklik in jou behoeftes voorsien.

Pasop om van geld en besittings 'n afgod te maak.

'n Gawe van God

God gee aan 'n mens rykdom en besittings en laat hom dit geniet. God laat die mens sy deel ontvang en sy werk met vreugde doen. Dit is 'n gawe van God (Pred 5:18).

Gawes en geld is nie jou reg nie. Dit is 'n voorreg wat God jou gun. Sodra jy jou gawes en geld as jou reg begin sien, sal jy dit hanteer asof jy self in beheer is van daardie dinge. Tog weet ons almal hoe mense feitlik oornag bankrot kan speel, hoe die aandelemark binne 'n oogwink kan ineenstort en hoe drome in vlamme kan opgaan.

Daarom is dit belangrik om altyd te besef waar al hierdie seëninge vandaan kom. Dit alles is geskenke uit God se hand. Hy gun dit vir jou as sy kind. Geniet wat jy het, want dit kom van die Skepper van die heelal.

God het jou raakgesien en wil graag vir jou sorg. Daarom is dit noodsaaklik om tevrede te wees met wat jy ontvang het. Moenie toelaat dat jou gesonde ambisie om jou omstandighede te verbeter, verander in 'n obsessiewe ambisie wat jou van God laat vergeet of wat Hom wil manipuleer vir meer geld nie.

Geniet jou gawes en geld as 'n geskenk van God.

Wat ek nodig het

Net twee dinge vra ek van U ... moet my nie arm maak of ryk nie, gee my net die kos wat ek nodig het, sodat ek nie te veel het en U verloën en sê: "Wie is die Here?" nie, en sodat ek nie arm word en steel en my God se Naam oneer aandoen nie" (Spr 30:7-9).

Agur se gebed wil jou daaraan herinner om balans in jou lewe te behou. Of jy nou arm of ryk is, daar is gevaarsones wat jy kan betree wat jou al hoe verder van God af sal wegneem. Daarom bid hy hierdie gebed dat God vir hom sal gee net wat hy nodig het.

Omdat alles wat jy het uit God se hand na jou toe kom, is jy slegs die bestuurder of rentmeester van die gawes wat aan Hom behoort. Stel vir jou 'n begroting op en bly daarby. So sal jy dít wat aan God behoort, goed kan bestuur. Moet jou nie laat verlei deur alles wat jy om jou sien nie. Moenie aanhoudend koop wat net lekker is om te hê nie. Fokus eerder op dít wat noodsaaklik in jou lewe is.

En wees gewillig om aan God sy deel te gee. Alles behoort immers aan Hom. En wanneer jy 'n deel van jou geld aan Hom gee, erken jy daarmee in dankbaarheid dat Hy die gewer van alle goeie dinge is.

Ken God in jou begroting.

Jou gedagtes

Verder, broers, alles wat waar is, alles wat edel is, alles wat reg is, alles wat rein is, alles wat mooi is, alles wat prysenswaardig is – watter deug of lofwaardige saak daar ook mag wees – daarop moet julle julle gedagtes rig ... En God wat vrede gee, sal by julle wees (Fil 4:8-9).

'n Mens is wat jy dink.

Jy kan jou dus in 'n depressie of akute vrees indínk. Aan die ander kant kan jy, deur jou denke te beheer, jouself verhef bo jou omstandighede en gelukkig neurie, al is die hele wêreld rondom jou stukkend. Dít waarop jy jou gedagtes rig, bepaal hoe jy jou lewe leef en beleef.

Om geluk te kan ervaar is dit baie nodig om goed te let op wat in jou gedagtes ingaan en aangaan. Paulus beveel aan dat jy jou gedagtes rig op alles wat edel, reg, mooi en prysenswaardig is. Die neweproduk van sulke gedagtes is dat jy die vrede van God in jou hart sal ervaar, want die God van vrede is dan by jou en in jou. God wil immers nie wees waar vuil en onrein gedagtes woel nie.

Vul jou gedagtes met alles wat goed en opbouend is.

314

Kennis tot die lewe

> **En dit is die ewige lewe: dat hulle U ken, die enigste ware God, en Jesus Christus, wat deur U gestuur is (Joh 17:3).**

In 'n era waarin inligting en tegnologie 'n hoofrol speel, word ons oorspoel met allerhande inligting. Dit het al so erg geword dat daar kursusse aangebied word om mense te help om deur alles te sif sodat hulle kan fokus op dit wat regtig vir hulle noodsaaklik is. Daar is selfs klinieke vir inligtingverslaafdes wat ure lank die internet gebruik om van die een inligtingsbron na die ander te spring. Kennis as blote informasie bring egter nog nie groei in jou lewe nie. Dit is eers wanneer daardie kennis 'n lewensveranderende invloed op jou het dat dit betekenisvol word.

Wanneer jy God deur Jesus intiem en persoonlik leer ken, ontvang jy nie blote inligting oor God en jou Redder nie. Jy kom in verbinding met God se hart. En God se hart sê vir jou: Ek is lief vir jou. Ek gee aan jou die ewige lewe sodat jy vir altyd saam met My sal wees. Die ewige lewe is dus so naby soos verbinding met God. Jy kan dit nóú reeds kry.

Leer ken God deur Jesus intiem en persoonlik in 'n verhouding.

Nuwe denke

Julle moenie aan hierdie sondige wêreld gelyk word nie, maar laat God julle verander deur julle denke te vernuwe ... (Rom 12:2).

As jy jou gedagtes vul met negatiewe en afbrekende idees is die kans goed dat jy nie gelukkig sal voel nie. Sommige mense fokus so op die negatiewe in die dag se nuus dat dit vir hulle beter is om glad nie die nuus te volg nie. Hulle versuur almal se lewe rondom hulle met hulle gekla en gemor. Soms wonder 'n mens of hulle ooit gelukkig sal wees as hulle nie kán kla of mor nie. Sulke mense verkies om aanhoudend hulle denke te vul met negatiewe gedagtes. En daarom peul die negatiwiteit oral in hulle lewe uit.

Dit geld ook vir die sonde. As jy jou gedagtewêreld bly vul met sonde, gaan jy sonde dóén. Daarom beveel Paulus aan dat ons God moet toelaat om ons denke te vernuwe. Wanneer God dan jou denke vernuwe, verander Hy jou om sy wil te doen.

God wil jou denke al hoe meer vul met liefde en kwaliteit, sodat jy al hoe meer soos Hy kan wees. Stel jou lewe vir Hom oop, nooi Hom in en verander ten goede.

Stel jou gedagtes in diens van God.

Fokus op die dinge daarbo

Rig julle gedagtes op die dinge wat daarbo is, nie op die dinge wat op die aarde is nie, want julle het gesterwe, en julle lewe is saam met Christus verborge in God (Kol 3:2-3).

Die kwaliteit van jou gedagtes word bepaal deur jou fokus. As jy geneig is om te fokus op die probleemkant van die lewe, sal jy in elke situasie net die probleme raaksien, en nie die geleenthede nie. As jy gedryf word deur 'n vrees dat daar te min gaan wees, sal hierdie armoedementaliteit jou altyd iewers 'n tekort laat sien. Jy sal nooit dink iets is genoeg nie. As geld en goed vir jou te belangrik word, sal jy net daarop fokus – en so sal jy God heeltemal uit jou gesigsveld verloor.

Om perspektief op hierdie aarde te behou en 'n kwaliteitlewe te lei, moet jy jou fokus laat bepaal deur die doel waarmee jy al begin het – die hemelse lewe. Wanneer jy fokus op hemelse eienskappe, oftewel, die eienskappe van die Een wat in die hemel is, sal jou gedagtes positief en optimisties wees. Jy sal ín hierdie wêreld wees, maar nie ván hierdie wêreld nie. Jy sal begin optree soos iemand wat in die hemel hoort.

Fokus jou gedagtes op hemelse eienskappe.

317

God se gedagtes

My gedagtes is nie julle gedagtes nie, en julle optrede nie soos Myne nie, sê die Here; soos die hemel hoër is as die aarde, so is my optrede verhewe bo julle optrede en my gedagtes bo julle gedagtes (Jes 55:8-9).

In die algemeen dink ons gans te klein oor God. Om verstaanbare redes dink ons aan God in menslike terme, maar dit is juis hierdie menslikheid van ons gedagtes wat Hom beperk. God kan egter nie beperk word tot 'n formule of 'n teks of een spesifieke eienskap nie. Hy het Hom wel aan ons bekend gestel deur iets van Homself in Jesus te openbaar, maar Hy is veel groter as dit. Wanneer alles vir ons hooploos lyk, is dit nie hooploos vir God nie.

Moenie jou denke oor God vul met beperkende idees nie. Sy gedagtes is nie soos joune nie. Gee aan Hom die geleentheid om jou te oorweldig met die enorme hoeveelheid moontlikhede wat Hy kan beskikbaar stel. Moenie God bind aan jou verwagtings en reken dat Hy net daarvolgens kan en behoort te handel nie.

God wil jou en die hele wêreld versorg. Maak tyd vir Hom in jou dag sodat sy Gees jou gedagtes kan vorm.

Dink groot oor God.

Hoe sien jy jouself?

Soos jy jou eie gesig sien as jy in die water kyk, so sien jy jouself in wat jy dink (Spr 27:19).

Twee denktegnieke wat suksesvolle mense gebruik, is visualisering en affirmasie.

Visualisering is om in jou gedagtes alles wat jy graag in die lewe wil bereik so konkreet moontlik voor te stel en te sien. Hierdie inprenting van jou toekoms help jou om keuses te maak wat jou jou doelwit sal laat bereik. Affirmasie is om iets gereeld vir jouself te herhaal en dan op te tree asof jou doelstelling reeds bereik is.

Albei hierdie tegnieke help jou om op 'n onbewuste vlak die regte seine uit te stuur sodat jy die regte mense sal ontmoet en die regte geleenthede sal raaksien. In die proses van visualisering en affirmasie gesels gelowiges met God oor hulle doel in die lewe en behou hulle 'n oop gemoed vir God se aanwysings om koersaanpassings in die regte rigting te maak.

Daarom is dit so belangrik om te let op wat en hoe jy dink, want dit is hoe jy jouself sien. Die toekoms begin in sekere sin reeds *in jou gedagtes*.

Sien jou toekoms saam met God en vra sy seën daarop.

Ek – 'n offer?

Gee julleself aan God as lewende en heilige offers wat vir Hom aanneemlik is. Dit is die wesenlike van die godsdiens wat julle moet beoefen (Rom 12:1b).

Ons tyd is nie veel anders as dié van die dinosourusse nie. Steeds geld die reël dat die sterkste sal oorleef. Dit dwing mense daartoe om hulle tot elke prys te handhaaf. Hulle selfbeeld laat geen ruimte vir mislukking nie. Hulle wedywer altyd met dié wat die beste is. Hulle ontsien niks en niemand nie en almal wat in hulle pad kom, ruim hulle met 'n dwarsklap uit die weg. Hulle probeer voortdurend in die kollig wees, al kry hulle dit net reg deur ander te verkleineer sodat hulle self meer aandag kan geniet.

By God tel hierdie lewenstyl glad nie. Hy hou nie daarvan wanneer mense ander mense vernietig nie. Vir Hom is daar iets anders op die spel: Is jy bereid om jouself aan Hom beskikbaar te stel as 'n offer? Is jy bereid om jouself volledig aan Hom oor te gee?

Dít is wat Jesus gedoen het. En mense wat dit ook doen, oorleef nie net nie, hulle lééf – tot in ewigheid.

Gee jouself aan God as 'n offer.

320

Jou posisie prysgee?

Hy het hulle beveel om koningin Vasti ... na hom toe te laat kom sodat hy vir al die mense ... kon wys hoe mooi sy is ... Koningin Vasti het egter geweier ... (Est 1:11-12).

Om 'n koningin te wees is om in 'n posisie van aansien te wees. Tog is posisie en status nie 'n waarborg teen versoekings nie. Koning Ahasveros het koningin Vasti laat roep sodat hy vir al sy gaste kon wys hoe mooi sy was. Koningin Vasti was egter nie bereid om haar beginsels prys te gee nie en het geweier om te gaan. Sy het ongelukkig 'n hoë prys betaal omdat sy by haar beginsels bly staan het. Die koning het verneder gevoel en moes sy aansien herwin: Vasti het haar posisie verloor.

Dit is interessant dat Vasti juis deur by haar beginsels te bly staan die deur geopen het vir Ester, wat so 'n belangrike rol sou speel in die redding van die Jode. Deur getrou te bly aan haar beginsels het Vasti ingeval by God se groter plan vir sy volk.

Wanneer jy jouself aan God offer, mag dit soms beteken dat jy jou posisie sal prysgee. Maar by God sal jy juis in 'n sterk posisie wees.

Staan vas by jou beginsels om só altyd jou posisie by God te behou.

OFFERS EN DIENSBAARHEID

321

Wie kry die ereplek?

Al julle volke, klap julle hande; juig tot eer van God met 'n jubelende stem, want aan die Here, die Allerhoogste, kom eerbied toe; Hy is die Groot Koning oor die hele aarde (Ps 47:2-3).

Wie beklee die ereplek in jou lewe? Jy self, of God?

Ons voer so dikwels hierdie stryd in ons innerlike omdat ons eerder self koning wil wees en beheer wil uitoefen oor ons lewe. Dan vergeet ons hoe afhanklik ons van God is. En ons sleep ons medemens hierby in deur altyd beter en belangriker as ander te wil wees.

Onlangs by 'n begrafnis het ek weer besef dat die dood die groot gelykmaker is. Al is jy wie en al is jou begrafnis hoe teatraal, feit bly staan dat die kerkhof vol mense is wat gedink het dat húlle die beste en die belangrikste is.

Gun vandag die ereplek aan dié Een wat regtig die beste en die belangrikste is. Juig tot eer van God. Verhef Hom tot jou ewige held. Verbind jou daarom om Hom voortdurend te vereer. Verbind jou daartoe om voortdurend afhanklik van en gehoorsaam te wees aan die Koning van die groot heelal.

Plaas God op die troon van jou lewe.

Dienende leierskap

Maar by julle moet dit nie so wees nie. Elkeen wat in julle kring groot wil word, moet julle dienaar wees; en elkeen onder julle wat die eerste wil wees, moet julle almal se dienaar wees (Mark 10:43-44).

In die voorafgaande gedeelte wys Jesus sy dissipels duidelik daarop dat regeerders dikwels hulle mag misbruik. Hulle is baasspelerig en onderdruk die mense oor wie hulle aangestel is.

Dit is vandag steeds 'n groot probleem. Mense word verkies tot 'n bepaalde leiersposisie en maak dan misbruik van die gesag wat aan hulle toegeken word. Hulle eien hulleself voorregte toe asof dit hulle reg is. Dwarsdeur die geskiedenis van die mens loop 'n bloedspoor as gevolg van hierdie leierskapstyl van sekere mense.

Jesus wys baie duidelik dat sy navolgers nie die wêreldse styl van mag en geweld moet volg nie. Die onderdrukkende styl van aardse leiers pas nie by wat Jesus in gedagte het vir sy volgelinge nie. Sy volgelinge moet *leiers* wees wat *dien*. Hulle moet weet dat, alhoewel hulle oor ander mense aangestel is, hulle ander moet voorgaan in diens. Jesus se volgelinge stel die voorbeeld – en dit is 'n voorbeeld van diens.

Wees bereid om as leier ander mense te dien.

Ken jou plek

Dit is die Here wat sorg vir dié wat Hom eer, vir dié wat op sy mag vertrou om hulle van die dood te red en hulle in die lewe te hou in hongersnood (Ps 33:18-19).

Is dit deur 'n groot leër dat 'n koning wen? Of deur geweldige groot krag dat 'n held behoue uitkom? Volgens die psalmdigter is die antwoord beslis "nee". 'n Mens moet 'n bietjie verder teruggaan om te kyk wat veroorsaak dat mense suksesvol is.

Mense is nie net suksesvol op grond van hulle eie talente en insig en vaardighede nie, hoewel dit ook 'n belangrike rol speel. Om suksesvol te wees begin in werklikheid by die Begin. By God. Dit is Hý wat jou die oorwinning laat behaal. Dit is Hý wat jou sukses laat smaak, wat jou drome waar maak en wat jou jou doelstellings laat bereik.

Moenie dink jy is suksesvol net op grond van jou uitsonderlike vermoëns nie. Ken jou plek en besef dat die Here die Begin is. Daarom herinner die psalmdigter ons dat die Here dié wat hulle plek ken, sal versorg en vir hulle omgee. Moenie bang wees om aan God die ereplek in jou lewe te gee nie, want dit is Hy wat jou drome laat waar word.

Gee aan God die eer en weet Hy sal vir jou sorg.

As losprys

Die Seun van die mens het ook nie gekom om gedien te word nie, maar om te dien en sy lewe te gee as losprys vir baie mense (Mark 10:45).

Om 'n slaaf te kon vry maak, moes iemand 'n bedrag geld of 'n ander ruilmiddel gee aan die slaaf se eienaar. Hierdie bedrag is 'n losprys genoem.

Toe Jesus na die aarde toe gekom het, kon Hy as die Koning met mag en krag omwentelings veroorsaak het. Hy het egter gekies om dit nie so te doen nie. Hy het gekies om die pad van diensbaarheid te loop. Daardeur het Hy aan ons gewys hoe ons ons medemens en God moet dien. As Jesus soos 'n aardse koning opgetree het, sou ons as sy volgelinge mekaar chronies met mag en geweld wou regsien.

Jesus het egter nog meer gedoen as om mense net in die algemeen te dien. Hy het ook sy lewe gegee sodat ons sondige lewe losgekoop kon word. Hy het met sy lewe die volle koopsom betaal. Daarom kan Hy van jou verwag om, soos Hy, ander mense te dien en ook jou lewe vir hulle te gee. Jy is vry sodat jy kan kies om te dien.

Wy jou lewe ook aan diens soos Jesus gedoen het.

Reg vir sy tweede koms?

Dié sê toe vir hulle: "Galileërs, waarom staan julle so na die hemel en kyk? Hierdie Jesus wat van julle af na die hemel toe opgeneem is, sal net so terugkom soos julle Hom na die hemel toe sien opgaan het" (Hand 1:11).

Ons leef asof ons aardse toekoms nie 'n einde het nie. Elkeen se dagboek is maande vooruit al beplan en almal sukkel vanjaar al om volgende jaar se afsprake ingepas te kry.

Wat 'n mens dikwels in so 'n gejaagde lewe uit die oog verloor, is dat die mens se aardse lewe en toekoms 'n gewisse grens en einde het. Die dood is 'n definitiewe sekerheid vir elkeen. Of, só vertel die Bybel vir ons, eintlik is die koms van Jesus Christus vir ons die eintlike sekerheid. Of jy steeds lewe en of jy reeds gesterf het, Jesus kom weer.

Al het jou lewe 'n aardse tydsgrens, is jy reg vir die ewigheid wat met Christus se koms sal begin? Die twee mans in wit klere het vir Jesus se dissipels gesê dat Hy weer kom. Ons het Hom nie sien opvaar na die hemel nie, maar ons almal sal Hom sien terugkom.

Is jy gereed vir sy wederkoms?

Wees gereed vir Jesus se tweede koms.

Altyd nugter

Maar ons wat van die dag is, moet nugter wees; ons moet geloof en liefde as borsharnas dra en die hoop op verlossing as helm (1 Tess 5:8).

Wat trek jy aan wanneer jy 'n belangrike gas verwag? Gewoonlik probeer 'n mens op jou beste lyk. Jy trek jou beste klere aan en jy sorg dat jou huis netjies lyk.

Maar wat doen 'n dronk mens? Hy bekommer hom nie oor wie daar aankom nie. Onlangs is ek uitgeroep na so 'n persoon. Hy het skuins oor die bank gelê, sy voorkop stukkend geval teen 'n kashoek, sy hemp half oopgeknoop en sy broek halflyf af. Dit het nie vir hom saakgemaak wié hom in hierdie toestand sien nie.

Daarom sê Paulus dat ons nie soos dronk mense ongeërg op die wederkoms van Jesus moet wag nie. Ons weet nie wanneer Hy sal kom nie, maar ons weet dat Hy gáán kom. Wees dus nugter. Wees op jou hoede, gereed dat Hy enige oomblik kan opdaag. En dra geloof, hoop en liefde met jou saam. Dít is die mooi klere van die geestelike lewe. En dit is wat jy moet aan hê wanneer Jesus kom. Hy is mos 'n Baie Belangrik Persoon.

Wees nugter en elke oomblik gereed
vir Jesus se koms.

Saam met Hom

Hy het ter wille van ons gesterwe sodat ons, of ons by sy koms nog lewe of reeds dood is, saam met Hom kan lewe (1 Tess 5:10).

Wie leef elke dag met die gedagte dat hy of sy dalk môre nie meer hier op aarde gaan wees nie? 'n Mens sal mos 'n ineenstorting of 'n hartspasma kry as jy jou aanhoudend daaroor gaan kwel. Jy sal geen beplanning vir jou toekoms wil doen nie.

Feit is dat jy wel dalk môre nie hier gaan wees nie. Tog is daar 'n feit veel belangriker as hierdie een. Dit is die feit dat jy saam met Jesus kan lewe. Hy het reeds vir jou sondes gesterwe sódat jy saam met Hom kan lewe.

Daarom maak dit eintlik nie regtig saak of jy môre nog hier gaan wees nie. Want wanneer jy aan Jesus behoort, is jy by Hom. Hier en nou, môre en altyd. Maak elke dag tyd om jou te herinner aan Jesus se teenwoordigheid by jou deur jou af te sonder om te bid en sy Woord te bepeins. Gesels met Hom soos jy met 'n dierbare vriend sal gesels. Hy is altyd en oral by jou.

Jy behoort aan Jesus,
daarom leef jy vir altyd saam met Hom.

Wag geduldig

Wag dan geduldig, broers, totdat die Here kom ... (Jak 5:7).

Wanneer jy lank op iemand wag, raak jy ongeduldig, vies, verveeld, en dan gaan jy maar aan met jou lewe en maak vrede daarmee dat die persoon van jou vergeet het. Ongelukkig gebeur dit ook met baie gelowiges. Hulle het Jesus baie lief en begeer dat Hy weer sal kom. Hulle leef aanvanklik in afwagting en verwag dat Hy enige oomblik kan opdaag. Soos die dae verbygaan, raak hulle egter gewoond daaraan dat Jesus nie kom nie en leef dan later asof Hy glad nie meer gaan kom nie.

Jakobus twyfel nie aan die wederkoms van die Here nie. Hy herinner gelowiges daaraan dat dit 'n saak van geduld is. Dit is egter nie passiewe geduld nie. Dit is om in jou daaglikse lewe steeds te wag op die Here se koms. Dit is om al wagtend te groei in jou verhouding met Hom, sodat wanneer jy Hom sien, jy Hom sal ontvang soos 'n geliefde op wie jy lankal wag. Moenie ledig wees nie – jy het werk om te doen totdat Hy kom.

Moenie geduld verloor nie – Hy kom!

Oor mekaar kla?

Moenie oor mekaar kla nie, broers, sodat julle nie veroordeel word nie. Die Regter staan al voor die deur (Jak 5:9).

Omdat Jesus se koms na ons mening so lank uitbly en mense nie meer so in 'n dringende afwagting van sy koms leef nie, val ons so gou terug in ons ou weë. Een van die tipiese maniere waarop die ou, sondige mens optree, is om ander te beskuldig wanneer sake nie so lekker uitwerk nie. Reeds in die paradys het Adam vir Eva en Eva weer die slang geblameer. Om iemand anders te beskuldig, is om die skuld van jou af te probeer verplaas sodat jy jou eie verantwoordelikheid kan ontken.

Jesus se koms sal nie net 'n tyd van vreugde wees nie, maar dit sal ook 'n tyd van verantwoording wees. Daarom waarsku Jakobus ons dat ons nie ander moet beskuldig en ongeduldig met hulle moet wees wanneer alles in die lewe skeef loop nie. Die Regter is naby. Leef eerder só dat Hy sal sê: Mooi so! Jy het reg opgetree. Jy het soos Jesus opgetree. Want Jesus sal eerder saam met mense gaan soek na maniere om 'n situasie die beste te hanteer.

Moenie ander beskuldig nie,
soek eerder saam na 'n oplossing.

Die nou poort

Gaan deur die nou poort in. Die poort wat na die verderf lei, is wyd en die pad daarheen breed, en dié wat daardeur ingaan, is baie (Matt 7:13).

Daar is ontelbaar baie versoekings. Daarom sê Jesus dat die pad na die verderf baie breed is. Die ingang na die verderf is ook wyd, want dit is maklik om toe te gee aan versoekings en die verkeerde te doen. Jy het seker self al agtergekom dat jy makliker die verkeerde doen as die goeie.

Volgens Jesus is die poort wat na die lewe lei baie nou en die pad daarheen ook smal. Daar is nie so baie mense wat hemel toe gaan nie, omdat baie die breë poort verkies wat na die ewige dood lei.

Wie kom dan by die hemel in? Dié wat getrou bly aan Jesus se woorde en doen wat Hy vra. Voordat jy toegee aan versoekings, vra jou af by watter poort jy wil ingaan. 'n Mens kan so ver van God af dwaal dat jy by die nou poort verbygaan. En wanneer Jesus weer kom, vind jy dat jy verkeerd gekies het.

Kies om eerder die smal weg na die ewige lewe te volg.

Die duiwel

Wees nugter, wees wakker! Julle vyand, die duiwel, loop rond soos 'n brullende leeu, op soek na iemand om te verslind. Bly standvastig in die geloof en staan hom teë (1 Pet 5:8-9).

Ons is van nature geneig om die mag van die Bose te onderskat. "Ag, dit is net 'n klein ou sondetjie," probeer jy jouself troos ná die een of ander verkeerde daad wat jy gedoen het.

"Dit kan nie so erg wees nie, dit het niemand tog regtig skade aangedoen nie," verontskuldig jy jouself.

Die waarheid is dat gelowiges in 'n voortdurende oorlog teen die duiwel gewikkel is. Daarom waarsku Petrus dat jy jou oë moet oophou vir die duiwel. Hy is soos 'n brullende leeu wat jou wil verslind sodra hy die geringste kans kry. En al manier hoe jy teen hom staande gaan bly, is deur jou geloof in God.

In Jesus se krag kan jy die duiwel teëstaan en hom ook oorwin. Maar moet dit nie eens naby hom waag as jy nie die wapenrusting van Christus aan het nie. Onthou, die duiwel mag ingeperk wees, maar sy tande is nie stomp nie. Hy sal slegs vlug wanneer jy in Jesus bly.

Moet dit nie eens naby die duiwel waag nie.

332

Bevry van die duiwel

Hy het rondgegaan, oral goeie werke gedoen en almal gesond gemaak wat in die mag van die duiwel was, want God was by Hom (Hand 10:38).

Kornelius was 'n gelowige wat toegewy was aan God, maar wat nog nie aan Jesus Christus behoort het nie. Hy het 'n droom gehad dat hy vir Petrus moet laat kom en, gehoorsaam aan God, het hy toe vir Petrus laat roep.

Toe Petrus aan die woord kom, het hy vir Kornelius en vir al die ander mense by hom van Jesus Christus vertel. Deel van hierdie getuienis is die feit dat Jesus mense wat in die mag van die duiwel was, gesond gemaak het omdat God by Hom was. Terwyl Petrus nog gepraat het, het die Heilige Gees gekom op almal wat geluister het.

Daar is slegs een manier om van die duiwel bevry te word – en dit is deur Jesus Christus, want die mag van God is op Hom. As jy nie in die mag van die duiwel wil beland nie, is die teenwoordigheid van God onontbeerlik. Daarom moet jy leef in 'n gesonde verhouding met Jesus Christus. Slegs God kan die duiwel op sy plek hou.

Maak seker dat jy in die teenwoordigheid van Christus bly.

Moenie 'n vatkans gee nie

Moenie die duiwel vatkans gee nie (Ef 4:27).

Daar is verbasend baie plantsoorte waarvan die sade hakies aan het. Die taak van hierdie hakies is om aan mense en diere vas te haak en so te versprei. Een van dié plantsoorte is klitsgras. Jy voel nie eens wanneer dit aan jou klere vashaak nie, maar as jy weer sien, is jou broekspype of sokkies vol klitsgras.

Die duiwel is soos klitsgras. Gee jy hom die geringste kans, dan haak hy aan jou vas en versprei sy sondige teenwoordigheid in jou lewe. Dit is opvallend dat die Bybelvers wat sê dat ons die duiwel nie vatkans moet gee nie, direk staan na die aanmoedig om nie kwaad te word en nie 'n dag kwaad af te sluit nie. Die implikasie is dat rusies die veld is waarin die klitsgras van die duiwel teen jou kom vassit.

Dit is makliker om iets nie vatkans te gee nie as om weer daarvan ontslae te raak. Vermy daardie situasies waarin die duiwel vatkans kan kry en moet jou nie blootstel aan geleenthede of plekke waar jy maklik voor versoekings kan swig nie.

Fokus op God en moenie vatkansplekke vir die duiwel skep nie.

334

Onderwerp jou aan God

Onderwerp julle dan aan God. Staan die duiwel teë en hy sal van julle af wegvlug (Jak 4:7).

Daar kom in elke mens se lewe 'n tyd of situasie waarin jy nie kan wegvlug van die duiwel nie. In sulke tye kan jy óf vir hom kies óf hom teenstaan. Die maklikste uitweg sal wees om vir hom te kies, maar moenie dink dit is die einde van jou probleme nie. Inteendeel, dis maar net die begin van 'n lewe vol hartseer. Daarom waarsku die Bybel dat jy nie vir die duiwel moet kies nie, want die uiteinde van so 'n keuse is die ewige dood.

Die moeilike uitweg is om die duiwel teen te staan. Dit kan jy slegs doen as jy jou aan God onderwerp en Hom aangryp as die enigste Koning op die troon van jou lewe. Sodra jy kompromieë met ander sekuriteite aangaan, stel jy jou oop vir die duiwel. Oor hierdie saak moet jy eenvoudig geen kompromieë aangaan nie. Gee jouself vir God. Slegs dan sal jy die duiwel kan teenstaan. Die duiwel skrik nie vir jou nie, maar hy deins verskrik terug wanneer hy sien dat God in jou is.

Sorg dat God in jou is deur Jesus en staan die duiwel teen in die krag van sy Gees.

Aanhou sondig?

Moenie dat iemand julle mislei nie: wie regverdig lewe, is regverdig soos Hy regverdig is; wie aanhou sonde doen, behoort aan die duiwel, want die duiwel hou van die begin af aan met sondig. En die Seun van God het juis gekom om die werk van die duiwel tot niet te maak (1 Joh 3:7-9).

Ons is van nature sondig. Wanneer Jesus in jou woon, verander Hy egter jou ingesteldheid. Dan wil jy nie meer doelbewus sondig nie. Deur sy Gees maak God jou gewete sensitief sodat jy dadelik ongemaklik sal begin voel wanneer jy op 'n verkeerde koers is. Daarom skryf Johannes dat, wanneer jy regverdig lewe (met ander woorde, wanneer jy lewe soos dit pas by Jesus se volgelinge), jy aan Jesus behoort. Maar wanneer jy doelbewus op die pad van sonde bly loop, behoort jy aan die duiwel.

Dit is die duiwel se bedoeling om jou te laat sondig en sy volgelinge doen dieselfde. Dit is een ding om die drang te hê om te sondig en iets heeltemal anders om daaraan toe te gee. Die lewenstyl van die duiwel se volgelinge is om voortdurend toe te gee aan sonde en om glad nie om te gee om te sondig nie.

Maar jy is 'n kind van God. Moet jou nie laat mislei deur die duiwel en sy volgelinge nie.

Wees sensitief vir jou gewete sodat jy kan reg lewe.

Uit God gebore

Ons weet dat iemand wat uit God gebore is, nie meer sondig nie, maar die Seun van God bewaar hom, en die duiwel kry geen houvas op hom nie (1 Joh 5:18).

Die duiwel word nie verniet die vader van die leuen genoem nie. Van sy suksesse behaal hy deur jou te laat twyfel en jou te oortuig dat 'n verkeerde daad glad nie so erg is nie. Hy oortuig jou dat jy nog kan uitstel om aan God te behoort, dat die skade nie so groot sal wees nie. Daar is legio maniere waarop die duiwel jou probeer verlei. Maar sy grootste taak is om jou aandag van God af weg te trek.

God verlos jou gelukkig van hierdie knellende greep van die sonde en die duiwel. Wanneer jy tot bekering kom deur Jesus aan te neem as jou Verlosser en Here, word jy uit God gebore. Jou status is nie meer dié van sondaar nie, jy is nou 'n *geredde* sondaar. Jesus bewaar jou sodat die duiwel nie meer 'n houvas op jou kan kry nie. Nou is jy in God se beskermende teenwoordigheid, en herinner sy Gees jou daaraan om vergifnis te vra wanneer jy sonde gedoen het. En God vergewe jou.

Moenie die duiwel toelaat om jou te laat twyfel daaraan dat jy 'n kind van God is nie.

Vriendelikheid

Wat julle sê, moet altyd vriendelik wees en van goeie smaak getuig; en julle moet weet hoe julle elkeen behoort te antwoord (Kol 4:6).

Sal jy iets koop by iemand wat met 'n skelstem praat asof hy jou wil aanval en bowendien allerhande kru woorde gebruik? Of sal jy eerder sake doen met iemand wat jou vriendelik behandel en ordentlik met jou praat? Ek dink 'n mens wil gewoonlik graag te doen hê met mense wat jou vriendelik en beskaafd behandel. Sulke mense laat jou welkom en spesiaal voel.

Daarom is dit vir Paulus so belangrik dat Christene moet let op *wat* hulle sê en *hoe* hulle dit sê. Hoe ons as gelowiges praat, bepaal of mense die rug gaan draai op die evangelie en of hulle graag van Jesus sal wil hoor. Wat jy sê en hoe jy dit sê, maak van jou 'n goeie of 'n slegte ambassadeur vir Jesus se goeie boodskap.

Die Here wil hê dat sy volgelinge goeie ambassadeurs vir Hom sal wees deur sy boodskap op 'n vriendelike manier oor te dra. Sal mense voel dat jy 'n goeie ambassadeur vir Hom is?

Laat jou woorde en houding getuig van vriendelikheid.

Wysheid maak vriendelik

Wysheid maak 'n mens vriendelik, dit verander 'n strak gesig (Pred 8:1b).

Het vriendelikheid 'n prys? Wel, wanneer 'n mens kyk na diegene om jou met fronsende en stuurs gesigte, lyk dit nogal so. En as 'n mens so kyk na hulle lewenshouding, is die prys blykbaar te hoog vir die meeste mense om dit te kan bekostig.

Vriendelikheid is so bekostigbaar soos 'n gulhartige glimlag, 'n hartlike hallo, 'n liefdevolle guns. Wanneer jy die wêreld nie as bedreiging sien nie, sien jy al die vriendelikheid in jou omgewing raak. Jy self lyk dan vriendelik. Wanneer jy egter angstig en kwesbaar voel, is jy geneig om ander mense as 'n bedreiging te beleef en selfs skepties te voel oor hulle vriendelikheid. In sulke tye lyk 'n mens self nie alte vriendelik nie.

Wysheid is om die lewe van God se kant te bekyk en te besef dat alles in sy hande is – ook die toekoms. Jy hoef dus nie die wêreld as 'n bedreiging te sien nie. God is in beheer en dit moet jou laat glimlag. En 'n glimlag laat kommerplooie verdwyn.

Besef opnuut dat God in beheer van alles is – en glimlag!

Ten spyte van beledigings

Ons word beledig, en ons bly vriendelik ...
(1 Kor 4:13).

VRIENDELIKHEID

'n Tyd gelede kla iemand dat die dorp waar ons bly die onvriendelikste dorp in die land is. "Oom jok," het ek geantwoord. "Ek het al 'n paar keer hier verbygedraf en nie geweet wie Oom is nie. Tog het ek elke keer die moeite gedoen om Oom vriendelik te groet." Hy kon dit nie onthou nie.

Sy probleem het egter dieper gelê. As 'n nuwe intrekker het hy van die mense in die omgewing verwag wat hy self nie bereid of in staat was om te gee nie – 'n vriendelike glimlag. In sy aanpassingstryd het hy ook die enkele spore van vriendelikheid misgekyk. Deesdae is hy baie vriendelik en ook baie gelukkig in die dorp.

Moenie ophou om vriendelik te wees nie, al word jy sleggesê en vals beskuldig. Christene se andersheid lê juis daarin dat hulle nie soos die wêreld reageer nie. Daarom het dié wat ter wille van die evangelie gemartel is so 'n geweldige impak op die mensdom gehad. Hulle het ten spyte van beledigings steeds vriendelik gebly.

Bly altyd vriendelik.

340

Die liefde is vriendelik

**Die liefde is geduldig, die liefde is vriendelik ...
(1 Kor 13:4).**

Vriendelikheid helder dadelik enige verhouding of geselskap op. Vriendelikheid is aansteeklik en dit begin by *jou*. Moenie vriendelikheid van ander mense verwag as jy self dit nie uitstraal nie. Motte draai nie om 'n kers as die vlam nie brand nie. Soos 'n brandende kers lig uitstraal deur van homself te gee, so steek vriendelikheid ook aan wanneer jy van jouself gee. En jy kan net van jouself gee as jy liefhet.

Mense wat haatdraend is, is nie opreg vriendelik nie. Hulle sit 'n masker op en lyk vriendelik, maar hulle oë verraai 'n kilheid wat wys hulle vriendelikheid is aangeplak. Liefde sonder vriendelikheid is vaal. Vriendelikheid sonder liefde is leeg. Maar ware liefde is vriendelik. As jy die liefde koester, kan en wil jy vriendelikheid uit jou laat straal, vanuit jou hart, deur jou oë en gesindheid na buite. Laat die Gees jou met liefde vul en jou innerlike én uiterlike sal straal van vriendelikheid. Enige tyd is reg vir die Heilige Gees – en vir vriendelikheid.

*Tooi jou liefde met vriendelikheid en
voed jou vriendelikheid met liefde.*

'n Gesonde karaktertrek

Wees altyd beskeie, vriendelik en geduldig, en verdra mekaar in liefde (Ef 4:2).

Wie is jy wanneer jy alleen is? Wanneer jy alleen in 'n vertrek is, vertrek jou gesig in 'n fronsende plooi? Sak die donkerte oor jou neer soos swaar donderweer? Of gun jy dit vir jouself om steeds vriendelik te wees, al is daar niemand rondom jou nie?

Vriendelikheid is nie 'n karaktertrek wat jy net teenoor ander mense vertoon nie. Jy self is 'n sensitiewe wese en kan aanvoel wanneer jy nie vriendelik met jouself is nie. Hoekom sal jy jouself ook nog afkraak as die lewe en stres dit dikwels doen? Wees vriendelik met jouself.

Gelowiges in Christus is vriendelik, want dit is deel van die karaktertrekke wat die liggaam van Christus, sy kerk, vertoon. Paulus koppel vriendelikheid aan beskeidenheid, geduld en liefdevolle verdraagsaamheid. Dit wil sê: As jy nie beskeie is nie, en ongeduldig en onverdraagsaam is, verdwyn jou vriendelikheid. En dan kom moeilikheid in die liggaam van Christus in en die eenheid verdwyn. Wees vriendelik met jouself en jou medegelowiges.

Leef só dat vriendelikheid een van jou karaktertrekke is.

342

Teenoor teenstanders?

Met vriendelikheid moet hy teenstanders teregwys. Dit kan wees dat God hulle bekeer en hulle tot kennis van die waarheid bring (2 Tim 2:25).

Dikwels verwar mense hulle standpunt en die eindpunt met mekaar. Deur net jou standpunt te verdedig mag jy dalk die veldslag wen, maar jy sal nie noodwendig jou medemens se hart wen nie. Om jou medemens se hart te wen vra veel meer as om standpunt in te neem. Dit beteken nie jy moet jou standpunt prysgee nie, maar jy moenie jou standpunt in iemand anders se keel afdruk nie. Daar is ander maniere wat veel beter is.

Daarom herinner Paulus die gemeenteleiers om altyd hulle teregwysing met vriendelikheid te doen. Dit haal die angel uit die styl van argumentering. Dit neem ander mense ernstig op en krenk hulle nie in hulle eer nie. Ons moet immers altyd die eindpunt in gedagte hou. En die eindpunt is om iemand uiteindelik oor te haal tot die evangelie of, beter gestel, om die ruimte te skep sodat God die persoon tot bekering kan lei. Dan wen jy nie net die argument nie, maar ook die persoon vir Christus.

Temper jou debatteerstyl met vriendelikheid.

343

My werk

Gaan kyk na die mier, luiaard, kyk hoe hy werk, en leer by hom (Spr 6:6).

Een van die grootste krisisse wat mense sonder werk ervaar, is 'n identiteitskrisis. Jy voel 'n nikswerd as jy skielik jou werk verloor. As 'n mens in ag neem watter groot deel van jou lewe deur jou werk in beslag geneem word, is so 'n reaksie verstaanbaar.

Jou werk gee aan jou die besef van eiewaarde. Tog is jou werk slegs één van die boustene van 'n volwasse identiteit. Party mense is egter so bang dat hulle hulle sal doodwerk dat hulle probeer verbykom met die minimum. "Ek is mal oor werk," sê die een, "ek kan ure daarna lê en kyk." Ongelukkig probeer dieselfde mense altyd die maksimum inkomste kry vir die minimum insette en kan dan nie verstaan hoekom hulle telkens sonder werk is nie.

Vir diegene wat nie wil werk nie of hulle werk afskeep, herinner die Spreukeskrywer aan die mier wat so fluks werk. Miere werk doelgerig, want hulle soek hulle kos en bring dit na die nes. Hulle is beslis nie besig met 'n sinlose gevroetel nie.

Dank God vir jou werk en lewer jou beste.

344

Die moontlikheid van eer

Toe daar op 'n keer donkies van Kis, Saul se pa, weggeraak het, het hy vir sy seun Saul gesê: "Vat een van die slawe saam, maak klaar en gaan soek die donkies" (1 Sam 9:3).

Wie weet watter opwindende moontlikhede daar op jou wag wanneer jy gaan werk?

Saul het net sy werk gedoen toe sy pa hom gestuur het om die donkies te gaan soek. Tog het hierdie onbenullige taak ingepas by God se groter plan om 'n koning vir sy volk aan te wys. Samuel het intussen ook die opdrag van God gekry om hierdie man as die regeerder oor Israel te salf. Toe Samuel vir Saul sien, het God vir Samuel gesê dat dít die man was wat Hy as koning van sy volk gekies het. Saul het as jong man by die huis weggegaan en as koning teruggekom.

Elke dag se werk hou nuwe moontlikhede en nuwe geleenthede in. Daar skuil vir jou ook die moontlikheid van eer in jou werk. Doen jou werk met passie en toewyding en tot eer van die Here. God werk met die alledaagse en verander dit in glorie. Wie weet wat God alles vir jou beplan!

Gaan werk met die verwagting dat God jou en jou werk sal seën.

345

Tyd om oor te gee?

Dawid het vir sy seun Salomo gesê: "Wees sterk, staan vas, begin die werk! Moenie bang wees nie en moenie besorg wees nie, want God die Here, my God, is by jou ..." (1 Kron 28:20).

Dawid wou bitter graag vir die Here 'n tempel bou. Dit was sy hartsbegeerte. Maar toe het die Here vir Dawid gesê dat hy nie die man sou wees wat hierdie projek sou aanpak en voltooi nie. Daardie voorreg sou Dawid se seun Salomo toekom. Ten aanhore van al die gesagsdraers van Israel gee Dawid toe die opdrag om die tempel te bou oor aan sy seun Salomo, saam met die belofte dat God by hom sou wees.

Soms is jy die een wat die roeping ontvang om iets te doen en af te handel. Maar daar is ook tye wanneer God wil hê jy moet die werk in iemand anders se hande laat. Daar kom in elke mens se lewe die tyd om werk oor te gee aan iemand anders. Dit is reg so, want God het jou geseën met vermoëns om jou volgende lewensfase kreatief te hanteer. Moenie so vasklou wanneer dit tyd is om aan te skuif nie, anders stol jy dalk.

God wys vir jou wanneer jy moet aanskuif.

God se ritme

Op die sewende dag was God reeds klaar met die skeppingswerk en het Hy gerus na al die werk wat Hy gedoen het (Gen 2:2).

Om net in jou werk vas te kyk vir 'n gevoel van eiewaarde is ongebalanseerd. Mense wat só in hulle werk opgaan, staan elke beskikbare oomblik daaraan af en skeep hulle betekenisvolle verhoudings af. Natuurlik is daar soms lang tye waarin jou werk 'n prioriteit is, maar hierdie tye moenie so ingerig word dat jou werk vir jou 'n afgod raak nie. Dan loop jou lewe lelik skeef.

God se voorskrif vir 'n werkweek bou rus in as deel van die lewensritme. Om jou pas doeltreffend vol te hou, is dit noodsaaklik dat jy God se ritme sal volg deur gereeld te rus. Dit stel jou in staat om te werk aan betekenisvolle verhoudings wat by jou gaan bly nog lank nadat jy afgetree het. Jy sal vind dat, wanneer jy gereeld rus, jy in staat is om veel produktiewer en kreatiewer te werk.

Ontspanning help jou om te onthou dat God in beheer is en dat jy gerus jou hande hier en daar van jou werk af kan optel om dit in gebed saam te vou.

Bou tyd vir ontspanning in jou program in.

347

Die goedheid van God

Laat ons die goedheid van die Here ons God belewe: hou die werk van ons hande in stand, ja, die werk van ons hande, hou dit in stand (Ps 90:17).

Om te werk, is 'n voorreg uit die Skepper se hand. Daarom mag jy nie jou taak minag omdat dit in vergelyking met ander s'n minderwaardig voorkom nie. Kyk maar na Jesus se lewe: Hy, die hemelse Koning, is in die armoedigste omstandighede gebore. Hy het sy dissipels se voete gewas en soos 'n skandalige misdadiger gesterf. Sy werk? Om aan mense te wys hoe hartstogtelik lief God hulle het.

Aan die ander kant moet jy nie hoogmoedig word omdat jy 'n besonderse werk met 'n fantastiese inkomste het nie. Dit is joune danksy die Here se genade en dit kan in 'n oogwink van jou gestroop word. Die psalmdigter het besef dat die mens se lewe maar van korte duur is. Feit is, elke mensegeslag gaan verby, maar God nie. Daarom doen hy 'n beroep op God om die mens se werk te seën, sodat dit tot opbou van elke geslag kan wees. Jou werk is ook vir die nageslag belangrik.

Vra die Here dat jy sy goedheid sal beleef in jou werk.

348

Iets vir die armes

As iemand 'n dief is, moet hy ophou steel; hy moet deur harde werk op 'n eerbare manier self in sy lewensonderhoud voorsien; dan sal hy iets hê om vir die armes te gee (Ef 4:28).

Paulus vestig die beginsel dat jy nie soos 'n dief op ander mense se inkomste moet teer nie. Hy voel dat, as jy nie wil werk nie, jy ook nie moet eet nie (2 Tess 3:10). Jy moet self waarde toevoeg aan die lewe en daarom moet jy ook werk. God voorsien die potensiaal om 'n inkomste te verdien, maar jy is die een wat moet werk. Jy is soos 'n Bybel wat ook deur nie-Christene gelees word, want deur die manier waarop jy werk en vir ander sorg, sien ander mense of Christus in jou is of nie.

Een van die voordele van werk is dat jy ook kan meewerk om die nood van die armes te verlig. As dit nie vir die genade van God was nie, kon jy self ook onder die armes gewees het. Omdat jy van God ontvang het, kan jy gee uit dankbaarheid vir hierdie genadige God wat vir jou werk gun. En wanneer jy gee, sal jy ook ontvang.

Werk om ook te kan gee, soos God van jou verwag.

349

Lyding met sin?

Verheug julle hieroor, selfs al is dit nodig dat julle 'n kort tydjie bedroef gemaak word deur allerhande beproewings sodat die egtheid van julle geloof getoets kan word ... (1 Pet 1:6-7).

Die sogenaamde El Niño-verskynsel wat op sommige plekke droogtes en op ander plekke oorstromings veroorsaak, het blykbaar al sommige mense laat selfmoord pleeg. Hulle sien eenvoudig nie meer kans vir lewensuitmergelende droogtes of allesmeesleurende siklone nie.

Jy ervaar miskien dieselfde as hierdie mense, maar die dinge wat jou uitmergel en meesleur het net ander name. 'n Mens noem dit dalk kanker, insolvensie, breingewas, egskeiding ... situasies wat jou laat voel asof jou binneste 'n skroeiende droogtetyd beleef, 'n intense vloed wat jy nie kan stuit nie. In swaarkrytye wonder jy soms oor die sin van die lewe.

Petrus herinner jou aan wat hy noem die onverganklike, onbesmette en onverwelklike erfenis wat in die hemel vir ons bewaar word. Hieroor kan jy jou verheug, want wat in die hemel op jou wag, kan nie aangetas word deur jou aardse lyding nie. Jy self word ook vir die hemel bewaar omdat jy glo. Hou aan God vas, want lyding vra dat jy sal glo.

Hou aan glo, al ly jy hoe swaar.

LYDING EN SIEKTE

350

Sing terwyl jy ly?

Teen middernag was Paulus en Silas besig om te bid en tot lof van God te sing ... (Hand 16:25).

Stel jou voor jy word baie lyfstraf toegedien en jou voete word in 'n houtblok vasgeklem terwyl jy in die tronk sit. Vir mense wat dit ervaar het, was dit erge lyding. Daar was nie die gerief van pynstillers of gemaklike sitplekke of berading nie. En dit alles het gebeur omdat Paulus en Silas getuig het dat hulle in Jesus Christus glo.

Die sin van lyding lê in dit wat jy kies om in jou te gebeur sodat jy op God gerig sal word. Wanneer jy lyding hanteer as iets wat gebruik word tot die beswil van God se koninkryk, begin jou lyding betekenis kry. Dan ontdek jy dat daar nie logiese antwoorde is nie, net 'n *teo*-logiese (*teo* = God) antwoord, 'n Goddelike antwoord wat sê: "Ek is in beheer."

God se liefde is sterker as enigiets anders, al voel dit nie altyd so nie. Wanneer jy dít ontdek en glo, kan jy bid en tot lof van hierdie God sing terwyl jy ly. Dit help jou om nie op die lyding te fokus nie, maar op God.

Moenie ophou bid en sing wanneer jy ly nie.

351

Siekte

Toe Jesus dit hoor, het Hy gesê: "Hierdie siekte sal nie op die dood uitloop nie maar op die openbaring van die mag van God sodat die Seun van God daardeur verheerlik kan word" (Joh 11:4).

Kan 'n eenvoudige verkoue 'n mens nie absoluut ellendig laat voel nie! Kos verloor vir jou alle smaak en die lewe sommer ook. Met 'n seer lyf en 'n dik kop is slaap nie meer lekker nie. Jou drome ontaard in nagmerries waarin jy teen allerhande monsters moet stoei om te kan oorleef. En dit is maar net 'n eenvoudige verkoue!

Neem gerus 'n goeie dosis *medisyne* wanneer jy so ellendig voel, maar ook 'n geestelike dosis *ek-is-syne*. Vertrou God wanneer Hy aan jou belowe dat Hy by jou is. Wie weet, dalk gebruik die Here jou soos Hy Lasarus gebruik het. Hy het Lasarus eers twee dae na sy dood opgewek. Maar daardeur het Lasarus 'n openbaring van die mag van God geword. Mense het geglo dat Jesus die Seun van God is.

Al gun die Here jou slegs hierdie siektetyd om sake met Hom reg te maak, is dit reeds genade. Gryp die oomblik aan.

Maak jou sake met die Here reg sodat Hy daardeur verheerlik kan word.

352

'n Kalm gemoed

'n Kalm gemoed hou die liggaam gesond; hartstog vreet 'n mens op (Spr 14:30).

Nagmerriesiektes soos kanker of hart- en asemhalingsprobleme of chroniese siektes is vanselfsprekend veel erger as 'n verkoue. Sulke siektes mergel jou emosioneel uit. Dikwels versteur hierdie siektes ook die chemiese balans in jou liggaam sodat jy maklik depressief word. Genadiglik het God die mediese wetenskap só laat ontwikkel dat daar middels is om jou siektelas draagliker te maak.

Daar is 'n onlosmaaklike verband tussen jou gemoed en jou liggaam. Maak dus gereeld jou hart voor die Here skoon sodat Hy jou innerlik kan genees. Dit sal jou die krag gee om jou siekte in volle vertroue op Hom te hanteer. God laat jou nie aan jouself oor nie. Siekte is deel van hierdie onvolmaakte wêreld en sal met ons wees tot met die wederkoms van Jesus Christus. Maar siekte laat jou ook dikwels opnuut ontdek hoe diep jou verhouding met God werklik is en laat jou ook weer besef: God vergeet nie van jou nie.

Maak jou gemoed skoon voor God sodat jy kalm kan wees.

As U wil

'n Melaatse man kom kniel toe voor Hom en sê: "Here, as U wil, kan U my gesond maak" (Matt 8:2).

Hoekom maak God sommige mense gesond en ander nie? Ek weet nie. Maar dit wil voorkom asof God nie probleme het daarmee om sommige mense dadelik hemel toe te neem nie. En 'n mens is eers gesond wanneer jy saam met God in die hemel is, want daar kan die aftakelende magte van hierdie wêreld nie meer 'n invloed op jou hê nie.

Dit is belangrik om God se wil te erken wanneer jy siek is of ly. Omdat God oppermagtig is, is dit vir gelowiges aanvaarbaar om dit as deel van God se toekomsplan te sien wanneer hulle nie gesond word nie of wanneer hulle lyding nie dadelik verlig word nie.

As jy jou lyding nie as deel van God se plan met jou sien nie, sal dit vir jou voel Hy straf jou. En dit is glad nie waar nie. God loop met elke mens sy of haar unieke pad. En die uiteinde van hierdie pad is die ewige lewe saam met Hom. Maar natuurlik kan jy intussen bid om die verligting van jou lyding of om van jou siekte genees te word.

Bid dat jy sal inpas by God se wil.

354

Leef in die verwagting

Maar ons leef in die verwagting van 'n nuwe hemel en 'n nuwe aarde wat God belowe het en waar die wil van God sal heers (2 Pet 3:13).

Lyding het die uitwerking op jou dat dit jou aandag op die hier en nou van jou pyn vestig. Juis dít maak lyding so ondraaglik, want dit voel vir jou asof daar nooit 'n einde gaan aanbreek nie. As jy weet jy gaan 'n sekere tydperk lank pyn verduur, stel jy jou daarvolgens in en kan jy dit hanteer. Om egter te leef saam met die onsekerheid oor wanneer jou pyn en lyding gaan ophou, skep die vrees dat dit nooit tot 'n einde sal kom nie. En juis hierdie vrees laat jou soms opstandig en ander kere weer magteloos voel.

Die Bybel sê baie duidelik dat daar aan hierdie aarde 'n einde gaan kom sodat die nuwe hemel en die nuwe aarde kan aanbreek. Hierdie verwagting gee aan ons hoop, sodat ons as gelowiges ons daarvoor beywer om in die Here se teenwoordigheid te leef. Die feit dat daar 'n Godgegewe toekoms voor ons lê, beteken dat lyding en seer 'n grens het. En dit is iets om na uit te sien.

Laat lyding jou daaraan herinner om in afwagting op die eindtyd te leef.

Vrede

Want waar daar naywer en selfsug is, kom daar wanorde en allerhande gemene dade (Jak 3:16).

In 'n geweldgeteisterde samelewing het vrede 'n luukse-artikel geword. Wanneer mense na die mes en die pistool gryp eerder as om mekaar se hande vas te gryp, dan word vrede net 'n skietstilstand tussen mense wat waaksaam na mekaar loer op soek na die geringste teken van aggressie. Dit is nie vrede om benoud in 'n taxi of jou eie motor te ry en te wonder of jy dalk vandag die slagoffer gaan wees nie. Dit is ook nie vrede om na statistiek te kyk wat beweer dat daar minder voorvalle van aanranding, verkragting, moord en geweld is as in 'n vorige tydperk nie.

Volgens Jakobus is wanorde en gemene dade die gevolg van 'n samelewing waarin naywer en selfsug hoogty vier. Dis 'n soort wysheid wat aards, sinlik en duiwels is, beweer hy. Om regtig vrede te kan hê, moet jy die regte soort wysheid hê. Dit is die soort wysheid wat spruit vanuit 'n opregte verhouding met God. In so 'n verhouding tree die eie ek terug en stel jy jou voortdurend beskikbaar aan God se wil.

Vrede op aarde begin in jou verhouding met God.

Die hart van vrede

As die Here tevrede is met 'n mens se lewe, laat Hy selfs so 'n mens se vyande in vrede met hom lewe (Spr 16:7).

Ons het waarskynlik al so gewoond geraak aan die sogenaamde vrede wat ons hier op aarde beleef dat ons vergeet het dit kan anders wees. Egte vrede kán hemel op aarde wees. Dit kos 'n Kersgety om ons daaraan te herinner dat in Christus die belofte van vrede op aarde na ons toe gekom het. Vir daardie een dag in 'n jaar sien mense kans om net 'n oomblik lank die strydwapens neer te lê en die hande na mekaar toe uit te reik. Maar die volgende dag gaan die oorlog maar weer voort.

Die hart van vrede begin by vrede in die hart. En hierdie vrede word slegs joune wanneer jy Jesus Christus die Alleenheerser in jou lewe maak en sy wil en wens uitvoer. Die Spreukeskrywer sê dat selfs jou vyande in vrede met jou lewe wanneer God tevrede is met jou lewe. En Hy is tevrede met jou lewe wanneer jy dit inrig volgens sy wil.

Laat Jesus die Alleenheerser in jou lewe wees sodat jy vrede kan ervaar.

Jaag vrede na

Bly weg van die kwaad af en doen wat goed is, soek vrede en jaag dit na! (Ps 34:15.)

Sê nou maar ... Só dikwels gebruik ons hierdie sê-nou-maar-uitdrukking om te dink oor die negatiewe of slegte wat kan volg. Sê nou maar my planne werk nie uit nie ... Sê nou maar my motor gee die gees ... Sê nou maar ek kry nie weer werk nie ... Hierdie negatiewe sê-nou-maar's kan jou in 'n put van depressie dompel.

Dink 'n slag oor positiewe sê-nou-maar's. Sê nou maar die Here gebruik my om iemand se las te verlig ... Sê nou maar ek pak hierdie groot taak in die geloof aan en die Here seën my ... Sê nou maar ek begin in vrede leef en doen net wat goed is ... Om positiewe sê-nou-maar's na te streef bring konstruktiewe groei en help jou om 'n verskil in die wêreld te maak.

God se wil is dat jy 'n positiewe verskil in sy wêreld sal maak. Sê nou maar Jesus is in die gestalte van my naaste? Sê nou maar Jesus woon in my? Sê nou maar ek is nodig om 'n verskil te maak?

Jaag vrede na en maak 'n verskil in die wêreld om jou.

Geen vrede nie?

Maar vir die goddeloses is daar geen vrede nie, sê die Here (Jes 48:22).

Vrede is om die innerlike kalmte te hê wat spruit uit die versekering dat God jou versorg en dat Hy ook sal sorg vir die toekoms. Ongelukkig loop baie mense hierdie vrede mis. In ruil daarvoor jaag hulle die een ná die ander droom na, maar vind nie geluk nie en verwerklik ook nie hulle drome nie. Hulle dink dat, as hulle hulle doel kan bereik, die geluk outomaties daarmee saam sal kom. Wreed is hulle ontnugtering wanneer hulle by hulle eindpunt aankom en dan maar weer moet jaag na die volgende doel. Dit maak die lewe sinloos.

Die Bybel is baie eerlik oor vrede. Vrede is nie vir die goddelose beskore nie. Mense wat hulle vrede en geluk gaan soek op ander plekke as by God gaan die res van hulle lewe in 'n sinlose gejaag deurbring. As hulle maar net kon ontdek hoe lekker dit is om saam met God 'n droom aan te pak – en om elke oomblik en elke tree in die rigting van die droom te geniet omdat die droom én elke tree én die uitkoms in God se hand is!

Pak jou drome saam met God aan.

359

Vrygespreek

God het ons dan nou vrygespreek omdat ons glo. Daarom is daar nou vrede tussen ons en God deur ons Here Jesus Christus (Rom 5:1).

Vrede is 'n gevoel van kalmte, rustigheid en vertroue. Dis om in balans te voel. Hierdie emosionele aspekte van vrede is jou subjektiewe belewing daarvan. Daar is ook 'n objektiewe kant aan vrede wat hierdie subjektiewe ervaring tot gevolg kan hê. Dit is om in juridiese sin vrygespreek te wees. Vrede in juridiese verband beteken versoening, om in die regte verhouding herstel te wees, om aan die reg te voldoen. Sonder hierdie objektiewe kant van vrede is jou subjektiewe ervarings sonder anker.

God het hierdie objektiewe kant van vrede geïnisieer. Hy het Jesus Christus, sy Seun, gestuur om te voldoen aan die reg deur met sy lewe vir ons sonde te betaal. Daarom het hierdie aspek van vrede 'n dure prys gevra. En jy kry deel aan hierdie vrede deur te glo dat Jesus vir jou sondes betaal het en deur Hom as jou Verlosser aan te neem. Hierdie vrede waarborg vir jou die ewige lewe saam met God. Jy is vrygespreek sodat jy hemelse vrede kan hê.

Kersvrede is Verlosservrede.

'n Kersseën

Die Here sal julle seën en julle beskerm; die Here sal tot julle redding verskyn en julle genadig wees; die Here sal julle gebede verhoor en aan julle vrede gee! (Num 6:24-26.)

Jesus se geboorte het 'n klomp beloftes waar gemaak. Beloftes wat reeds eeue vantevore as 'n seëngroet aan Israel gegee is en in Jesus se koms op 'n nuwe manier 'n werklikheid geword het. God self het hierdie seëngroet aan Moses en die priesters gegee.

Op Kersdag het God kom wys dat Hy die mensdom sal seën en beskerm. God sorg vir ons en sien om na sy kinders se belange. Jesus is gebore om tot ons redding te verskyn en ons genadig te wees sodat ons nie meer self die straf op ons sondes hoef te dra nie. God verhoor die gebede van sy kinders en Jesus leer ons die *Ons Vader* as die allesomvattende gebed. God gee ons sy vrede, vrede wat alle verstand te bowe gaan. Dit is die soort vrede wat in ons harte heers selfs al is die wêreld rondom ons die ene chaos. Dit is die vrede wat jy ervaar in die wete: God is vír my.

God sal jou seën met sy vrede.

Genade onbeskryflik groot

Almal het gesondig en is ver van God af, maar hulle word, sonder dat hulle dit verdien, op grond van sy genade vrygespreek vanweë die verlossing deur Jesus Christus (Rom 3:23-24).

Elke mens wil so graag bewys dat daar iets besonders in hom of haar steek. Daarom aanvaar min mense 'n geskenk met 'n eenvoudige "dankie". Inteendeel, ons koop 'n pragtige kaartjie om terug te stuur en dankie te sê of ons gee 'n ewe duur geskenk terug by 'n volgende geleentheid. In sekere sin probeer ons ons geskenke verdien, al is dit net deur vriendeliker teenoor die gewer te wees.

In die geloofslewe struikel baie gelowiges juis hieroor. Die Bybel sê dat, hoewel almal gesondig het, ons vrygespreek word sonder dat ons dit verdien. Vergifnis is 'n geskenk van God aan jou. Dit is gratis. Maar dit is nie goedkoop nie. Want hierdie gratis geskenk het Jesus se lewe gekos. Daarom kan ons dit slegs in dankbaarheid aanvaar.

Wat jy ook al doen om genade en vergifnis te probeer verdien, trek net 'n streep deur Jesus se kruisdood vir jou. Hy wóú vir jou sterf. Aanvaar en geniet hierdie geskenk aan jou.

Aanvaar die geskenk van onbeskryflike genade uit God se hand.

362

Smeekgebed om genade

Toe dit met hom so sleg gaan, het hy die Here sy God om genade gesmeek, groot berou getoon voor die God van sy voorvaders, en gebid. Die Here was hom genadig en het sy smeekbede verhoor (2 Kron 33:12-13).

Goed so! Só voel 'n mens om te sê wanneer jy lees wat Manasse alles oorgekom het. Hierdie koning van God se volk het God opsy geskuif en afgodsbeelde oral opgerig, selfs in die tempel van God. Hy het sy eie seuns as offers verbrand en allerhande ander aaklige dinge gedoen, soos om geeste te raadpleeg. Maar toe verander alles.

Die koning van Assirië het Manasse gevange geneem, hake deur sy neus gesteek, hom in kettings geboei en na Babel weggeneem. Dit was eers toe dit sleg met hom gegaan het dat Manasse weer die Here opgesoek het. Die wonder van God se genade is dat Hy sowaar na Manasse geluister en hom weer in sy koningskap herstel het.

Soms moet 'n mens eers van alles gestroop word om opreg na God te draai. Om sy genade te ervaar moet jy daarom vra, berou toon oor wat verkeerd is in jou lewe en tot God bid. Hy sal jou hoor.

Smeek om genade – God sál na jou luister.

363

'n Dankie-lewe

Die Here God is ons krag en ons beskerming, die Here gee genade en eer, Hy weerhou die goeie nie van dié wat reg lewe nie (Ps 84:12).

Al leef jy jou hele lewe lank vroom is die kanse honderd persent dat jy êrens gaan sondig. Nie omdat jy altyd doelbewus wil sonde doen nie, maar omdat jy van nature geneig is daartoe. Hoe maklik vertrou 'n mens nie op iets anders as God nie. Hoe gou verkwalik jy nie jou naaste vir iets wat jou nie bevoordeel nie. Hoe vinnig tree jy nie liefdeloos op wanneer jy kwaad word nie.

En as God jou vir al hierdie dinge en nog vele meer moes straf?

Die belofte van die Bybel is dat God aan ons sy genade skenk. Dit gee egter nie aan ons 'n vrypas om te sondig soos ons wil nie. Dit vra van ons om te lewe volgens sy wil om daardeur dankie te sê vir die genade wat Hy aan ons skenk. Om reg te lewe is om dankie te sê vir God se veelvuldige genade. As jy faal, vra om vergifnis en probeer weer. God gee die belofte dat Hy die goeie nie van jou sal weerhou nie.

Leef reg om daardeur dankie te sê
vir God se genade aan jou.

GENADE

Wegsteeksondes?

Wie sy sonde wegsteek, moet niks goeds te wagte wees nie; wie sy sonde bely en daarvan afsien, sal genade ontvang (Spr 28:13).

In gesprekke met getroudes van wie die een maat ontrou was, is dit duidelik dat daar 'n afstand tussen hulle gekom het, al het die een wat ontrou was nie vir die ander een van die wandaad vertel nie. Want sonde bring afstand. Die vrymoedigheid wat eens tussen hulle was, verdwyn heeltemal. Hulle deel nie meer geheime nie, want die ontrouheid is 'n geheim wat beskerm moet word. Die spontaneïteit in die verhouding kwyn ook stadig maar seker.

Dieselfde gebeur in jou verhouding met God. Wanneer jy sonde doen en dan maak asof dit nie gebeur het nie, bly dit in jou onderbewussyn. Dit verhinder jou kommunikasie met God en skep afstand tussen jou en Hom. Daarom herinner die Spreukeskrywer jou daaraan dat as jy jou sonde wegsteek, dit allerlei rampspoedige gevolge vir jou inhou. Bely jou sonde en ontvang die genade van God. Solank jy jou sonde wegsteek, is die deur van genade toe. Wanneer jy jou sonde bely en daarvan afsien, ontvang jy ook die genade om elke keer nee te kan sê.

Bely jou sondes sodat jy genade kan ervaar.

Genade op genade

Uit sy oorvloed het ons almal genade op genade ontvang (Joh 1:16).

Is jy al ooit meegesleur deur 'n seestroom sodat jy nou van daardie angswekkende ondervinding kan vertel? Diegene wat al die diepsee ingesleep is deur 'n stroom, getuig dat dit die grootste verligting is wanneer die lewensredder of 'n helpende hand jou vasgryp en help om terug te kom op vaste aarde.

Mense wat in die storms van die lewe ervaar het hoe die groot Lewensredder, Jesus, sy reddende hand na hulle toe uitgesteek het toe hulle wou verdrink in sonde, bekommernis en angs, wéét wat "genade op genade" beteken.

Die Engelse woord vir *genade* – *grace* – word dikwels letter vir letter vertaal as: **G**od's **R**iches **A**t **C**hrist's **E**xpence. Dit is die hart van genade – 'n God wat só diep vir jou omgee dat Hy sy eie Seun se lewe gegee het om jou te red. Hy het sy Seun nie gespaar nie. Dít is genade op genade, oorvloedige genade. En God is nog nie klaar nie. Uit sy oorvloed gun Hy ons dag na dag hierdie genade. Sê weer vir Hom dankie.

Jy kan nie genoeg dankie sê vir God se genade nie.

Genade gee krag

Sy antwoord was: "My genade is vir jou genoeg. My krag kom juis tot volle werking wanneer jy swak is" (2 Kor 12:9).

Hoe ver kan jy in eie krag lyding verduur, angs dra of bekommernis hanteer? Deel van die moderne mens se dilemma is die feit dat almal streef na selfstandigheid. Maar dit vereis dat 'n mens sterk genoeg moet wees om enige situasie te kan hanteer. Al hoe meer mense ontdek dat hulle dit nie kan regkry nie. Hulle neem dan hulle toevlug tot medikasie, opkikkers en selfs harde dwelmmiddels sodat hulle hierdie illusie van ek-is-sterk-genoeg kan laat voortduur. Hulle bluf egter net hulleself.

Paulus volg 'n ander roete. Hy het ontdek dat, wanneer hy swak is en beperkings het, dit nie 'n skande is nie. Dit is die ruimte vir God om wonderwerke te doen. Solank jy sterk probeer wees, blokkeer jy God se genade. Erken jou swakhede en die beperkings waarmee jy sukkel om saam te leef. Jy sal ontdek dat God aan jou die genade gee om elke situasie te kan hanteer. Hy gee genoeg krag vir elke omstandigheid. Al voel jy nie so nie, kan jy wéét Hy sal.

In God se genade is jy sterk.

INDEKS

Indeks
van onderwerpe en Bybeltekste

Onderwerp	Bybelteks
Tyd	
1. Tyd is 'n kosbare geskenk	Ps 31:15-16
2. Beplan jou tyd	Ef 5:16
3. Tyd vir die basiese dinge	Op 2:5
4. Wysheid en tyd	Pred 8:5b-6
5. Eindtyd?	Mark 13:33
6. Swaarkry het 'n tydsgrens	Rom 8:18
Geloof	
7. Die krag van geloof	Mark 9:23b
8. Twyfelgoggas	Rom 4:20
9. Geloof vra alles	Gen 22:12b
10. Die geheim van oorwinning	1 Joh 5:5
11. Geloof is 'n daad	Jak 2:14
12. Die Gees en geloof is 'n wenspan	2 Kor 4:13
Doelstellings	
13. Mik vir die wenstreep	Fil 3:14
14. Spel dit uit	1 Kon 18:21
15. Tot die einde	2 Tim 4:7
16. Jy kán	Num 13:30
17. Bestem vir oorwinning	1 Kor 15:57
18. Die regte doelstellings?	Mark 8:36
Prioriteite	
19. Die regte prioriteite	Fil 3:8b-9
20. Praktiese prioriteite	Gal 5:6b
21. Belangrik = prioriteit	Fil 1:20
22. Bates of laste?	Fil 3:7
23. Regte roem	Gal 6:14
24. Mense is die belangrikste	2 Pet 3:18

INDEKS

Besluite
25.	Om te besluit	Matt 6:33
26.	Nie net van brood nie	Matt 4:4b
27.	Dwase besluite	Matt 4:7b
28.	Halfpad reg?	Op 3:16
29.	'n Besluit is 'n daad	Jak 2:17
30.	'n Onbeperkte bron	Rom 11:33

Die Heilige Gees
31.	Sy Gees in my	1 Kor 3:16
32.	Wegwyser	1 Kor 12:3b
33.	Namens jou	Rom 8:26
34.	Jou nuwe identiteit	Rom 8:15b
35.	Prente van Christus	2 Kor 3:18b
36.	Geestelike gedrag	Gal 5:25

Uitstel en instel
37.	Jy kan dit nóú doen	Ps 103:15-16
38.	Waak teen uitstel	Pred 9:10
39.	Altyd gereed	2 Pet 3:12
40.	Uitstel en instel	Heb 10:39
41.	Dalk lui?	Pred 10:18
42.	Perfeksionisme werk nie	Kol 1:18b

Verandering
43.	Tyd vir verandering	Ps 63:9
44.	Nie in die steek gelaat nie	Jos 1:5b-6
45.	Gewillig	2 Kor 3:5
46.	Soos kinders	Matt 18:3
47.	'n Nuwe mens	Ef 4:23-24
48.	Pyn of potensiaal?	Ps 51:12

Drome en visie
49.	Om lugkastele te bou	2 Kor 4:18
50.	'n Vrugbare verbeelding help	Ps 107:35
51.	Sinlose sirkels?	Pred 2:11
52.	Droom én werk	Spr 14:23
53.	Dwase drome	Luk 15:18
54.	Hoop gee drome	Ps 146:5

INDEKS

Wysheid en die wil van God
55. As jy wysheid kortkom — Jak 1:5
56. Jesus is die wil van God — Joh 8:12
57. Die Gees wys God se wil — Joh 16:13
58. Ken jouself — Ps 16:11
59. Wysheid van Bo — Jak 3:17
60. Herken geleenthede — Kol 1:9b

Entoesiasme
61. Entoesiasme help — Rom 12:11b
62. Vals entoesiasme — Jak 4:14
63. Bykans enigiets — Joh 15:5b
64. Asof reeds — Spr 16:20b
65. Glad nie bang nie — Ps 23:4
66. Verby met trane — Neh 8:11b

Kreatiwiteit
67. Wees kreatief — Kol 3:17
68. Kreatief gesnoei — Joh 15:2b
69. Onbeperkte kreatiwiteit — 2 Kor 1:9
70. Laat los — Ps 4:5
71. 'n Nuwe manier van kyk — 2 Kor 5:4-5
72. Kreatiewe lig — Matt 5:16

Energie
73. Oorvloedige energie — Joh 10:10b
74. Energieplekke — Heb 10:25
75. Arendsvlerke — Jes 40:31
76. Innerlike krag — Ef 3:16
77. Paniek maak siek — Ps 69:2
78. Regte raad — Ps 1:1, 3

Selfdissipline
79. Selfdissipline — 2 Tim 1:7
80. Omdat die Here naby is — 1 Pet 4:7
81. Weerloos sonder selfbeheersing — Spr 25:28
82. 'n Goeie naam — Pred 7:1
83. Net nog 'n bietjie — Pred 11:6
84. Die goue reël — Matt 7:12

INDEKS

Bekommernis en 'n kalm gemoed
85. Die krag van 'n kalm gemoed — Fil 4:6
86. Bekering en bekommernis — Jes 30:15b
87. God by jou — Jes 41:10
88. Vredemaker vir God — Matt 5:9
89. Vrede bo alle verstand — Fil 4:7
90. Moet jou nie bekommer nie — Matt 6:25, 32b

Uitbranding
91. Uitbranding is 'n gevaar — 2 Pet 1:2
92. Angs is 'n skroeiende vlam — Joh 14:1
93. 'n Mosie van wantroue — Pred 11:10
94. 'n Kans op herstel — 1 Kon 19:7
95. Hoor jy die regte stem? — Heb 3:15
96. Wat is regtig belangrik? — Kol 4:2

Deursettingsvermoë en volharding
97. Uithou en aanhou — Jak 1:4
98. Beproewing as toetsing — Jak 1:2
99. Gehoorsaamheid is die sleutel — 1 Joh 2:3
100. Tot die einde toe — Matt 10:22b
101. Volhard ten spyte van — Op 2:10b
102. Geduld, geduld — 2 Pet 3:8

Krisistye
103. Krisistye — Fil 4:13
104. Wat van môre? — Ps 43:5b
105. Vastigheid tydens verandering — Mal 3:6
106. Met mag en krag? — Sag 4:6b
107. Alternatiewe hulpbronne — Ps 94:19
108. Bang vir mense? — Ps 118:6

Moedeloosheid
109. Wanneer moedeloosheid jou bekruip — Ps 121:1
110. Verdruk is nog nie terneergedruk nie — 2 Kor 4:8
111. Bly oor moeilike tye? — 2 Kor 12:10
112. Die oorwinning is behaal — Joh 16:33b
113. Van 'n ander kant — Op 21:5
114. Alles verloor? — Ps 102:18

INDEKS

Vrees en angs

115. Help, ek is bang!	Jes 43:1b
116. Aan die hand gevat	Jes 41:13
117. Dis nie só erg nie	Jes 43:2
118. Die grootste vrees is oorwin	Heb 2:14b-15
119. Gil van vrees	Ps 50:15
120. Sterk wees!	Jos 1:9

Neerslagtigheid en depressie

121. Die donker gemoed	Ps 30:6b
122. Selfbejammering is nie die antwoord nie	Spr 15:15
123. Kerm jy?	Ps 42:6
124. God buig af	Ps 40:2
125. Soos 'n kruier	1 Pet 5:7
126. Jy is nie vergete nie	Jes 49:15b-16

God

127. Die guns van God	Ps 127:1
128. Soos 'n arend	Deut 32:11-12
129. Pasop vir afgode	1 Joh 5:21
130. Afhanklikheid is 'n bate	Matt 5:3
131. Wat van slegte tye?	Job 2:10b
132. Respek	Ps 33:8

Geestelike vernuwing

133. Geestelike vernuwing	1 Tim 4:7b
134. Vernuwing en vriendskap	Joh 15:14
135. 'n Voorwaarde vir God se teenwoordigheid	2 Kron 15:2b
136. Vernuwing in geloof	Heb 11:6
137. Genadegawes	1 Kor 12:31
138. Deur die Gees	Luk 11:13b

Volmaaktheid

139. Wees volmaak	Matt 5:48
140. Bevry van obsessies	2 Kor 3:17
141. God se waterpas	Ef 5:10
142. Eenheid en volmaaktheid	Kol 3:14
143. Vrees is onvolmaak	Ps 56:12
144. Die sondige natuur	Gal 5:16

INDEKS

Lewenstyl

145.	'n Nuwe lewenstyl	Gal 5:22-23
146.	Verstandigheid is veel beter	Spr 11:12
147.	'n Besef van oorvloed	Ps 65:12
148.	Die eerste trappie	1 Tess 5:18
149.	Liefde en trou	Spr 3:3-4
150.	Skuld?	Rom 13:8

Verlede

151.	Vrede met die verlede	Fil 3:13b
152.	Klim saam oor die muur	Jes 55:6
153.	Moenie omkyk-omkyk loop nie	Jes 43:18
154.	Die goeie ou dae?	Pred 7:10
155.	Altyd dieselfde	Heb 13:8
156.	Slagoffers	Gen 19:26

Nederigheid

157.	Nederigheid	Matt 23:11-12
158.	Wie se erkenning soek jy?	Jak 4:10
159.	Selfverloëning	Mark 8:34b
160.	Sagmoedig is nie sonder moed nie	Num 12:3
161.	Wie se belange eerste?	1 Kor 10:33b
162.	Genade vir die nederiges	1 Pet 5:5b

Eerlik en opreg

163.	Eerlike mense	Spr 21:29
164.	Staan weer op	1 Joh 1:9
165.	Ook in die kleinste dinge	Luk 16:10
166.	Lewe in die geloof	2 Kor 13:5
167.	Waar sal jy wegkruip?	Ps 139:7
168.	Uit die Gees gebore	Joh 3:6

Kommunikasie

169.	Die kuns van kommunikasie	Ef 4:29
170.	Om moed in te praat	1 Tess 5:14b
171.	Eers luister	Spr 18:13
172.	Op die regte tyd	Spr 15:23
173.	Seënwense bring seën	1 Pet 3:9
174.	Vuil praatjies?	Ef 5:4

INDEKS

Kritiek
175.	Hanteer kritiek konstruktief	Ef 4:32
176.	Saadjie van waarheid	Jak 1:19
177.	Moenie meedoen nie	Spr 26:20
178.	Splinter of balk?	Matt 7:3
179.	Vinger voor die mond	Ps 141:3
180.	Gedagtes op die regte plek	Ps 141:4

Vriendskap
181.	Wees 'n opregte vriend	Matt 5:44-45
182.	Medelye maak vriende	Spr 14:21
183.	Vriende is rigtingwysers	Spr 12:26
184.	Geskenkvriende	Spr 19:6
185.	Koningsvriende	Spr 22:11
186.	Jesusvriende	Joh 15:15

Versoekings
187.	Versoekings, versoekings	Jak 1:12
188.	Jesus verstaan die aanslae	Heb 2:18
189.	Meer as wat jy kan hanteer?	1 Kor 10:13
190.	Versoek God jou?	Jak 1:13
191.	Oppas vir val	1 Kor 10:12
192.	Wie verlei vir wie?	Jak 1:14

Woede
193.	Waak teen woede	Ef 4:26
194.	Ellende is jou voorland	Ps 37:8
195.	Woede en selfsug	Jona 4:4
196.	Afbrekend of opbouend?	Jak 1:20
197.	Wat van wraak?	Rom 12:19
198.	Wat van 'n sagte antwoord?	Spr 15:1

Gewoontes
199.	Die mag van die gewoonte	Dan 6:11b
200.	Die vergifnis-gewoonte	Matt 6:15
201.	Nogtans …	Hab 3:17-18
202.	Geloofsgemeenskap	Luk 4:16
203.	Kompromieë met die verkeerde	Eks 23:24
204.	Nuwe gewoontes	Kol 3:9b-10

INDEKS

Gebed

205. Gebed kán jou verander	Matt 11:28
206. 'n Oplossing vir swaarkry	Jak 5:13
207. Kry jy alles?	Joh 14:13
208. Die hele nag	Luk 6:12
209. Kragtige uitwerking	Jak 5:16b
210. Maak reg!	Mark 11:25

Dankbaarheid

211. Dankbaarheid bring geluk	Kol 3:15c
212. Vervul met dankbaarheid	Kol 2:6-7b
213. Wat jy reeds het	Ps 103:2
214. Fokus wyer en verder	Ps 106:1
215. Oefen jou in	Ef 5:20
216. Sing?	Ps 104:33

Vreugde en blydskap

217. Vreugde onbeperk	Fil 4:4
218. Vreugde in status?	Joh 13:17
219. Waarmee is jy gevul?	Spr 4:23
220. Dis 'n lekker vrug!	Jak 1:25
221. Genot in nabyheid	Ps 16:8-9
222. Wat 'n geskenk!	Kol 1:12

Identiteit

223. 'n Eie identiteit	Gen 1:27
224. Jy is oorspronklik	Rom 12:6
225. Deel van 'n geheel	Ef 4:16b
226. Wie s'n?	Ps 139:13
227. Herkoms én toekoms	Ps 139:16
228. 'n Ander identiteit	Kol 3:11

Aanvaarding

229. Aanvaar Christus, aanvaar jouself	Joh 1:12
230. Ambassadeur vir Christus	Fil 1:20
231. Om nie te aanvaar nie, is selfkastyding	Ps 130:1-2
232. Reeds belangrik	Luk 19:10
233. Amper 'n engel	Ps 8:6-7
234. Vry gemaak	Gal 5:1

INDEKS

Selfvertroue en Godsvertroue

235.	Glo in jouself	Matt 28:18
236.	Liefde bou selfvertroue	1 Kor 13:3
237.	In God se hande	Gen 28:15
238.	Eie insigte?	Spr 3:5-6
239.	'n Tyd soos hierdie	Est 4:14b
240.	In harmonie met die Gees	Joh 6:63

Ouderdom en om ouer te word

241.	Ouer, maar nog nie kouer	Ps 92:15
242.	God se drakrag	Jes 46:4
243.	Opstanding en lewe	Joh 11:25-26
244.	Nie so gou "oor die muur" nie	2 Kor 5:9
245.	Nou is die tyd	1 Kron 28:20
246.	Let op die innerlike	2 Kor 4:16

Potensiaal en selfontsluiting

247.	Word jouself	Joh 3:30
248.	Weergebore potensiaal	1 Joh 4:13
249.	Geestelike potensiaal	Eseg 2:1-2
250.	Sondige potensiaal?	Rom 13:14
251.	Nuwe potensiaal	2 Kor 5:17
252.	Liefdespotensiaal	Luk 10:27

Sin en betekenis

253.	'n Sinvolle lewe	1 Joh 4:16b
254.	Soos in 'n dowwe spieël	1 Kor 13:12
255.	Binne bereik	Rom 8:38-39
256.	Jou lewe verloor?	Matt 16:26
257.	Met die daad	1 Joh 3:18
258.	Soos vir die Here	Kol 3:23-24

Lewe

259.	Dís nou lewe!	1 Joh 5:12
260.	Leef vir hiérdie toekoms	Spr 23:17-18
261.	Soos klei	Jer 18:6b
262.	Lof bring lewe	Ps 150:6
263.	Begrawe die dooies	Luk 24:5b-6
264.	In elke behoefte voorsien	Fil 4:19

INDEKS

Skoonmaak

265. Skoonmaaktyd	Ef 4:22
266. Los die oordeel	Matt 7:1
267. Vra net …	Matt 7:7
268. Herstel jou prioriteite	Matt 6:21
269. Besoek 'n oogarts	Matt 6:22
270. Begin naby	1 Joh 4:20

Geestelik volwasse

271. Geestelik volwasse	Ef 4:13b
272. Ligtoring	Ps 119:1
273. Reg en geregtigheid	Miga 6:8
274. Liefde en trou	Miga 6:8
275. Bedagsaam?	Miga 6:8
276. Dieselfde gesindheid	Fil 2:5, 8

Medewerker of vennoot

277. Namens God	Gen 1:26
278. Terug na die lewe	Luk 15:24
279. Goed versorg	Matt 6:26
280. Saam met ander	1 Kor 3:9
281. Nie tevergeefs nie	1 Kor 15:58
282. Groter as die duiwel	1 Joh 4:4

Vrolikheid

283. Wees vrolik	Pred 3:12
284. Bron van vrolikheid	Ps 9:3
285. Die uitkoms is hier	Jes 49:13
286. Dit gaan goed	Ps 1:1-2
287. Die hartseer lied van die sonde	Spr 29:6
288. Onmoontlik?	2 Kor 6:8b, 10

Woord en Bybelstudie

289. Soos 'n flitslig	Ps 119:105
290. Besonderse inspirasie	2 Tim 3:16
291. Dwaal en verdwaal	Matt 22:29
292. Reeds uitgespel	Mark 14:49
293. Dís die bewys	Hand 18:27b-28
294. Vol hoop	Rom 15:4

INDEKS

Begeertes en jaloesie
295.	Moenie begeer nie	Eks 20:17
296.	Dis 'n monster	Rom 13:13
297.	Gedagtes in boeie	2 Kor 10:5b
298.	Arm, maar eerlik	Spr 19:22
299.	Nog nie die werklikheid nie	Pred 6:9
300.	Dis 'n stryd	Gal 5:17

Moed
301.	Jy kan groter dinge doen	Joh 14:12
302.	In elke omstandigheid	2 Kor 1:3b-4
303.	Om seker te wees	Heb 11:1
304.	Slap hande en lam knieë	Heb 12:12-13
305.	Karige oes?	2 Kor 9:6
306.	Vol moed	Jer 31:25

Finansies
307.	Ai, die geld tog …	Mal 3:10
308.	Kan Hy jou vertrou?	Luk 16:11
309.	Watter hoof?	Matt 6:24
310.	Rykdom en versoeking	1 Tim 6:9
311.	'n Gawe van God	Pred 5:18
312.	Wat ek nodig het	Spr 30:7-9

Gedagtes
313.	Jou gedagtes	Fil 4:8-9
314.	Kennis tot die lewe	Joh 17:3
315.	Nuwe denke	Rom 12:2
316.	Fokus op die dinge daarbo	Kol 3:2-3
317.	God se gedagtes	Jes 55:8-9
318.	Hoe sien jy jouself?	Spr 27:19

Offers en diensbaarheid
319.	Ek – 'n offer?	Rom 12:1b
320.	Jou posisie prysgee?	Est 1:11-12
321.	Wie kry die ereplek?	Ps 47:2-3
322.	Dienende leierskap	Mark 10:43-44
323.	Ken jou plek	Ps 33:18-19
324.	As losprys	Mark 10:45

INDEKS

Wederkoms

325.	Reg vir sy tweede koms?	Hand 1:11
326.	Altyd nugter	1 Tess 5:8
327.	Saam met Hom	1 Tess 5:10
328.	Wag geduldig	Jak 5:7
329.	Oor mekaar kla?	Jak 5:9
330.	Die nou poort	Matt 7:13

Die Bose

331.	Die duiwel	1 Pet 5:8-9
332.	Bevry van die duiwel	Hand 10:38
333.	Moenie 'n vatkans gee nie	Ef 4:27
334.	Onderwerp jou aan God	Jak 4:7
335.	Aanhou sondig?	1 Joh 3:7-9
336.	Uit God gebore	1 Joh 5:18

Vriendelikheid

337.	Vriendelikheid	Kol 4:6
338.	Wysheid maak vriendelik	Pred 8:1b
339.	Ten spyte van beledigings	1 Kor 4:13
340.	Die liefde is vriendelik	1 Kor 13:4
341.	'n Gesonde karaktertrek	Ef 4:2
342.	Teenoor teenstanders?	2 Tim 2:25

Arbeid

343.	My werk	Spr 6:6
344.	Die moontlikheid van eer	1 Sam 9:3
345.	Tyd om oor te gee?	1 Kron 28:20
346.	God se ritme	Gen 2:2
347.	Die goedheid van God	Ps 90:17
348.	Iets vir die armes	Ef 4:28

Lyding en siekte

349.	Lyding met sin?	1 Pet 1:6-7
350.	Sing terwyl jy ly?	Hand 16:25
351.	Siekte	Joh 11:4
352.	'n Kalm gemoed	Spr 14:30
353.	As U wil	Matt 8:2
354.	Leef in die verwagting	2 Pet 3:13

INDEKS

Vrede
355. Vrede — Jak 3:16
356. Die hart van vrede — Spr 16:7
357. Jaag vrede na — Ps 34:15
358. Geen vrede nie? — Jes 48:22
359. Vrygespreek — Rom 5:1
360. 'n Kersseën — Num 6:24-26

Genade
361. Genade onbeskryflik groot — Rom 3:23-24
362. Smeekgebed om genade — 2 Kron 33:12-13
363. 'n Dankie-lewe — Ps 84:12
364. Wegsteeksondes? — Spr 28:13
365. Genade op genade — Joh 1:16
366. Genade gee krag — 2 Kor 12:9

Ook beskikbaar in Lux Verbi.BM se gewilde 3 Minute stilte-reeks